国家自然科学基金面上项目
“制度期望、战略响应与私营企业成长机制研究”(71972073)

组织期望与战略响应行为研究

连燕玲 著

上海财经大学出版社

图书在版编目(CIP)数据

组织期望与战略响应行为研究 / 连燕玲著. —上海：上海财经大学出版社，2022.7
ISBN 978-7-5642-3740-0/F·3740

Ⅰ.①组… Ⅱ.①连… Ⅲ.①企业管理-组织管理-研究 Ⅳ.①F272.9

中国版本图书馆 CIP 数据核字(2021)第 191722 号

□ 策划编辑　刘光本
□ 责任编辑　廖沛昕
□ 封面设计　贺加贝

组织期望与战略响应行为研究

连燕玲　著

上海财经大学出版社出版发行
(上海市中山北一路 369 号　邮编 200083)
网　　址：http://www.sufep.com
电子邮箱：webmaster@sufep.com
全国新华书店经销
江苏凤凰数码印务有限公司印刷装订
2022 年 7 月第 1 版　2022 年 7 月第 1 次印刷

710mm×1000mm　1/16　16.25 印张(插页：2)　292 千字
定价：69.00 元

前　言

日益变化的商业环境、不确定性因素和内外部市场威胁都给企业带来了巨大的经营压力，如何应对发展的挑战成为一个重要课题。企业战略上的主动响应成为应对内外部环境挑战的重要策略。战略响应作为协调组织内外部资源以有效适应环境变化的重要行为，对构建和维持企业竞争优势具有重要作用。组织嵌入在广阔的商业和社会环境中，会面临不同的经营和制度要求，承受各方面的经营和制度压力，进而影响组织的战略响应行为。在当前复杂和高度不确定性的背景下，组织响应经营困境、竞争压力和制度复杂性等方面的研究逐渐成为学者关注的热点。

本书基于企业行为理论、前景理论、业绩反馈模型等，重点探讨中国转型制度背景下企业在面临内外部经营期望落差困境下的组织响应行为。战略响应行为是多元化的，现实中每个组织所面临的不是单一层面的响应行为，均是一系列战略响应行为的集合选择。本书认为唯有考虑更多不同价值导向的战略响应行为，才能更好完善企业行为理论和战略响应的相关研究，也才能更清楚认识中国转型制度背景下"组织响应经营期望落差困境"的企业实践行为。本书将战略响应行为作为研究的重点，探讨了经营期望落差对两种不同类型的战略响应行为的影响效应：一是分析了对市场化导向（且创新主导）的响应行为的影响，主要考察了两种市场化导向的响应行为，即企业的战略变革和战略背离。二是分析了对非市场化导向（且投机主导）的响应行为的影响，主要考察了两种非市场化导向的战略响应行为，即企业的败德行为(财务操纵)和印象管理行为(语言掩饰)。

本书分四个子研究对经营期望落差和组织的战略响应行为关系进行了分析和检验，具体研究结论如下：

第一，组织在经营期望落差(历史和行业绩效期望落差)下会采取市场化导向的战略变革响应行为来应对困境，且管理者自主权显著影响战略变革响应行为的实施程度，子研究一(第三章)验证了组织经营期望落差与市场化导向的创新主导的战略变革响应行为之间的上述关系。

第二，组织在经营期望落差(行业竞争期望落差)下会采取市场化导向的战略背离响应行为来应对困境，而组织外部环境和内部资源则显著影响战略背离响应行为的实施程度。子研究二(第四章)从组织期望理论和企业行为理论出发，验证了行业竞争期望对企业战略背离响应行为的上述影响，并检验了组织外部环境与内部资源对上述关系的影响。

第三，组织在经营期望落差(分析师预测期望落差)下会采取非市场化导向的财务操纵响应行为来应对困境，而组织资源、行业环境和制度环境特征则显著影响财务操纵响应行为的实施程度。子研究三(第五章)从分析师预测期望落差(盈余压力)角度出发，验证了外部资本市场的盈余压力对企业财务造假的上述作用机制，并探讨了组织的资源充足性、行业环境敌对性和制度环境完备性对两者关系的调节效应。

第四，组织在经营期望落差(历史经营期望落差)下也会采取非市场化导向的语言掩饰响应行为来应对困境，而企业性质、制度环境和区域文化特征则显著影响语言掩饰这一响应行为的实施程度。子研究四(第六章)从语言的模糊战略和掩饰战略出发，强调组织为了维护自身形象、加大或维持信息不对称、避免市场惩罚回馈，会在面临经营期望落差困境下进行非财务信息的语言操纵这类响应行为，以达到印象管理目的。

本书所探讨的学术问题具有以下研究贡献：

第一，基于企业行为理论、期望理论和业绩反馈机制，从不同组织期望角度分析了影响组织战略响应的基本机制。

第二，以组织经营期望这一企业行为理论的核心概念为研究出发点，探讨了组织在何时以及缘何会对经营期望落差或绩效反馈进行响应，并采取何种战略响应行为。

第三，重点探讨了组织期望落差下两种不同价值导向的战略响应行为，即将市场化导向和非市场化导向响应行为纳入经营期望落差与战略响应的研究模型，将企业的战略响应行为细分为市场化导向的响应行为与非市场化导向的响应行为的思路拓展了企业行为理论和战略响应的以往研究框架。

第四，基于中国转型经济的特殊制度、产业和文化环境，探讨了影响组织期望落差与两种不同价值导向的战略响应行为之间关系的情境因素，这些情境因素更具有中国本土特征，比如管理者的制度自主权、民企制度体制、地区文化特征、地区制度差异、中国经济政策的不确定性等。本研究有助于更好地对中国特定情境下的不同企业战略响应行为的产生机制提供证据和解释。

作 者

2022 年 7 月

目　录

1 绪 论

1.1 研究背景

当今世界正处于百年未有之大变局，国际环境面临较大不确定性，国际地缘政治、公共卫生事件、宏观经济金融等外部环境剧烈变动，日益变化的商业环境更加具有挑战性，加之企业转型、变革和传承等内部因素的渐次发生，都会使身处 VUCA[①] 环境的企业面临更为严峻的经营压力。在内外部不断强化的经营压力下，企业如何应对发展的挑战成为一个重要课题。各种变化的不确定性因素和内外部市场威胁使得企业战略上的主动响应不仅成为应对内外部环境挑战的重要策略，而且对中国经济的可持续和稳定增长也具有举足轻重的意义。

组织嵌入在广阔的商业和社会环境中，它们会给组织提出不同经营和制度要求，带来各方面的经营和制度压力，进而影响组织的战略响应行为。战略响应作为协调组织内外部资源以有效适应环境变化的重要行为，其目的在于构建和维持企业的竞争优势。企业积极主动地进行战略响应才能有效应对转型，实现永续经营和持续成长。组织需要有效应对经营困境、竞争压力和制度环境的挑战以获得持续发展和合法性。由此，在当前复杂和高度不确定性环境背景下，组织响应经营困境、竞争压力和制度复杂性等方面的研究逐渐成为学者关注的热点。然而，虽然组织响应行为的研究已成为当前国内外战略管理研究的前沿领

① VUCA：Volatility 易变性、Uncertainty 不确定性、Complexity 复杂性、Ambiguity 模糊性。

域，但基于中国转型经济制度情境的研究相对不足，缺乏理论体系建构和针对性研究。中国制度复杂性情境将会如何影响组织的战略响应行为亟待进行深入研究，有助于为组织能动地响应不同经营和制度环境挑战，获得持续发展提供理论指导（陆亚东，2015）。

本书选择企业行为理论、前景理论、业绩反馈模型等作为理论基础，重点关注中国转型制度背景下“组织响应经营困境”的研究，突出了战略响应行为在组织面临不同经营期望落差困境中的核心作用，构建了组织期望落差与战略响应之间关系的理论模型，探讨中国企业在面临组织内外部经营期望落差困境下的组织响应行为，为身处 VUCA 环境下的企业应对经营期望落差困境和提升组织绩效提供指导。企业行为理论认为决策者集中于关注业绩的期望水平，企业绩效是否达到期望水平成为决策的重要参考点，进而对冒险响应行为产生重要影响。当业绩低于期望水平时，决策者将低于期望水平的状态界定为组织处于“失败”或困境状态；而当业绩高于期望水平时则界定为组织处于“成功”状态。决策者阻止失败的动机要强于扩大成功的动机，即企业决策者对于经营困境更为敏感，这种状态的出现直接影响到企业的冒险响应决策，所以处于“失败”状态下（低于期望水平）的决策者往往能承受更大的风险，从事更多风险性的战略响应行为来改变组织的落差状态（Greve，2003；Iyer and Miller，2008；连燕玲等，2019）。

关于低于组织期望水平与企业响应行为之间关系的研究，大多以企业行为理论为基础来解释经营期望落差状态，即低于组织期望水平的“困境”和“失败”状态，如何影响企业后续的冒险和变革行为（Bromiley，1991；Fiegenbaum，1990；Fiegenbaum and Thomas，1986，1988；Miller and Bromiley，1990；Singh，1986；Wiseman and Bromiley，1996；Wiseman and Catanach，1997；Greve，1998，2003b）。比如进行研发或创造新产品，提供新服务（Bowman，1982；Grinyer and McKiernan，1990；Chen，2008），进入或退出市场，国际化，改变产品或市场策略，对战略进行重新定位等（Grinyer and Mckierman，1990；Greve，2003；宋铁波等，2017），也有学者认为经营困境下的企业更倾向于采取保守谨慎的战略，比如削减财务成本、限制新的战略启动以应对经营状况的持续恶化（D'Aunno and Sutton，1992；D'Aveni，1989；Fombrun and Ginsberg，1990；Hadley，Zuckerman，and Iezzoni，1996；Schendel and Patton，1978）等，这些冒险、变革和保守行为都视为组织应对经营期望落差的响应行为。

但上述文献对组织战略响应行为的研究较为单一，更多关注经营期望落差状态所引致的积极的、创新主导的、变革性的、市场化导向的战略响应行为，然而组织的战略响应行为是更为多元化的（邓少军等，2018；李璨等，2019），比如有的企业会通过消极的、不恰当的，甚至是非法的响应行为以解决组织经营期望落差困境问题（Harris and Bromiley，2007；贺小刚等，2015）。此外，组织经营期望落差除了引发以研发为形式的市场响应活动外，同时引发了以企业政治游说活动为形式的非市场响应行为（Rudy and Johnson，2016）。李璨等（2019）对业绩反馈的战略响应行为做了系统性分类，归纳了八种主要的响应行为类型，并将其分为两大类，即市场响应行为与非市场响应行为。在市场响应行为中，创新性搜寻是最常探讨的响应行为，而非市场响应行为的探讨较少，主要关注了社会责任行为（违规行为）（Harris and Bromiley，2007；Mishina et al.，2010；贺小刚等，2015；徐小琴等，2016）、政治行为（Rudy and Johnson，2016）、新关系建立（Baum et al.，2005；Shipilov et al.，2011；Schillebeeckx et al.，2016）等。

如果突破对某一种响应行为的研究限制，尤其突破对当前大多关注变革、创新和市场化导向的响应行为的限制，拓宽对战略响应行为的界定范畴，将更多不同价值导向的行为作为可选择的战略响应行为将会产生新的研究结论。现实中每个组织所面临的不是单一层面的响应行为，而是一系列战略响应行为的集合选择。本书认为唯有考虑更多不同价值导向的战略响应行为，才能更好完善企业行为理论和战略响应的相关研究，也才能更清楚认识中国转型制度背景下"组织响应经营期望落差困境"的企业实践行为。

1.2 研究内容

本书通过系统回顾组织期望与组织战略响应行为关系的相关研究文献，探讨两者相互影响的理论机制与情境因素，尝试系统全面地探讨组织在应对经营期望落差困境下所做的战略响应行为。组织期望落差的困境状态与落差程度如何影响组织响应行为的实施强度和倾向是企业行为理论与组织战略响应研究领域的核心议题。基于企业行为理论，组织的行为是目标导向的、历史和路径依赖的，同时受到企业绩效与期望水平差距的影响（Cyert and March，1963），当组织未达到期望水平（组织期望落差）即组织处于经营困境或失败状态时，则会促使组织进行冒险的响应行为，组织可以通过采取一系列风险性的响应行为来改变组织现状，甚至也会采取非法性的冒险响应行为来规避组织利益损失。根植于企业行为理论，问题驱动搜寻是解释组织绩效期望落差与组织响应最基本的理论视角(Cyert and March，1963)。

基于企业行为理论(Cyert and March，1963；March and Simon，1958)、期望理论(Argote and Greve，2007)、前景理论(Kahneman and Tversky，1979)、社会比较理论(Festinger，1954)，以及结合问题和冗余驱动搜寻等基本的理论视角，本书构建了一个关于"组织期望-权变/情境因素-战略响应行为(两种不同价值导向)"的研究模型(见图 1-1)，主要关注以下几点研究：① 分析不同类型的组织经营期望落差状态下，组织如何对历史、社会、行业竞争期望落差以及分析师预测经营期望落差做出战略响应，即探讨组织期望落差引致组织响应行为发生的理论机制。② 探讨了组织经营期望落差对两种不同价值取向的战略响应行为产生的影响机制及其作用效果。③ 分析了经营期望落差影响两种不同价值取向的冒险行为的情境机制和权变因素，将决策者、行业环境、制度效率、宏观经济政策、区域文化等因素纳入组织期望与两种不同价值导向的响应行为的研究框架中，分析了这些因素对上述关系的调节机制，具体研究内容和基本观点如下：

第一，分析不同维度的内外部经营期望落差对组织战略响应行为的影响效应。现有对组织期望的研究更多采用组织历史业绩期望和组织社会经营期望，且普遍采用行业平均水平作为组织社会期望的参照点，很多方面忽视了组织期望体系的多元性构成(李璨等，2019)。组织期望是多维度的。首先，组织希望维持自身绩效的不断提升(历史期望)，即组织希望当前的绩效水平与企业自身过去绩效水平相比，要等于或者高于历史绩效，而当业绩水平低于历史绩效时，这种"历史期望差距"，会促使组织通过调整战略、组织变革和管理团队调整等响应行为来提升组织绩效而缩小这种历史差距。其次，组织希望维持自己在本行业内的持续的竞争地位(竞争期望)，即组织将本行业内的其他竞争作为"参考对象"，当组织自身业绩与同行业其他竞争者的业绩水平相比时，如果低于同行业竞争者的业绩水平，这种"竞争期望差距"也会促使组织为了维持和恢复自身竞争定位的需要，变得更加偏好风险，通过采取一系列风险性的战略响应行为来提升组织竞争力而规避潜在的利益损失。最后，组织不仅希望具有更持久的成长性(组织历史期望)和行业竞争性(组织行业竞争期望)，还希望组织作为社会结构中的一部分而拥有一定的地位、声望以及被社会利益相关者认同，当组织未能达到外部利益相关者的预期时，组织会面临地位、身份、合法性和认同度的丧失，那么在这种情况下，企业同样会采取响应行为来达成组织的外部利益者期望。所以，本书除了考察组织的历史期望和行业竞争期望外，还考察了外部利益相关者期望对组织的战略响应行为的影响效应。基于上述分析，最终确定了三种主要的经营期望落差：低于历史期望的落差（组织历史经营期望落差）、低于行业期望的落差（组织行业竞争期望落差）和低于外部分析师预测期望的落差（分析师预测期望落差，或称盈余压力）。前两个经营期望落差是企业自身根据以往业绩表现，以及以往同行业内的竞争者的业绩表现所确定的，均属于企业内部期望差距，而低于分析师预测差距则是外部利益相关者为企业所设定的期望水平，所以属于企业的外部期望差距。本书重点分析了上述三种经营期望落差对组织不同价值取向的两类战略响应行为的影响效应。

第二，分析了组织经营期望落差对战略响应行为，即对两种不同价值导向响应行为（市场化导向的战略响应行为和非市场化导向的战略响应行为）的影响机制。当组织经营期望未达成组织绩效低于期望水平时，组织会实施市场化导向的风险性战略响应行为，比如通过新的市场进入、兼并、收购、市场搜寻、研发创新、计划调整等，来改变组织现状以维持和提升自身成长性、竞争地位和社会认同度。除此之外，组织的决策者也会采取非市场化导向的响应行为来应对组织业绩的下滑，如当业绩状况不佳的时候，以维持利益相关者尤其是投资者对组织的信心，为确保自己未来再融资，管理者会通过财务信息操纵，比如采取粉饰财务报表的形式来向外界传递一些“美好”的信息以应对业绩下滑带来的危机。此外，当组织资源、能力和机会匮乏而无法通过启动新战略、市场搜寻和研发创新等市场化导向的创新主导的响应行为来应对业绩下滑时，组织为规避自身利益损失也会采取一系列非市场导向的投机（或违规）主导的响应行为，如降低产品质量、虚假广告、制假贩假、拖欠货款、延迟支付、大幅裁员、半夜逃逸，甚至是赤裸裸的大股东对小股东利益的掏空和掠夺等，尤其在外部环境极为动荡的形势下，非市场化导向的冒险投机（或违规）响应行为更为严重。所以本书将战略响应行为作为研究的重点，探讨了经营期望落差对两种不同类型的战略响应行为的影响效应：一是分析了对市场化导向（且创新主导）的响应行为的影响，本书主要考察了两种市场化导向的响应行为，即企业的战略变革和战略背离，这也是处于经营落差状态下时，企业所实施的较为普遍性的应对行为。二是分析了对非市场化导向（且投机主导）的响应行为的影响，本书主要考察了两种非市场化导向的战略响应行为，即企业的败德行为（财务操纵）和印象管理行为（语言掩饰）。

第三，将管理者纳入研究框架中，分析了管理者的特征在经营期望落差与市场化导向的战略变革响应行为之间的调节作用。经营业绩与期望之间的差距会影响组织搜寻的程度和风险承担的水平，同时也会影响组织选择一个战略推动力的决策。这意味着低于组织期望差距越大，越会促使组织努力通过战略变革去应对和减少这种落差。但本书进一步认为这种影响程度并非是同质性的，即随着管理者自身所处的组织特征、外部任务环境以及制度环境等情境条件的不同，管理者实施战略变革所具备的各种能力基础和行为空间是存在差异的，决定了即使在同等经营期望落差(同等动机)情况下，管理者实施战略变革响应行为的最终程度也会不同。组织的决策者在组织战略决策、行为选择中是不容忽视的，作为决策制定和实施者，自身性格、认知特点、身份、背景、目标、动机以及权力等均会影响到他们对组织现状的审视，影响对组织是否需要实施战略变革响应行为等一系列决定。企业行为理论对决策者实施冒险响应行为的假定是，他们是极具影响力的人，具有完全的自由度、能力和权力来实施组织的战略响应行为。但实际上，企业内部决策者的管理权自由度是不同的(Hambrick and Finkelstein, 1987)，权力自由度会影响到管理者对组织的决策，当管理者具有较高权力自由度时，他对组织的影响力才会更强大(Crossland and Hambrick, 2007; Finkelstein and Boyd, 1998; Finkelstein and Hambrick, 1990)。由此，即使当决策者能较好的认知组织当前的现状，即使决策者具有高度动机想去改变组织的现状，规避利益损失。管理自主权的差异性也会影响到决策者的冒险响应行为，以及影响他们对不同类型的战略响应行为的实施。本书基于高阶梯队理论，重点探讨了决策者的管理自主权对经营期望落差与战略变革响应关系的影响机制，当经营期望落差促使管理者产生实施战略变革响应行为的动机时，自主权越大的管理者越有能力和自由度确保战略变革响应行为的实施。借鉴该视角以及结合以往研究，本书子研究一从组织层面、任务环境层面和制度层面分析影响管理者的自主权高低程度的影响因素，进而分析它们对经营期望落差和市场化导向战略响应行为(战略变革)关系的调节作用。

第四，分析了组织外部环境因素(宏观经济政策不确定性和产业竞争性)和组织内部环境因素(高管团队社会资本和组织资源冗余)等对经营期望落差与市场化导向的战略背离响应行为之间的调节作用。在转型经济背景下，企业战略响应行为会受到外部环境要素的影响，尤其是经济政策与产业环境的影响。企业行为理论主要关注企业自身业绩情况的变化对行为选择的影响，并未考虑企业所处的外部宏观经济政策不确定性和行业环境的状态对组织响应行为的影响机制。对企业组织而言，经济政策的不确定性会提高企业经营环境的复杂程度，进而影响组织战略决策(Baker et al., 2016)，高度宏观经济的不确定性会弱化战略背离响应行为的实施动机。除了外部宏观经济政策因素，组织所处的产业环境特征(如产业竞争性程度)同样影响到落差状态下组织和管理者实施战略背离响应行为的动机。因为产业竞争性的强化往往将组织置于高压的状态下

(Baucus, 1994),要求组织必须具有灵活性、革新性和创造性以快速响应和适应高度竞争和不断变化的竞争规则(Biedenbach and Söderholm, 2008),从而强化落差状态下组织实施战略背离响应行为的动机。然而,战略背离响应行为能否取得预期成效,还有赖于高管团队和组织是否拥有成功制定和实施战略转型的知识经验、能力和资源基础等(Murray, 1989)。高管团队社会资本能够帮助组织获得更多不同来源的新知识和新经验,有利于突破现有行业惯例和主流经验的认知束缚,产生新的战略思路,有效削弱行业标准对组织战略决策的约束效应,从而更容易使组织制定出偏离行业标准的竞争战略。本书子研究二分析了高管团队海外关系资本、学术关系资本和金融关系资本的调节作用。此外,相比于趋同化的战略而言,差异化的战略强调组织需要更多资源投入和战略探索(李新春等,2016),拥有更多可支配性资源有利于提升组织的资源运作能力(Hambrick and Finlekelstein, 1987),本书子研究二关注了组织的冗余资源对组织战略背离响应行为的影响机制。

第五,分析了组织所在行业环境和制度环境对经营期望落差与非市场化导向的财务操纵响应行为之间的调节作用。制度是一系列用来建立生产、交换与分配基础的政治、社会和法律基础规制,不同的制度安排将导致不同的市场交易成本(North and Thomas, 1973)。陷入困境和内外压力下的企业偏好于采取何种响应行为来实施自救,取决于现行的游戏规则,比如,不完善的区域制度环境可能更诱使企业从事非市场化导向的财务虚构等响应行为,而降低了它们从事市场化导向响应行为的动机;处于敌对性行业环境下的企业也会降低企业进行市场化导向响应行为的动力,提高从事非市场化导向响应行为的动机。本书子研究三进一步探讨了行业环境和制度因素对经营期望落差与非市场化导向的响应行为(财务操纵)之间的调节作用。

第六,分析了地区市场化进程和地区文化特征对经营期望落差与非市场化导向的语言掩饰响应行为之间的调节作用。组织战略响应行为内生于特定的经济制度、文化环境。经济制度层面上,各地区的市场化进程由于经济、历史条件差异性形成了十分不均的发展现状。而由于我国处在转型经济的特殊进程中,市场、经济环境对企业战略行为的影响更为显著,因此各地的市场化水平显著影响着组织战略行为。文化层面上,中国在漫长的五千年发展史中形成了独特、稳定的东方民族文化,在"大一统"的宏观面貌中又具有"多元化"的文化差异性(赵向阳等,2015)。以上因素会使企业即使面临相同业绩困境也会采取不同的战略应对措施,非市场化导向的语言操纵这一响应行为在特定的中国制度和文化情境中的应用程度和产生的效果也必然有所差异。本书子研究四进一步探讨了市场化不平衡性和文化因素对经营期望落差与非市场化导向的响应行为(语言掩饰)之间的调节作用。

基于上述研究内容阐述,本书的理论模型如图 1-1 所示。

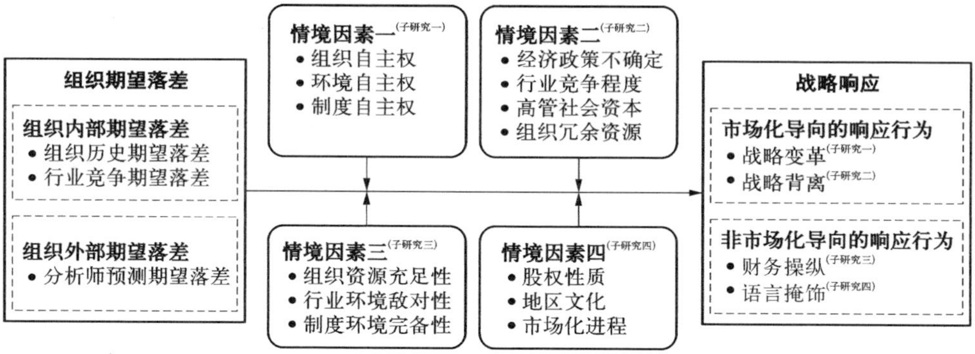

图 1-1　组织期望落差与战略响应关系的研究模型

1.3 研究意义

本书基于企业行为理论、前景理论、业绩反馈模型以及战略响应相关研究文献,主要探讨了组织期望落差与战略响应的关系研究,且将决策者特征、行业环境、制度、文化因素等纳入“组织期望落差-两类价值导向的战略响应”的关系研究模型中,分析了管理自主权、宏观经济不确定性、行业竞争性、制度效率以及地区文化等对上述关系的影响机制等重要问题,主要包括以下方面的研究意义:

第一,基于不同社会心理参考点考察了多元层面的组织期望落差,有助于系统地认识组织期望和期望落差在战略决策和响应行为选择中的影响机理,完善了企业行为理论和组织期望方面的理论研究。基于图 1-1,本书主要关注三种组织期望落差:① 基于企业自身作为参考点,对比企业前后业绩差异,即组织历史经营期望落差;② 基于企业所处行业内其他竞争者作为参考点,对比企业自身业绩与行业其他竞争者平均业绩的差异,即组织行业竞争期望落差;③ 基于外部分析师对企业未来业绩表现的预测为参考点,对比企业实际业绩与分析师的预测差距,即分析师预测期望落差。

第二,本书重点探讨了组织期望落差与战略响应行为之间的关系,分析了内部组织期望落差(历史和行业竞争期望落差)和外部组织期望落差(分析师预测期望落差)对两类不同价值取向的战略响应行为的影响机制,这将进一步完善企业行为理论视角下的风险承担和冒险决策等方面的理论研究。以往关于经营期望结果变量的研究中,多数研究主要关注以变革为主导的冒险行为,比如研发投入、并购、市场进入、组织变革等,较少关注经营期望对非市场导向的战略响应行为的影响。为更好完善经营期望与企业冒险行为之间的研究,本研究探讨了两种不同价值取向的响应行为:一是市场化导向的响应行为,主要考察了战略变革和战略背离两个具体维度;二是非市场化导向的响应行为,主要考察了企业财务信息操纵和非财务信息操纵(语言掩饰)两个具体维度。

第三,本书将决策者角色纳入组织期望落差与响应行为的研究模型中,重点分析了决策者的管理自主权对两者之间关系的调节机制,对于完善企业行为理论的研究具有重要理论意义。以往关于组织期望的研究中,很少将决策者特质纳入在组织期望和企业行为之间关系的研究模型中,尤其假定决策者具有完全的自由度、权力和机会去实施战略变革、组织调整、市场进入或者新的搜寻和研发等响应行为。但是决策者并非都会拥有足够的、完全同质性的权力和自由度及机会等去做这些决策。为更加完善组织期望理论在解释企业响应行为产生上的作用力,本书子研究一从决策者的三种不同类型的管理自主权的差异性上,分析它们对两者关系的影响机制,这进一步加深了对组织期望和企业响应行为之间关系的分析和认识。

第四,本书将宏观经济政策因素和制度文化因素纳入经营期望与冒险决策的研究模型中,重点分析了宏观经济政策的不确定性、行业竞争性、外部制度效率以及地区文化特征等对响应行为的影响机制,进一步从多元化的情境机制方面完善了"组织期望-战略响应"的研究框架。现有企业行为理论的研究文献建立了组织期望与不同组织变革和冒险行为之间的关系,如企业创新、并购、业务单元剥离等。但是以往研究对于组织经营期望落差到底是如何影响冒险响应行为,却一直未有一致性结论。很大一部分原因在于以往研究缺乏对组织期望落差到响应行为发生的权变要素的系统探讨。对于转型期的中国企业而言,影响到组织实施战略响应行为的重要因素是组织所处的内外部的宏观经济环境、制度文化环境、行业竞争环境以及组织内部资源和关系等因素。本书将宏观经济环境特征(宏观经济政策不确定性和行业竞争性)、制度文化因素(制度效率和地区文化特征)和组织资源(有形冗余资源和无形社会资本)纳入组织期望与战略响应之间关系的研究模型中,在一定程度上丰富了对企业行为理论权变因素的研究。

1.4 研究框架

本书共分七章，各章的主要内容如下：

第一章，绪论。本章主要介绍本书的研究背景，该选题的国内外研究现状，提出关键的研究问题，并对研究思路和主要研究方法进行说明，给出本书的整体框架，最后介绍研究创新点。

第二章，文献综述。本章主要就组织期望、战略响应行为以及组织期望与响应行为之间关系的相关研究进行回顾和简要评述。

第三章，组织经营期望与市场化导向响应行为（战略变革）之间关系的探讨。本章基于企业行为理论、前景理论、业绩反馈模型以及市场化导向的战略变革等方面的研究，主要验证组织经营期望落差与市场化导向的、创新主导的战略变革响应行为之间的关系，并检验管理者三种自主权，即组织自主权、环境自主权和制度自主权，对组织期望与市场化导向响应行为（市场化导向的战略变革）的关系所起到的调节作用。

第四章，组织经营期望与市场化导向响应行为（战略背离）之间关系的探讨。本章基于企业行为理论、前景理论、业绩反馈模型以及市场化导向的战略背离行为等方面的研究，主要验证组织经营期望落差与市场化导向的、创新主导的战略背离响应行为之间的关系，并检验组织外部环境（经济政策不确定性和产业竞争性）与内部资源（团队社会资本和组织冗余）因素，对组织期望与市场化导向响应行为（市场化导向的战略背离响应行为）关系所起到的调节作用。

第五章，组织经营期望与非市场化导向响应行为（财务操纵）之间关系的探讨。本章基于企业行为理论、前景理论、业绩反馈模型以及财务操纵等方面的研究，主要验证组织经营期望落差（分析师预测期望落差）与非市场化导向的、投机违规主导的财务操纵响应行为之间的关系，并探讨了组织的资源状态、外部行业环境和外部制度环境对两者关系的调节效应。

第六章，组织经营期望与非市场化导向响应行为（语言掩饰）之间关系的探讨。本章基于企业行为理论、前景理论、业绩反馈模型以及印象管理等方面的研究，主要验证组织经营期望落差与非市场化导向的、投机主导的语言掩饰响应行为之间的关系，并检验企业性质、制度环境和区域文化特征，对组织期望与非市场化导向响应行为（语言掩饰）的关系所起到的调节作用。

第七章，研究结论与展望。本章主要内容在于阐述该专著的研究结论，据此向企业、管理者、政府及相关监督部门和外部利益相关者提出政策建议，同时指出本书的研究局限性以及未来研究方向。

本书的框架结构如图 1-2 所示。

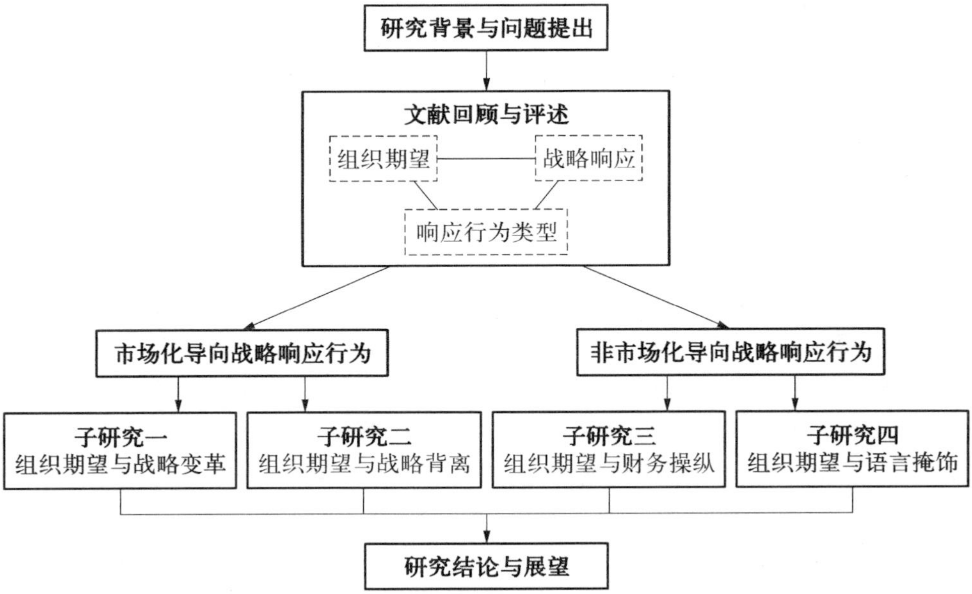

图 1-2 本书的框架结构

1.5 研究方法

本书在理论文献研究的基础上，提出四个子研究的相关假设，通过构建二手数据库分别对四个子研究进行实证检验，具体研究方法和技术路线如图 1-3 所示。主要通过以下三大研究步骤开展：

第一，理论研究阶段。在基本确定研究领域后，广泛收集、阅读和整理了与组织期望和战略响应主题相关的中英文文献，特别是对发表在《管理世界》和《经济研究》以及国外 TOP 学术期刊(ASQ，AMJ，AMR，SMJ)等权威期刊的相关文献进行了精读、提炼和思考。在对国内外相关文献梳理的基础上，分析目前组织期望和战略响应的研究进展，找出以往关于经营期望和战略响应研究的空白

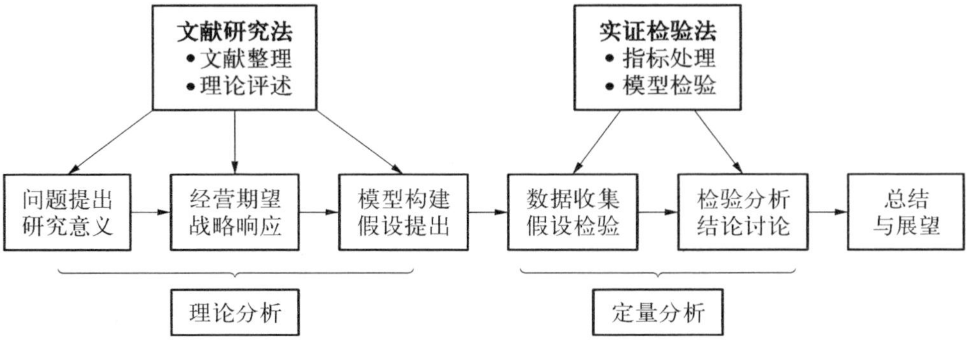

图 1-3 本书研究方法和技术路线

之处，提出本书的研究问题、出发点以及研究视角，在此基础上形成四个子研究中的研究假设和理论模型。

第二，数据库构建阶段。在第一步的基础上，结合本书的研究假设和理论模型，进行样本的选择和关键指标的核算。本书在该阶段完成了对沪、深 A 股上市公司的数据库的构建，为后续第三步的实证检验奠定了数据基础。整理好的数据库包括以下几大模块的数据指标：① 企业基本特征：成立时间、上市时间、资产总额、员工人数、企业寿命、企业规模、企业性质、行业分类、所在地区等。② 经营期望相关指标：ROA、分析师预测的每股盈余、企业实际的每股盈余，以及核算完成的低于历史期望差距指标、低于行业期望差距指标和低于分析师预测差距指标等。③ 市场化导向响应行为方面的基础指标：广告支出与销售收入比率、研发支出与销售收入比率、固定资产净值与固定资产总值比率、非生产性支出与销售收入比率、存货与销售收入比率、财务杠杆系数以及核算好的市场化导向的战略变革和结构调整指数。④ 非市场化导向响应行为方面的基础指标：欺诈上市（次数）、出资违规（次数）、擅自改用资产用途（次数）、违规买卖股票（次数）、操纵股价（次数）以及关联交易（次数）等市场操纵行为；虚构利润（次数）、虚列资产（次数）、虚假记载（次数）、误导性陈述（次数）、延迟披露（次数）、重大遗漏（次数）、披露不实（次数）等信息操纵行为；文本词频、语言明确性词频、模糊性词频以及语言操纵等指标。⑤ 管理自主权的相关指标：组织惯性程度、资本密集度、冗余资源和两职兼任等。⑥ 行业特征的相关指标：环境不确定性和敌对性。⑦ 制度环境的相关指标：制度效率。⑧ 公司治理机制：董事会独立性、CEO 更换、机构投资者持股、创始人 CEO 控制等。

第三，实证检验阶段。在第一步和第二步理论分析和数据库构建的基础上，完成对四个子研究的理论假设进行检验。在正式实证分析前，为确保模型估计和实证结果的一致性、有效性和准确性，对模型中的主要变量做了以下初步的统计处理和检验：① 对所有连续性变量做了1%水平上的缩处理以规避异常值对实证检验的影响。② 对所有解释变量进行了方差膨胀因子（VIF）诊断，确定变量间是否存在过于严重的多重共线性问题。进一步，为避免多重共线性的影响，对交互项测量的变量进行了中心化处理。③ 由于本书数据是面板数据可能存在的异方差、时序相关和横截面相关等问题，使用通常的面板估计方法会低估标准误差而导致模型估计结果有偏。所以，在后续的面板数据模型估计中，本书主要采用D－K标准误方法进行估计，采用Driscoll-Kraay标准差进行估计得到的标准误差才具有无偏性、一致性和有效性（Driscoll and Kraay，1998）。实证检验主要用的统计方法包括描述性统计、相关分析、回归分析、稳健性检验以及各种内生性检验方法，子研究四中（第六章）中还用到数据爬虫和文本内容分析等跨学科方法。以上方法确保了本书的研究过程是较为严谨、科学和规范的，实证结果和研究结论也是相对准确的。通过上述统计分析，对四个子研究提出的研究假设进行验证，并对实证检验的结果做出恰当的理论解释。

1.6 研究贡献

本书主要潜在学术贡献表现为：

第一，基于企业行为理论、期望理论和业绩反馈机制，分析了影响组织战略响应的基本机制。

第二，以组织经营期望落差这一企业行为理论的核心概念为研究出发点，探讨了组织在何时以及为何会对经营期望落差和绩效反馈进行响应。

第三，重点探讨了组织期望落差下两种不同价值导向的战略响应行为，将市场化导向和非市场化导向响应行为纳入经营期望落差与战略响应的研究模型，这种将企业的战略响应行为细分为市场化导向的响应行为与非市场化导向的响应行为的思路拓展了企业行为理论和战略响应的以往研究框架。

第四，基于中国转型经济的特殊制度与产业环境，探讨了影响组织期望落差与两种不同价值导向的战略响应行为之间关系的情境因素，这些情境因素更具有中国本土特征，如管理者的制度自主权、地区文化特征、地区制度差异、中国经济政策的不确定性等。

以下分别对四个子研究的潜在研究贡献进行阐述，以更加具体细致地了解本书的研究贡献：

1.6.1 子研究一(第三章)的研究贡献

子研究一为"组织经营期望与市场导向响应行为——基于战略变革的视角分析",研究贡献体现在以下几个方面：① 将企业行为理论和高阶梯队理论相结合,引入经营期望和管理自主权于市场化导向的战略变革响应行为的研究框架中,既从经营期望视角分析管理者实施市场化导向的战略变革响应行为的动机,又从管理自主权视角分析影响市场化导向的战略变革响应行为实施的情境机制,将企业行为理论和上述以"管理者"为视角的研究进行充分结合,为全面理解市场化导向的战略变革响应行为的产生动机和分析影响其实施的情境机制提供了新的理论视角。② 将管理自主权纳入业绩反馈的决策模型中,分析其对经营期望与市场化导向的战略变革响应行为之间关系的调节机制,弥补了以往研究过于强调经营期望对管理者决策行为的直接效应的研究而忽略对情境机制的分析,有利于更好地完善和构建企业行为理论和业绩反馈理论的前提假设和作用的边界条件。③ 结合中国特殊情境下影响管理者自主权的因素,将管理自主权分为组织、环境和制度层面上的自主权,完善了以往研究过于强调组织内部和市场环境层面的自主权,而忽略了制度方面的因素对管理者的决策能力和行为自由度的影响。④ 分析了在中国经济转型和区域制度发展不平衡的情境下,制度自主权的缺失对管理者决策行为的影响效用,进一步拓展了管理自主权在转型经济背景下的研究。

1.6.2 子研究二(第四章)的研究贡献

子研究二为"组织经营期望与市场导向响应行为——基于市场化导向的战略背离响应行为的视角分析",研究贡献体现在以下几个方面：① 将组织期望理论引入到组织"趋同-背离"研究中,尤其关注了组织行业竞争期望落差这一组织社会比较期望的关键变量,为全面深入理解市场化导向的战略背离响应行为的动机提供了全新的理论视角,同时也丰富了组织期望理论和企业行为理论的研究情境。② 揭示转型经济的特殊制度环境与产业环境如何深刻影响组织行业竞争期望落差与市场化导向的战略背离响应行为之间的关系。基于制度环境作为影响转型经济国家企业战略选择的关键要素(Peng and Wong, 2008),企业选择市场化导向的战略背离响应行为不可避免受到制度情境的引导,本书着重考察了经济政策不确定性与产业竞争性对行业竞争期望落差与市场化导向的战略背离响应行为关系的影响,力图更深入地理解转型经济下制度环境与产业环境对企业战略行为的影响。③ 扩展了高管团队社会资本对组织战略决策影响的研究。现有组织期望与战略决策之间关系的情境机制的分析主要集中于组织规模、资源程度以及 CEO 个体权力或特征等方面(Audia and Greve, 2006; Greve, 2010; 贺小刚等,2017;连燕玲等,2014),而忽视了高管团队这一组织重要的战略决策主体。本书将高管团队社会资本纳入分析框架中,凸显了高管团队及其网络关系(以及由此带来知识、经验、认知和资源等)在组织战略决策过程的重要性,扩展了现有关于"期望-战略"研究模型的解释力。

1.6.3 子研究三(第五章)的研究贡献

子研究三为"组织经营期望与非市场导向响应行为——基于财务操纵的视角分析",研究贡献体现在以下几个方面:① 将外部资本市场的盈余压力(分析师预测期望落差)纳入非市场化导向的战略响应行为的研究框架中,拓展了现有分析师盈余预测方面的研究,区别于以往研究主要集中探讨分析师盈余预测的准确性以及分析师盈余预测是否能够成为市场预期的替代变量等,本章主要分析当实际盈余与分析师预测盈余产生落差后未达成的外部市场预期是如何影响组织及管理者的非市场化导向的战略响应行为。在一定程度上丰富了外部资本市场期望对企业战略响应行为方面的研究成果。② 拓展了现有内部经营期望压力下组织战略响应行为的研究,区别于已有研究大多强调内部经营期望压力(实际经营状况与组织内部经营期望的差距)下企业所实施的积极、市场化导向的战略响应行为,本章给出了在面临资本市场的外部盈余压力(实际经营状况与外部分析师预测盈余期望的差距)下企业实施消极、非市场化导向的财务造假响应行为的内在逻辑,丰富了现有关于企业行为理论、期望理论和前景理论方面的研究,尤其拓展了以往研究大多关注组织内部经营期望,而忽视了企业所面对的各种外部市场期望,如分析师盈余预测。③ 将中观层面的行业环境因素和宏观层面的制度环境因素纳入分析框架中,重点分析中国转型制度背景下的情境因素对分析师预测期望落差(外部盈余压力)与非市场化导向的战略响应行为之间关系的影响差异性,对于进一步深化以往大多基于西方组织情境的研究具有重要的理论和现实研究价值。

1.6.4 子研究四(第六章)的研究贡献

子研究四为"组织经营期望与非市场化导向响应行为——基于语言掩饰的视角分析",研究贡献体现在以下几个方面:① 将文本掩饰性操纵行为(MD&A 文本易读性操控)作为一种战略响应行为,纳入组织经营期望落差困境下企业响应行为的研究中。② 区别于已有研究大多强调历史经营期望落差下企业所实施的积极、市场化导向的战略响应行为，本章则从印象管理理论和文本操纵视角出发，给出了在面临历史经营期望落差下，企业实施文本操纵和语言掩饰响应行为的内在逻辑，丰富了现有关于企业行为理论、期望理论和前景理论方面的研究，尤其从语言学、心理学、传播学视角拓展了企业经营期望落差困境下的战略响应行为。③ 从组织性质和区域制度文化特征角度，将微观层面的股东身份和宏观层面的制度文化因素纳入分析框架，重点分析中国转型经济背景下企业特殊性和制度文化差异对经营期望落差困境下企业的语言掩饰和操纵行为的影响差异性，对于拓展西方语言掩饰行为方面的研究以及进一步深化中国特殊文化情境下企业"形象构建"方面的研究均具有重要的理论和现实研究价值。④ 是将信息技术和组织战略决策相结合的跨学科研究的一种尝试。子研究四以 MD&A 文本易读性操控作为组织"掩饰"其经营困境，进而向外界传达"良好状况"的一种印象管理策略。子研究四结合文本分析方法，进行 MD&A 文本的自动化处理，获得客观且可靠的文本易读性操控指标，进而对经营困境下企业的掩饰行为和影响机制进行深入探讨，将文本分析技术纳入组织战略响应决策的研究中。

2 文献综述

本书主要基于企业行为理论来分析组织期望与战略响应之间的关系，由此本章文献综述主要围绕组织期望、战略响应以及两者关系的相关研究展开。其中关于组织期望的研究主要分为四个方面：一是探讨组织期望的基本内涵，二是探讨组织期望的构成体系，三是探讨组织期望的测量体系，四是探讨组织期望的理论框架。关于战略响应的研究主要分为四个方面：一是探讨战略响应的基本内涵，二是探讨战略响应的基本类型，三是探讨市场与非市场化导向的战略响应行为，四是探讨战略响应研究进展。关于组织期望与战略响应的关系研究则分为两个方面：一是归纳理论研究视角，二是梳理实证研究进展。

2.1 组织期望

2.1.1 组织期望概念内涵

"期望"(Aspiration)这一概念起源于经济学文献，相关研究一般追溯到有限理性(Bounded Rationality)和决策满意(Satisficing)两个个体层面的概念(March and Simon, 1958)。古典经济学的前提假设是：个体是理性的，会追求企业利益最大化(Lewin et al., 1944)。然而，在时间与精力的约束下，个体只能收集和处理有限的信息，无法完全追求利益最大化目标(Cyert and March, 1963)。现实生活中个体无法按照完全理性的准则来利益最大化，只能有限理性地朝着某一预期目标而努力，即期望(Greve, 2003)。相关学者将期望定义为个体或组织能够接受或感到满意的最低水平，是感知成功与失败之间的分界线(Lopes，1987；Schneider，1992)。由于早先研究对于个体或组织究竟如何制定期望这一问题鲜有提及，社会心理学领域的学者则是关注了个体如何制定期望、期望如何影响个体风险偏好等问题(Wood，1989)。

直到Simon(1955)将期望这一概念引入组织层面的研究范畴之中，以组织期望(Organizational Aspiration)为核心的相关研究逐渐成为管理学领域的重要议题，并由此构建了企业行为理论(Behavioral Theory of the Firm，BTOF)。借鉴相关个体层面的研究，企业行为理论认为企业管理者并不一定是基于最大化利润去求解具体的决策方案，而是倾向于根据企业的实际经营状况与某一期望水平或参考值相比较的结果，界定自身处于成功还是失败、有利还是不利、满意还是不满意的状态中(Lant，1992；Cyert and March，1963；Greve，2003)，并根据上述绩效评估结果来调整其后续的决策行为(Kahneman and Tversky，1979；March，1988；March and Shapira，1992)。企业行为理论强调组织期望(及水平)便是这一个可以让组织达到"满意"程度的参考值，或者为组织所接受和认可的"最低程度的满意结果"(Schneider，1992)，是管理者制定相关决策的"参照点"(Kameda and Davis，1990)，对企业的战略决策产生极为重要的影响作用(Ansoff，1987；Chandler，1962；Hofer and Schendel，1978)。决策者通过设立组织期望(或目标参考值)来沟通战略方向(Fiegenbaum et al.，1996)、增强绩效(Carver and Scheier，1981；Eisenhardt，1985；Hamel and Prahalad，1989)、衡量企业经营是否成功(Kaplan and Norton，1996；Meyer et al.，2002)。

各领域关于组织期望及业绩期望反馈的核心观点如表2-1所示。

表2-1　　各领域关于组织期望及业绩期望反馈的核心观点

研究领域	重要观点	核心概念	代表学者
经济学	① 决策者的精力和时间是有限的 ② 组织无法实现所有资源的效益最大化 ③ 决策者只能设定一个满意的期望水平	① 有限理性 ② 满意决策	March 和 Simon(1958)
心理学	① 组织根据过去的经验设定期望水平 ② 组织根据相似者的绩效设定期望水平	① 历史期望绩效 ② 社会期望绩效	Levitt 和 March(1988)；Kameda 和 Davis(1990)

续表

研究领域		重要观点	核心概念	代表学者
组织战略	风险决策	① 决策者个体总是表现为风险厌恶 ② 期望落差会增强决策者的风险偏好	① 损失前景 ② 获益前景	Kahneman 和 Tversky (1979); Lopes (1987); Thaler 和 Johnson(1990)
	战略决策	① 绩效评估结果会影响组织变革 ② 内外部刺激都会促发组织搜索行为 ③ 外部刺激对组织搜索行为影响更大	① 组织变革 ② 冗余搜索 ③ 问题搜索	March (1988); Bolton (1933); Miller 和 Chen (1994); Ocasio(1994)
	集体决策	① 决策者受到组织内部的政治约束 ② 决策者执行变革需要承担失败的责任 ③ 决策者可能存在感知偏差	① 变革能力 ② 变革动机 ③ 变革机会	Milliken and Lant(1991); Greve(1998; 2003; 2008); Staw 等(1981); McNamara 等(2002)

资料来源：作者根据相关文献整理。

2.1.2 组织期望决定因素

由于早期研究关于组织如何制定期望这一问题并没有给予足够的关注，后续学者通过借鉴吸收其他理论中的重要观点进行补充和完善。

首先，社会比较理论(Social Comparison Theory)认为个体在自我评估或自我提升方面将自己与他人进行比较，组织也会通过寻找相似参照群体进行比较(Wood, 1989)。借鉴这一逻辑，企业行为理论认为企业会根据同行业内其他相似企业绩效的平均水平或中位水平为自身设定的一个标杆或期望(Wennberg, 2008)，称为社会期望(Social Aspiration)或行业期望。然而，由于对组织间社会比较的研究较少，关于管理者如何寻找并确认其他组织作为参照群体的相关研究成果略显不足(Desai, 2016)。具体而言，规模、行业和绩效都可以视为影响参考群体构成的重要组织特征(Haveman, 1993; Greve, 1998)，行业内的组织相似性判断也可能基于公司的产品、市场或生产方法等(Reger and Huff, 1993; Porac et al., 1995)。因此，究竟哪些因素会影响组织参照群体的选择是一个难解之题。基于此，后续学者在开展相关理论与实证研究时对管理如何寻找相似参照体这一问题提出各种不同的见解，地理位置、企业属性等都会影响组织参照群体的选择结果(Marquis and Tilcsik, 2016; Nason et al., 2018)。例如，关于对组织参考组的研究表明，即使行业平均水平具有较强的解释效应，企业仍可能使用特定的参照组为目标(Nason et al., 2018; Park, 2007)。

其次，企业行为理论吸收了组织学习理论（Organizational Learning Theory）中的重要思想，认为组织期望是由其自身的历史绩效所决定的（Cyert and March, 1963; Levinthal and March, 1981），企业管理者会根据历史绩效来设定期望水平（Greve, 2003），即历史期望（Historical Aspiration）。相比于行业期望，企业管理者利用历史绩效来制定历史期望的方法可以缓解由组织异质性带来的困扰（Bromiley and Harris, 2014; Gavetti et al., 2012），但在一定程度上忽视了外部市场形势变化所导致决策者感知偏差（Washburn and Bromiley, 2012）。前沿研究甚至将历史期望与社会期望纳入同一研究框架之中，尝试着比较何者对组织后续行为产生的影响更为强烈，同时也关注了两者混合产生的反馈结果，即历史-社会期望的一致性与不一致性（Lv et al., 2019; Lucas et al., 2018）。针对历史期望与行业期望之间存在的异质性，已有文献尚未果断地对其中一者更适合于组织期望的设定进行评判，而是客观地对其优缺点给予判别，并强调后续学者需要根据具体的研究情境进行合理选择（Bromiley and Harris, 2014）。

2.1.3 组织期望构成体系

关于组织会选择什么指标作为评估过去经营状况标准的问题，市场占有率、累积的财富等本质上都是用于衡量组织实际绩效的标准（Cyert and March, 1963）。由于会计制度通常强调当前经营绩效，研究者可以合理地假定管理者的注意力集中于本期财务指标的评估上，如资产回报（ROA、ROE、ROS）、股票回报（Stockholder Returns）、净利润（Net Income）等（Greve, 2003）。在已有研究文献中，学者利用上述财务指标之一或是其中几者的相互组合作为测量组织期望的基本要素（Bromiley and Harris, 2014）。当然，由于在研究目标和研究对象选择上的差异，也有学者以组织经营的其他非财务指标来测度绩效期望，例如Greve（2008）引入组织规模作为衡量决策者期望水平的指标；Joseph 等（2016）将新产品的质量作为企业创新绩效期望的衡量标准。该领域的前沿研究趋势表明，非财务性绩效将成为未来企业行为理论中的研究热点（Hu and Bettis, 2018）。

随着企业行为理论领域中的相关研究持续深入，绩效反馈逐渐演化出三种经典的模型，即加权平均模型（Weighted Average Model）、分离模型（Separate Model）与转移模型（Switching Model），这些模型中关于组织期望的测量也存在一定异质性。首先，加权平均模型是企业行为理论中最早被提出用来衡量组织期望的原始模型（Bromiley and Harris, 2014），认为组织会综合考虑自身历史绩效与同行业其他参照群体的绩效来制定期望(Cyert and March, 1963)。这种测量方式的优点在于综合考虑了组织内部和外部的多种影响因素,但对数据完整性要求较高。后续学者认为,行业期望与历史期望会对组织产生不同类型的影响,两者的反馈作用机制与作用效果存在一定的差异(Gavetti et al., 2012)。Greve (2003)、Harris 和 Bromiley(2007)等进一步构建了分离模型,通过分离历史期望和社会期望来探讨两个维度的组织期望对组织行为产生的影响。该模型目前较为频繁地出现在企业行为理论的文献研究中。最后,Bromiley (1991)、Wiseman 和 Catanach (1997)等认为组织可能一直朝着更高的目标不断努力,组织期望应该保持在略高于实际绩效的合理水平,即转移模型。具体地,该模型认为组织绩效低于参照群体的平均水平时,组织会以参照群体的平均水平为组织期望;当其实际绩效高于行业平均水平时,组织又会设定实际绩效的 1.05 倍为组织期望。

绩效反馈模型演化与组织期望测量梳理如表 2－2 所示。

表 2－2　　绩效反馈模型演化与组织期望测量梳理

模型演化	期望测度	模型特征	代表学者
加权平均模型	① 内部和外部期望的加权组合 ② 最优加权是数据内生的或规定的	① 综合考虑影响组织的期望设定的多个因素 ② 对数据完整性要求高	Cyert 和 March(1963)
分离模型	内外部参考点作为影响期望的独立因素	① 两个参考点对等影响要素 ② 当前被应用最广泛	Greve (2003); Harris 和 Bromiley(2007); Chrisman 和 Patel(2012)
转移模型	① 当绩效高于行业平均水平,期望等于 1.05 倍过去的绩效 ② 当绩效低于行业平均水平,期望等于行业平均绩效	① 期望总是高于实际绩效 ② 参考点选择是动态的	Bromiley (1991); Wiseman 和 Catanach (1997)

资料来源:作者根据相关文献整理。

为了促进对组织期望构成维度及测量方法的理解,Bromiley 和 Harris (2014)利用实证数据比较了三种不同的组织期望模型(自我历史期望和行业社会期望加权均值法、自我历史期望和行业社会期望分离法,以及自我期望和社会期望相互转化法),并使用六种不同的基础绩效指标对上述三个组织期望模型进行了衡量，在此基础上解释了三种不同组织结果（财务虚报、研发支出和不确定性收入）。结果显示：分别测量自我历史和社会期望的模型，比在历史和社会期望之间转换的模型更好一点，而无论是分别测量型模型还是转换型模型，均比直接加权平均的模型更好。上述三种测量模型尽管有所不同，但它们的共同点均认同组织期望由历史（自我）期望和社会（行业）期望组成，且均是基于财务业绩指标进行的组织期望的测量，属于组织的财务绩效导向的期望。

2.1.4 组织期望相对差距

2.1.4.1 组织期望顺/落差

正如以上所述，决策者往往根据企业的实际经营状况与某一期望水平或参考值相比较的结果，以界定自身处于成功还是失败、有利还是不利、满意还是不满意、顺境还是困境的状态中，此进而调整其决策行为（March and Simon，1958；Cyert and March，1963）。当组织处于期望落差状态下，意味组织处于困境状态，则将激发其冒险行为以实现组织期望水平；而组织期望顺差状态下，意味着组织处于顺境状态，则将表现为风险规避的状态（Kahneman and Tversky，1979；March，1988；March and Shapira，1992；Baum et al.，2005），组织期望的顺差（实际经营表现高于组织期望水平）和落差（实际经营表现低于组织期望水平）状态将对冒险的程度和冒险的方式产生巨大影响。对组织期望相对差距的测量，国内外学者普遍达成共识，即通过组织本期实际绩效与期望绩效的差值测度。当实际绩效大于期望绩效时，则认为组织经营较好，处于组织期望顺差；当实际绩效小于期望绩效时，则认为组织经营不佳，处于组织期望落差。然而，组织期望绩效由于测度方式上存在差距，组织有可能在某一领域表现为绩效顺差而在另一领域表现为绩效落差（Greve，2003）。对于此问题的最好解决办法是学者根据所要研究的具体内容选择合适的测度方法。

2.1.4.2 组织期望顺/落差组合

组织期望差距按照是否达到预期水平分为了历史期望顺差（Historial-Positive Performance Aspiration）、历史经营期望落差（Historial-Negative Performance Aspiration）、社会期望顺差（Social-Positive Performance Aspiration）、社会期望落差（Social-Negative Performance Aspiration）四种类型，将以上组织期望差距两两组合，分别可以得到三大类组合结果：第一组是消极绩效反馈组（包括历史消极绩效反馈、社会消极绩效反馈），已有研究主要认为负面绩效反馈会向决策者预示损失前景（Kahneman and Tversky，1979），能够激发企业的战略风险承受意愿(Chen, 2008; Greve, 2003),更倾向于做出高风险行为来争取更高的绩效水平,例如更高的创新投入水平,这与“穷则思变”的经营理念较为相似(宋铁波等,2019;贺小刚等,2017)。与之相反的第二组是积极绩效反馈组,已有研究对正面绩效反馈如何改变企业战略风险偏好程度这一问题尚未达成一致。一种基于前景理论的观点认为,历史期望顺差或社会期望顺差会向决策者预示获益前景(Kahneman and Tversky, 1979),表明企业无须采取更多的高风险战略行为即可达到预定的绩效目标,这与“富则思安”的哲学理念相吻合(张远飞等,2013)。另一种观点认为经营顺境会增加高管制定战略决策时的自信水平,导致企业盲目采取额外的高风险行为以获取更高水平的绩效(徐小琴等,2016)。Hirshleifer 等(2012)认为持续的经营顺境会促使 CEO 产生自负现象,导致 CEO 认为自己具备了应对各种不确定性问题和不利事件的能力,并且自负 CEO 更容易做出对企业整体不利的决策行为(Tang et al., 2015)。此外,也有少数学者认为正面绩效反馈并不会对企业产生明显的影响作用。第三组是最为复杂的绩效混合型(包括历史绩效正反馈+社会绩效负反馈,自身绩效负反馈+行业绩效正反馈)。前沿研究逐渐开始关注这一主题,如 Lucus 等(2018)发现企业在受到历史积极绩效反馈与行业消极绩效反馈的混合作用下会增加研发投入水平,而历史消极绩效反馈与行业积极绩效反馈的组合并不会对企业研发投资水平产生显著的影响。另外,Lv 等(2019)则是将历史/行业、消极/积极绩效反馈与长期/短期绩效反馈相结合,并探讨了多种组合方式对企业研发行为的影响作用。

2.1.5 组织期望研究框架

组织期望研究领域的早先文献主要围绕以下三个理论框架进行探讨,并利用不同的内部机制来解释组织期望如何发挥作用。第一,企业行为理论,基于卡耐基学派的概念,尤其是有限理性、满意、搜索、适应性学习和序贯注意(Cyert and March, 1963; March and Simon, 1958),该理论的核心内容即是业绩反馈决策模型;第二,安索夫的战略管理观点,基于前瞻性、目标寻求和分析性计划行为(Ansoff, 1987)和战略选择理论(Child, 1972);第三,战略参考点理论是在已有研究的基础上融合了战略选择理论与前景理论的观点,并将组织期望参照点划分为内部、外部与时间参照点(Fiegenbaum et al., 1996)。Shinkle(2012)将上述三个理论框架的具体内容进行梳理,如表 2-3 所示。三个理论框架都将组织绩效视为影响前期战略的结果,也是影响未来组织行为的内部驱动要素。

表 2-3　三大理论的主要内容和特征

	企业行为理论	安索夫的战略管理观点	战略参考点理论
1. 组织是决策的规则	• 目的性 • 有限理性 • 满意性 • 目标导向	• 环境服务性 • 完全理性 • 目标寻求 • 满意与最大化中间值	• 能力与环境的匹配 • 战略选择 • 确定情境为损失或机遇
2. 期望水平的决定因素	• 过去绩效(后向) • 社会比较 • 历史(自身)比较	• 未来预期(前向) • 内部和外部因素 • 管理者自身选择	• 未来预期(前向) • 内部和外部因素 • 时间(过去和未来)
3. 致力于达成一个期望	• 由绩效和期望差距决定	• 优先性的管理选择	• 绩效与参考点的差距 • 组织的共识
4. 适应性的变化	• 学习 • 经验基础的调整	• 基于可视的需求变化的战略选择，以环境动荡和管理进取性为条件	• 战略性选择 • 连续性适应增强有效性
5. 多元期望	• 序贯注意	• 优先基础的同时注意 • 战略性 VS 策略性期望	• 多维参考点优先级确定
6. 基本前提	• 过去绩效形成战略行为	• 战略选择行为决定绩效	• 战略选择行为决定绩效

资料来源：参考 Shinkle(2012)及其他相关研究文献整理所得。

在关于组织期望的实证研究中，早期文献更多的关注于组织经营绩效期望落差/顺差强度对各种市场化与非市场化行为的影响。例如，Greve(2003)、Chen(2008)、Chrisman 和 Patel(2012)等主要探讨了源于经营绩效的期望落差对企业研发投资强度的反馈影响。后续研究则尝试着拓展影响经营期望产生反馈作用的情境因素(即调节效应)与作用对象(即响应行为)。一方面，情境因素可以划分为组织内部情境因素与外部情境因素，内部情境因素包括高管特征(连燕玲等，2015，2019)、董事会特征(Desai, 2016)、管理结构(Chrisman and Patel, 2012)、资源禀赋(Iyer and Miller, 2008；贺小刚等，2016)等；外部情境因素包括行业竞争(贺小刚等，2016)、市场化程度(吕迪伟等，2019)、政策波动(贺小刚等，2020)、利益相关者(鲁悦和刘春林，2018；吴建祖和袁海春，2020)等。另一方面，经营期望的作用对象也拓展到更为广泛的领域，包括组织变革(Greve, 1998; Tarakci et al., 2018; Calabrò et al., 2018; Kuusela et al., 2017)、竞争战略(Greve, 2003; Tyler and Caner, 2016)、外部整合(Makarevich, 2018)、市场定位(Ref and March, 2017)与非市场响应行为(Mishina et al., 2010; Harris and Bromiley, 2007；鲁悦和刘春林，2018；吴建祖和袁海春，2020)等。

然而，虽然财务绩效作为企业核心的管理目标，能够反映企业整体的经营状况，但仅关注财务绩效则可能在一定程度上忽视其他非财务目标的绩效反馈作用(Gavetti et al., 2012)。后续文献则尝试从不同视角探讨源于社会绩效(Nason et al., 2018)、创新绩效(Parker et al., 2017)、安全性绩效(Hu and Bettis, 2018)等为组织期望的反馈影响。前沿文献也逐渐开始关注期望落差持续性(Yu et al., 2019)与维度(李溪等，2018)及不同组织期望的混合反馈，如Joseph和Gaba(2015)率先探究了行业期望差距与历史期望差距相关性对研发投资强度的反馈作用；Lucas等(2018)关注源于财务绩效期望的行业经营期望落差与历史经营期望落差的混合反馈作用对研发投资强度的影响；Parker等(2017)则探讨了创新绩效期望与财务绩效期望的混合反馈作用。

基于以上文献内容梳理，未来研究将会在组织期望的反馈前因、反馈情境、反馈结果等维度上展开更加深入的探讨。组织期望的研究框架如图2-1所示。

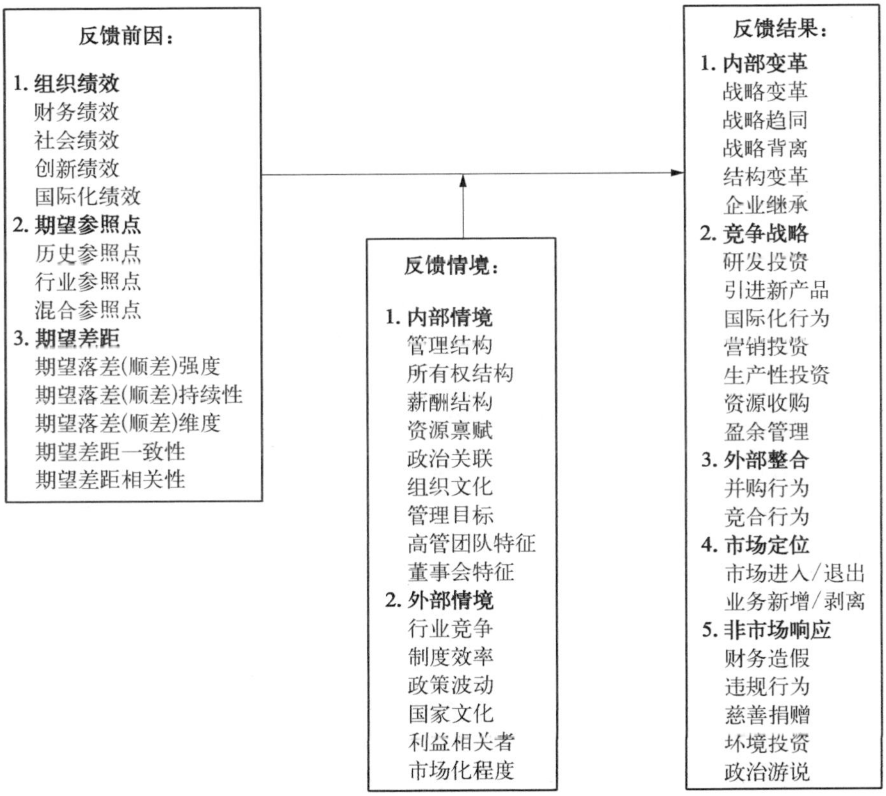

图2-1 组织期望的研究框架

2.2 战略响应

2.2.1 战略响应概念内涵

在面对复杂多变的内外环境时，企业为了取得和保持自身竞争优势会调整自身战略以响应当前状况的现象被称为战略响应（Cyert and March，1963；Gaba and Joseph，2013；Desai，2016），也有文献称为组织响应（邓少军等，2018；何小钢等，2019；李璨等，2019）。近年来，战略领域的学者尝试从不同理论视角探讨哪些内外部因素会影响以及如何影响企业战略响应这两个问题。

2.2.1.1 企业行为理论

根据上文所述，企业行为理论认为绩效反馈是推动战略响应的重要内部驱动要素之一（Cyert and March，1963；Greve，2003）。该领域的早期研究聚焦于探讨期望落差对研发投资（Greve，2003；Chen，2008）、收购行为（Iyer and Miller，2008）、规模扩张（Greve，2008）、国际化行为（宋铁波等，2017）等战略响应之间的关系，战略响应被视为组织提升未来绩效水平的应对策略（Cyert and March，1963），这种思想与我国"穷则思变"的传统哲学观较为相似（贺小刚等，2017）。另外，也有一部分学者关注绩优企业的绩效反馈与战略响应，但这类研究大多基于高阶梯队理论从管理者过度自信、自负等视角进行探讨（Mishina et al.，2010；徐小琴等，2016），在一定程度上淡化了组织绩效反馈的直接影响。

2.2.1.2 新制度理论

早期制度理论强调组织所处环境的合法性压力是导致企业采取顺从性战略响应的外部压力（Meyer and Rowan，1977；DiMaggio and Powell，1983）。该理论的核心观点认为，组织深度嵌入社会环境，而社会环境提出制度要求，对组织形成制度压力，从而影响组织行为（Meyer and Rowan，1977）。因此，服从制度要求是组织获取合法性和生存发展所需关键资源的重要基础（Deephouse，1996），意味着组织应对制度压力的反应导致其战略响应具有一定的同质性（陈立敏等，2016）。然而，新兴的制度逻辑视角指出当今多元化的制度环境下不同制度逻辑对组织结构和行为存在着异质性的影响（Thormton and Ocasio，2008；杜运周和尤树洋，2013），提出了制度复杂性下组织制度适应和制度共创的战略响应。新制度理论认为企业可以做出积极的战略响应以应对制度复杂性，而非完全被动适应（Tang et al.，2011；Zhao et al.，2018；连燕玲等，2019），强调企业面对制度压力时的主动战略响应（吴航和陈劲，2016；邓少军等，2018）。关于制度压力的经典研究提出了组织面对制度压力时抵制程度由低到高的五种战略响应，即默许、折中、逃避、反抗和操纵。

2.2.1.3 资源基础理论

资源基础理论认为高度竞争的市场环境导致资源的稀缺性（Penrose，1959），组织的资源禀赋是支撑企业制定各种战略行为（即组织战略响应）的前提条件（Wernerfelt，1984；马昀，2001；黄旭和程林林，2005），是影响企业参与市场竞争的重要内部因素（Barney，1991；邬爱其和贾生华，2007）。该领域中的早期研究大多基于静态视角强调组织财务资源、人力资源、社会资源等的重要性（Amit et al.，1993），而忽视了那些能够为组织持续性获得资源的组织能力的重要性（Barney，1991）。在此基础上，后期学者尝试将组织能力禀赋也作为构成组织资源基础的核心要素包括动态能力（Teece et al.，1997）、吸收能力（Cohen and Levinthal，1989；1990）等。此外，一些学者考虑了资源的流动性特征对企业战略响应的重要性。比较而言，那些能够快速折现的速动资产能够在更大程度上提升企业的投资能力。因此，现有研究将组织资源划分为未吸收冗余资源（Unabsorbed Slack）、已吸收冗余资源（Absorbed Slack）和潜在冗余资源（Potential Slack）（Tan and Peng，2003；Bourgeois and Singh，1983）。

2.2.1.4 竞争优势理论

与资源基础理论相对应，竞争优势理论同样认为外部环境的激烈竞争会威胁企业生存，但后者则强调企业需要主观地通过采取积极的战略响应来获取竞争优势，从而赢得市场竞争（Porter，1991；项保华和李庆华，2000；杜云月和蔡香梅，2001）。该理论的核心观点认为，企业需要通过三种战略思路来应对五种竞争力量，即总成本领先战略、差异化战略、专一化战略（Porter，1991）。因此，资源基础理论关注的是组织战略响应的前提条件，而竞争优势理论探讨的则是战略响应的终极目标。

2.2.1.5 高阶梯队理论

高阶梯队理论认为以 CEO 为核心的高管团队是肩负企业战略决策以及影响企业最终战略响应的主导者（Hambrick and Mason，1984）。该领域的学者尝试着探讨高管性别（曾萍和邬绮虹，2012；黄珺和徐莹莹，2021）、年龄（余鹏翼等，2020）、学历（鲁小凡等，2021；王晓亮等，2019）、任期（刘运国和刘雯，2007；李培功和肖珉，2012）、管理自主权（张三保和张志学，2014；连燕玲等，2015；杨林等，

2020)、开放性(连燕玲和贺小刚，2015)、自信水平(曾爱民等，2017;饶育蕾和贾文静，2011)、个人经历(沈维涛和幸晓雨，2014)、职业背景(姜付秀和黄继承，2013)，甚至是后代性别(连燕玲等，2020)等特征对企业战略响应的影响机制。鉴于高管对企业战略响应的重要影响，公司治理领域的文献聚焦于企业如何制定激励机制以调动高管的积极性。

2.2.1.6 威胁刚性理论

与企业行为理论和前景理论相反，威胁刚性理论认为严重的经营困境(即生存威胁)会大幅度降低企业高管的信息处理能力，进而导致企业出现决策僵化(Staw et al., 1981; McKinley, 1993)，其战略响应趋向于保守和严谨。该领域的实证研究发现绩效下滑会降低企业的 R&D 投资(Wiseman and Bromiley, 1996)、降低扩张水平(Audia and Greve, 2006)等。

不同理论视角下的战略响应研究如表 2-4 所示。

表 2-4 不同理论视角下的战略响应研究

理论视角	核心观点	代表文献
1. 企业行为理论	绩效反馈是引发战略响应的内部驱动因素	Cyert 和 March(1963); Greve(2003)
2. 新制度理论	组织需要应对制度压力而采取战略响应	Meyer 和 Rowan(1977);Oliver(1991)
3. 资源基础理论	组织资源能力是决定战略选择的核心要素	Barney(1991); Wernerfelt(1984)
4. 竞争优势理论	战略响应的核心目的是组织赢得竞争优势	Porter(1991; 1996)
5. 高阶梯队理论	高管是影响企业战略响应的核心成员	Hambrick 和 Mason(1984)
6. 威胁刚性理论	破产威胁将导致组织表现为战略刚性	Staw 等(1981); Chng 等(2015)

资料来源：作者根据相关文献整理。

2.2.2 战略响应行为基本类型

战略响应是企业应对内外部环境刺激所采取的应对行为，其类型较为广泛。在市场经济中，企业需要顺从正式规则和市场秩序(Boisot et al., 1996)，遵循市场逻辑，通过市场化战略响应来创造更大的顾客价值以赢得市场认可与接受，获取合法性与资源(丁忠明等，2019)。然而，我国市场环境与制度环境尚未完善导致企业成长还依赖于非正式制度(李新春等，2017;胡珺等，2017)，意味着企业制定能够获取政策支持、合法性、社会认同等资源的非市场化战略(Peng et al., 2008; Li, 2001)。综观已有研究，关注市场战略响应的学者聚焦于探讨竞争性逻辑之间的冲突及其对组织行为的影响却忽视了转型期关系的重要性(丁忠明等,2019);而关注非市场战略响应的学者则强调政治或商业网络关系的作用,但对市场效率的重视却略显不足。因此,未来研究应当协调企业的市场与非市场战略响应以弥补已有文献的不足。相比较而言,关于市场战略响应的研究取得了较为丰硕的成果,研发投资、国际化行为、营销投资等都是常见的市场战略响应;而关于非市场响应行为的研究较少,主要包括企业社会责任履行、非商业关系构建、印象管理等。除此之外,有部分研究关注了非商业性的响应行为,如医院、政府部分等。

企业的市场战略响应具有较高的复杂性,根据战略行为层次可以进一步划分为内部变革、竞争战略、外部整合、市场调整四个类型。其中,内部变革是指企业战略资源的重新配置与企业组织结构的变动,常见的研究指标包括战略变革(连燕玲等,2014,2015;张远飞等,2013)、战略背离(Tang et al., 2013; Deephouse, 1996)、战略趋同(巩键等,2016;李新春等,2016)、组织变革(Greve, 1998; Desai, 2016)等。竞争战略是指以增加企业自身核心竞争力为目标的风险投资,包括创新行为(R&D 行为)(Greve, 2003; Chen, 2008)、营销投资(陈有华等,2015)、生产投资(Audia and Greve, 2006)。外部整合是指企业与外部市场环境、外部利益相关者构建商业关系和进行资源交换的行为,包括并购行为(Iyer and Miller, 2008)、竞合关系转变(Baum et al., 2005; Shipilov et al., 2011; Schillebeeckx et al., 2016)等。市场调整是指企业进入新市场或退出原有市场的行为(Cho et al., 2016; Shimizu, 2007; Vidal and Mitchell, 2015)。

非市场响应则主要分为企业社会责任履行、企业败德行为与企业寻求非商业关系构建三个类型。其中企业社会责任履行包括企业慈善捐赠(高勇强等,2012)、绿色/环境投资(陈伟宏等,2017;傅鸿震和张琳,2020)和员工友善投资等(Kang and Kim, 2020);企业寻求非商业关系构建包含政治游说(Rudy and Johnson, 2016)等,基于上述分类,本书整理了相关研究的常用指标如表 2-5 所示。

表 2-5　　市场与非市场战略响应行为梳理

	响应行为	内容界定	研究指标	参考文献
市场战略响应	A. 内部变革	1. 战略资源重新配置	(1) 战略变革	连燕玲等(2014, 2015); 张远飞等(2013)
			(2) 战略背离	Lee(2017); Ye 等(2018); 连燕玲等(2019)
			(3) 战略趋同	巩键等(2016), 李新春等(2016)
		2. 组织结构变化	(1) 组织变革	Greve(1998); Desai(2016)
			(2) 代际传承	Calabrò 等(2018); 邹立凯等(2019)

续表

	响应行为	内容界定	研究指标	参考文献
市场战略响应	B. 竞争战略	1. 创新行为	(1) 创新投资	Chen 和 Miller(2007)；Greve(2003)
			(2) 新产品推出	Klueter 和 Monteiro(2017)
			(3) 研发联盟	O'Brien 和 David(2014)
			(4) 跨国技术	王向阳等(2018)；吴先明和苏志文(2014)
		2. 营销行为	(1) 广告投资	Vissa 等(2010)；陈有华等(2015)
			(2) 营销投资	宋铁波等(2017)
		3. 生产投资	(1) 规模扩张	Aduia 和 Greve(2006)；Greve，2008
			(2) 资源收购	Greve(2011)； Ertug 和 Castellucci (2013)
	C. 外部整合	1. 并购行为	组织并购	Iyer and Miller(2008)
		2. 竞合行为	(1) 建立合作	Baum 等(2005)；Shipilov 等(2011)
			(2) 进入联盟	Makarevich(2018)；庄亚明和李金生(2004)
	D. 市场调整	进入/退出市场	(1) 服务范围增/删	Kim 等(2015)；Ref 和 March(2017)
			(2) 业务单元增/删	Vidal 和 Mitchell(2015)
			(3) 产品增/删	Cho 等(2016)；Parker 等(2017)
			(4) 服务内容变革	Shimizu(2007)； Klueter 和 Monteiro (2017)
非市场战略响应		1. 社会责任履行	(1) 慈善捐赠	高勇强等(2012)
			(2) 绿色投资	陈伟宏等(2017)；傅鸿震和张琳(2020)
			(3) 员工友善投资	Kang 和 Kim(2020)
		2. 败德行为	(1) 财务造假	Harris 和 Bromiley(2007)；Desai(2014)
			(2) 内部合谋	王垒等(2020)；雷新途等(2011)
		3. 非商业关系构建	政治游说	Rudy 和 Johnson(2016)

资料来源：作者根据相关文献整理。

2.2.3 战略响应研究进展

在战略管理领域的大量文献围绕着企业战略响应的前因与结果以及相应的情境影响因素展开讨论，其研究框架如图 2-2 所示。

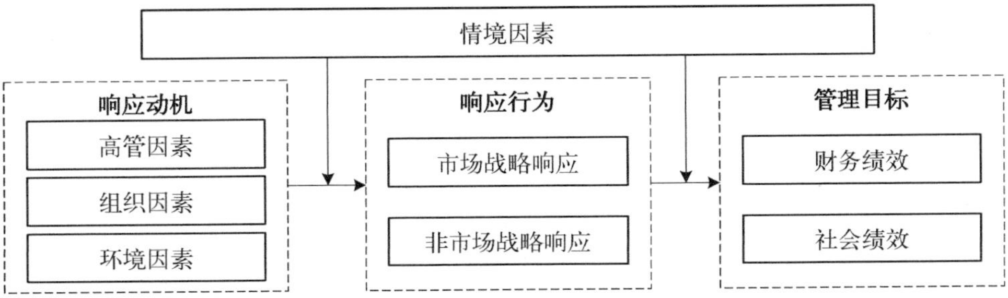

图 2-2 组织战略响应的研究框架

首先，企业战略响应的驱动因素可以分为高管、组织、环境三个层面。其中，高管驱动因素主要包括高管个体特征（Hambrick and Mason，1984）、社会资本（顾亮和刘振杰，2013；贺远琼等，2008）与高管激励（Martin et al.，2013）。该领域的文献大多利用高阶梯队理论、社会资本理论、行为代理理论等为解释机制。组织驱动因素包括企业绩效变化（Cyert and March，1963；Greve，2003）、资源缺失（贺小刚，2002；李新春，2002）、组织结构变更（谢康等，2016；刘海建等，2009）等。该领域的研究成果较为丰硕，相关文献涉及资源基础理论、企业行为理论、动态能力观、竞合观等多个理论视角，关于组织期望与战略响应即是当前该领域中备受关注的主题之一。而环境驱动因素主要包括行业竞争（连燕玲等，2019；杨彤骥和杨红玉，2016）、市场化发展程度（周小宇等，2016；刘海建等，2012）、政策波动（马宁和靳光辉，2021）等。

其次，战略管理领域的学者一般认为企业采取各种战略响应行为的最终目标是通过获得市场竞争优势来提升财务绩效。随着市场环境与制度环境逐步完善，企业的社会绩效也逐渐受到重视（Nason et al.，2018）。企业需要在努力追求财务绩效的同时兼顾社会责任目标。广义而言，企业社会绩效的范畴涉及社会责任，员工责任，股东责任，环境责任，供应商、客户和消费者权益责任五个维度。

随着企业战略响应的文献持续深入，该领域也萌发出一些新颖的前沿研究主题：

第一，最优区分视角下的战略响应研究。传统的制度理论观点认为合法性压力导致组织采取顺从大众的战略响应（Peng and Heath，1996；李新春等，2017），而战略选择理论则强调组织需要采取不谋与众的战略来获取独特的竞争资源（Tang et al.，2011；Miller et al.，2013；李新春等，2016）。基于此，相关学者提出最优区分这一研究视角（Zhao et al.，2017），认为组织会在战略差异化和同质化中保持平衡，根据内外部环境制定个性化的战略行为（连燕玲等，2019；Zhao ct al.，2017）。

第二，制度复杂性视角下的战略响应研究。在当前制度环境日趋复杂的背景下，传统制度理论关于组织如何应对制度压力而获取合法性的解释受到限制（涂智苹和宋铁波，2016）。在我国经济转型背景下，组织响应制度复杂性研究逐渐成为学者关注的热点，围绕“数量-内容-时间”与“结构-情境-人员-时间-位置”的研究框架强调了组织应对制度变化的复杂性与动态性特征（邓少军等，2018）。

第三，公共危机视角下的战略响应研究。新冠肺炎疫情对我国中小企业造成了严重打击，此次公共危机凸显了组织柔性、资源禀赋等对企业应对战略危机的重要意义（阳镇等，2020；刘淑春和林汉川，2020）。

2.3　组织期望与战略响应的关系

2.3.1　理论视角归纳

2.3.1.1　绩效反馈模型

组织期望与战略响应的研究起源于企业行为理论中的业绩反馈模型（Cyert and March，1963）。Greve（2003）将绩效反馈的过程归纳为评估、搜索、决策三个阶段，即组织通过观察环境来制定组织期望，并通过比较实际绩效是否达到期望水平来制定后续的响应行为（见图 2－3）。由于组织期望制定过程具有主观性、动态性、复杂性等特征（Cyert and March，1963），早期研究绩效反馈的学者

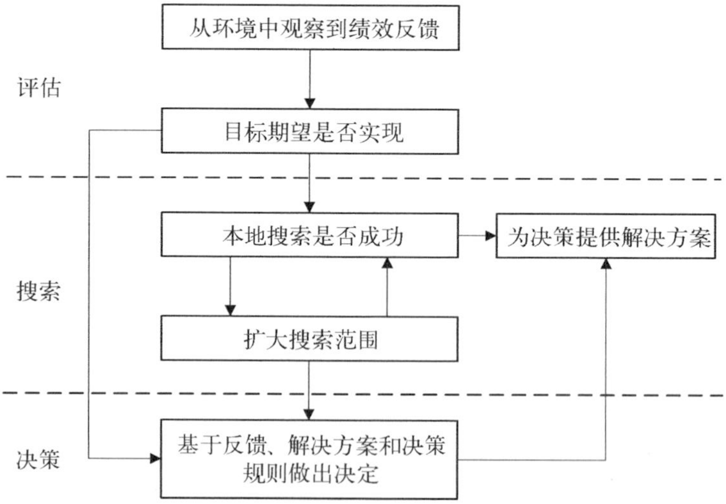

图 2－3　绩效反馈的决策模型

注：根据“Greve（2003），Organizational learning from performance feedback，Cambridge University Press.”以及其他相关研究文献整理。

聚焦于探讨影响组织期望的各种诱因。绩效反馈模型演化过程及组织期望的测量方式如表 2-2 所示。

2.3.1.2 前景理论

前景理论是从风险视角解释组织期望落差与组织期望顺差对战略响应的影响。该理论的核心观点认为组织期望落差会向组织决策者传递"损失前景"的信号,进而增加组织决策者的风险承受意愿;相反,组织期望顺差会向组织决策者传递"获益前景"的信号,导致决策者满足于当前经营状态而不愿意承受战略风险(Kahneman and Tversky, 1979)。借鉴这一观点,大量学者探讨了组织绩效期望落差对各种战略响应行为的影响,包括研发投资(Chen, 2008)、战略变革(连燕玲等,2014)等。

2.3.1.3 威胁刚性理论

虽然大部分研究结论与前景理论的核心观点一致,但也有学者获得了全然相反的研究结论,即组织期望落差导致决策者更不愿意承受战略风险。该类文献主要基于 Staw 等(1981)提出的威胁刚性理论,认为组织期望落差作为典型的破产威胁信号,会限制决策者的信息处理能力,导致企业出现决策刚性现象。相关实证研究发现组织期望落差导致企业减小规模扩张(Aduia and Greve, 2006)、减少并购行为(Iyer and Miller, 2008)等。

2.3.1.4 战略参照点理论

绩效反馈模型、威胁刚性理论等强调了组织财务绩效期望对战略响应的刺激影响,但一定程度上忽视了组织企业非财务管理目标的重要性。作为前景理论的分支,战略参照点理论提出"三维参照点矩阵"这一概念,强调企业同时关注内部维度、外部维度和时间维度的参照点(Fiegenbaum et al., 1996)。具体而言,外部参照点包括竞争对手、顾客的利益、供应商的利益以及各股东的利益等方面(Kotlar et al., 2014);而在时间维度上参照点是基于过去、现在或将来产生的。

2.3.2 实证研究梳理

2.3.2.1 组织期望落差与战略响应

(1) 组织期望落差与创新导向的战略响应行为

以 Greve(2003)和 Chen(2008)为代表的学者认为期望落差向决策者预示了企业的损失前景(Kahneman and Tversky, 1979),导致决策者愿意承受更高的创新风险以获取满意的绩效水平(李健等,2018;刘建国,2017; Chrisman and Patel, 2012),这类结论与前景理论的核心观点较为相似。与此相对,也有学者认为经营困境会导致企业的战略决策变得僵化，倾向于采取保守、谨慎的战略回应行为。这些学者通过实证分析发现随着期望落差的增大，企业更不愿意采取创新行为（王垒等，2020；宋铁波等，2018；王菁等，2016）。这类研究与 Staw 等(1981)提出的威胁刚性理论的观点较为相似。随后，有学者利用 March 和 Shapira(1992)提出的生存点(Survival Point)这一概念调和上述观点间的冲突，认为当企业绩效低于期望水平但高于生存点时，决策者会积极增大创新投入水平来弥补经营问题，但决策者会在企业绩效低于生存点后感受到破产威胁，从而表现为决策刚性，并减小创新投入水平。例如，贺小刚等(2017)发现期望落差与创新投入水平之间存在倒 U 形曲线关系。

(2) 组织期望落差与投资导向的战略响应行为

除了探讨企业创新行为作为组织期望落差的战略响应策略外，国内外学者也讨论了组织其他投资战略(经济导向和非经济导向的投资行为)也可以作为组织期望落差下的一种战略响应行为。比如李晓翔和刘春林(2013)发现随着期望落差增大，企业会减小整体投资强度；李健等(2018)负面绩效反馈会促进企业大胆投资，从而减少企业的冗余资源。宋铁波等(2018)发现企业的广告投资强度会随着期望落差的增大而增强。郭蓉和文巧甜(2019)认为企业会通过增加更多的创业投资来缓解经营困境；王菁等(2014)发现负面绩效反馈会促进企业增大慈善捐赠。鲁悦和刘春林(2018)发现负面绩效反馈会抑制企业的慈善捐赠。在这一方面，也有其他学者获得对立的研究结论。

(3) 组织期望落差与剥离并购导向的战略响应行为

该部分研究将剥离与并购战略作为组织经营期望落差下企业的战略应对策略。王垒等(2020)和 Desai(2016)认为随着期望落差的增加，企业更容易通过资产剥离或业务剥离等方式来解决经营问题。Joseph 等(2016)发现当产品质量低于期望时，企业会主动淘汰产品；Iyer 和 Miller(2008)发现随着期望落差增大，企业更不愿意采取并购战略；吕斐斐等(2019)发现负面绩效反馈会促进企业创业退出。

(4) 组织期望落差与结构变革导向的战略响应行为

该部分研究将组织结构调整、权力再配置和高管变更等作为组织经营期望落差下企业的战略应对策略。Calabrò 等(2017)研究发现家族企业在经营困境中更有可能让非长子继承家业；吕斐斐等(2015)发现随着期望落差增大，企业创始人更偏向于渐进式推出；葛菲等(2016)发现负面绩效反馈对企业高管变更具有非线性作用机理，即高管变更程度随着期望落差的增加而呈现先升后降的倒 U 形变化趋势。

(5) 组织期望落差与败德行为导向的战略响应

该部分研究将企业违规、违法、破坏性或合谋等负面行为作为组织经营期望落差下企业的战略应对策略。王垒等(2020)发现随着期望落差增大,企业内部更容易发生合谋现象;Harris 和 Bromiley(2007)认为负面绩效反馈会向决策者施加更强的经营压力,导致企业做出违规行为来提升绩效;贺小刚等(2016)发现期望落差与企业破坏性行为之间存在正向线性关系。

组织期望落差与战略响应行为关系的研究梳理如表 2-6 所示。

表 2-6　组织期望落差与战略响应行为关系的研究梳理

战略导向	战略响应行为	研究结论	代表性研究
创新导向	研发投资强度	正向线性关系	李健等(2018);刘建国(2017);Kotlar 等(2014);Chrisman 和 Patel(2012);Chen(2008);Greve(2003)
		负向线性关系	宋铁波等(2018);王垒等(2020);王菁等(2016)
		倒 U 形曲线关系	贺小刚等(2017)
	创新绩效	正向线性关系	陈志军等(2018)
	新产品销售绩效	正向线性关系	刘建国(2017)
	新产品引入	正向线性关系	Parker 等(2017)
	研发联盟	正向线性关系	Palmer 和 Wiseman(1999)
投资导向	广告投资	正向线性关系	宋铁波等(2018);Vissa 等(2010);Lages 等(2008)
	生产投资	负向线性关系	Aduia 和 Greve(2006);Desai(2008)
	慈善捐赠	正向线性关系	王菁等(2014)
		负向线性关系	鲁悦和刘春林(2018)
	投资强度	负向线性关系	李晓翔和刘春林(2013)
	创业投资	正向线性关系	郭蓉和文巧甜(2019)
剥离并购导向	资产剥离	正向线性关系	王垒等(2020)
	业务剥离	正向线性关系	Desai(2016);Kim 等(2015)
	产品淘汰	正 U 形曲线关系	Joseph 等(2016)
	并购行为	负向线性关系	Iyer 和 Miller(2008)
	创业退出	正向线性关系	吕斐斐等(2019)
结构变革导向	组织结构变革	正向线性关系	Greve(1998)
	非长子继承	正向线性关系	Calabrò 等(2017)
	高管变更	倒 U 形曲线关系	葛菲等(2016)

续表

战略导向	战略响应行为	研究结论	代表性研究
败德行为导向	破坏性行为	正向线性关系	贺小刚等(2016)
	违规行为	正向线性关系	Harris 和 Bromiley(2007);连燕玲等(2021)
	内部合谋	正向线性关系	王垒等(2020)

资料来源:作者根据相关文献整理。

2.3.2.2 组织期望顺差与战略响应

相比于组织期望落差反馈,国内外学者关于组织期望顺差的研究较匮乏,文献较少。在企业投资战略方面,学者主要关注企业在创新投入(贺小刚等,2016;陈昕等,2016)、创业投资(郭蓉和文巧甜,2019)、慈善捐赠(鲁悦和刘春林,2018)、环保投入(宋铁波等,2017)等方面的战略回应。但关于期望顺差与创新投入水平之间的关系也存在较大的分歧。除此之外,宋铁波等(2017)与 Ref 和 Shapira(2017)关注了企业应对外部环境的战略变化;徐小琴等(2016)、贺小刚等(2015)讨论了期望顺差与企业负面行为间的关系;吕斐斐等(2015)关注了期望顺差与创始渐进式离任之间的关系;王垒等(2020)关注了正面绩效反馈对资产剥离的影响。

组织期望顺差与战略响应行为关系的研究梳理如表 2-7 所示。

表 2-7 组织期望顺差与战略响应行为关系的研究梳理

战略分类	反馈对象	反馈结果	代表性研究
投资战略	创新投入	负向线性关系	蒋艳和金思瑶(2020);王旭和王兰(2020);贺小刚等(2016);陈昕等(2016)
		正向线性关系	王垒等(2020);肖书锋和李璨(2020)
	创业投资行为	正向线性关系	郭蓉和文巧甜(2019)
	慈善捐赠	负向线性关系	鲁悦和刘春林(2018)
	环保投入	正 U 形曲线关系	宋铁波等(2017)
企业治理	创始人激进式离任	正向线性关系	吕斐斐等(2015)
剥离战略	资产剥离	负向线性关系	王垒等(2020)
应对外部环境	国际化速度	正 U 形曲线关系	宋铁波等(2017)
	进入新市场	倒 U 形曲线关系	Ref 和 Shapira(2017)
负面行为	违规行为	正向线性关系	徐小琴等(2016)
	投机经营行为	正向线性关系	贺小刚等(2015)

资料来源:作者根据相关文献整理。

2.3.2.3 组织期望落差持续性与战略响应

企业绩效反馈领域的前沿研究拓展了期望落差这一概念,实际绩效低于期望水平的落差称为期望落差强度,而实际绩效连续低于期望水平的持续时间定义为期望落差持续性(Underperformance Duration)(Yu et al., 2019;李溪等,2018),但相关研究结论存在一定差异。例如,李溪等(2018)发现随着期望落差持续性与企业创新投入响应行为间存在正向的线性关系,而 Yu 等(2019)发现随着期望落差持续期数增加,企业创新投入规模呈现先降后升的倒 U 形变化趋势。

2.3.2.4 组织期望差距一致性/相关性与战略响应

企业行为理论借鉴了组织学习理论与社会比较理论,利用历史比较与社会比较的方法制定了历史期望与社会期望。这就必将导致部分企业面临不一致的绩效反馈状态,即实际绩效低于历史期望但高于行业期望、实际绩效高于历史期望但低于行业期望(Cyert and March, 1963)。在此情况下,企业究竟是以历史期望还是行业期望的绩效反馈作用制定战略响应成为一个难解的问题(Lucas et al., 2018; Hu et al., 2017)。Lucas 等(2018)认为当企业面临历史期望顺差和行业经营期望落差时会积极增加研发投资强度,在相反情况下则不会有明显的战略响应。而 Joseph 和 Gaba(2015)关注了历史期望差距与行业期望差距相关性对研发投资的强度。另外,也有研究关注了财务绩效与非财务绩效反馈的一致性与不一致性对战略响应的影响(Parker et al., 2017),这些研究拓展了已有文献只聚焦于单一绩效反馈的不足,也为未来学者进一步探讨开辟了新视角。

2.4 本章小结

尽管关于组织期望与战略响应的研究已经取得了较为丰硕的成果,该领域的学者大幅拓展了企业行为理论的应用情境,但依旧存在一些研究空白需要进一步去探讨和研究:

第一,以往研究更多关注单一响应行为的研究,如以创新搜寻行为为主的很多,然而本书认为战略响应并非是单一维度的,也并非是市场导向的。因此,未来研究应当关注更多维度上或综合维度上的战略响应行为,如战略变革、战略背离或战略顺从等。

第二,以往研究更多是强调创新导向或投资导向的战略响应行为,而关于其他类型的战略响应行为，如关系构建、印象管理以及社会责任（非社会责任）等非市场化导向的战略响应行为分析的依然较少。基于此，未来研究在强调创新导向或投资导向的战略响应行为基础上，也应将其他非市场化导向的战略响应行为纳入进行分析，本书将从市场化导向和非市场导向两个维度进行战略响应行为的探讨。

第三，尽管组织期望引发组织不同类型的战略响应行为的观点广为接受，但关于“组织期望到底如何影响不同类型战略响应的选择及机制”的研究较少，较少将不同类型的战略响应行为放入到同一框架下进行探讨。另外，关于影响不同战略响应行为之间关系的情境机制的研究依旧不足。基于此，本书尝试着将组织期望与市场/非市场战略响应纳入绩效反馈的框架之中，探讨各种不同情境机制发挥的调节效应及差异性。

第四，已有文献关于本土中国情境特殊性的探讨略显不足。目前，我国正处于转型经济的关键时期，而制度环境的逐步完善与市场经济的快速发展也加剧了企业生存环境的复杂性。在转型经济背景下，我国企业在应对组织期望落差反馈时的战略响应行为具有何种特点，这些行为将受到哪些特殊因素和本土情境机制的影响等问题都有待于进一步探讨。

3 组织经营期望与市场导向响应行为：基于战略变革的视角分析

本章基于企业行为理论和业绩反馈模型，讨论组织在经营期望落差（历史和行业经营期望落差）下如何通过市场化导向的创新主导的响应行为——战略变革来应对经营困境，并探讨管理者自主权（包括组织自主权、环境自主权和制度自主权），对组织经营期望落差与市场导向的战略响应行为（战略变革）关系的调节作用。本章有助于从战略变革这一视角理解经营期望落差下组织战略响应行为特点、产生与作用机制；有助于从经营期望视角来解释战略变革发生的动机问题；同时对理解中国经济转型的特殊制度背景下，制度自主权对市场导向的战略响应行为的影响机制也具有一定的理论和现实意义。

3.1 引　　言

战略作为协调组织和客观环境的适应性关系的有机系统，组织内外部环境的变化均会要求它进行动态的调整或变革，以适应变化的情境环境（Audia et al., 2000; Sutcliffe, 1994）。战略变革对企业发展起到了关键性作用，长久以来受到学者们的关注（Boeker, 1997; Gray and Ariss, 1985; Greenwood and Hinings, 1993; Greve, 1998; Quigley and Hambrick, 2012），近年来亦日益受到企业实践者的关注（Franken, et al., 2009; Goddard et al., 2012）。围绕组织战略变革这一问题，前期学者通过探讨组织特性（Cornelissen et al., 2011;

Franken et al., 2009; Ravasi and Phillips, 2011)、高层管理者特质(Boeker, 1997; Decker and Mellewigt, 2012; Karaevli and Zajac, 2012)、中层管理者与员工理解(Rouleau and Balogun, 2011; Sonenshein and Dholakia, 2012)、董事会特征(Haynes and Hillman, 2010)、组织资源与能力(Cui et al., 2011; Franken et al., 2009; Helfat et al., 2007; Goll et al., 2007)以及与外部环境之相互关系(Burgelman, 1991; Cui et al., 2011; Kyung Min, 2007)等相关议题,对战略变革的影响因素、方式、过程以及结果进行了多方面探讨。

在这些研究中,学者们较多地对战略变革的前因进行了研究,尤为关注从"管理者"角度来分析对战略变革的影响,从早前关注高管团队人口特质(Wiersema and Bantel, 1992; Boeker, 1997)对战略变革的研究,到目前关注对个体CEO离任特征(Quigley and Hambrick, 2012),新任CEO继任来源和类型(Zhang and Rajagopalan, 2010; Barron et al., 2011; Hutzschenreuter et al., 2012)以及CEO管理自主权(Quigley and Hambrick, 2012; Haynes and Hillman, 2010)等因素对战略变革的影响。虽然目前这些研究关注到了"管理者"团队和个体层面上的这些因素对战略变革的影响,但这些研究仅表明他们是影响战略变革实施的因素,比如更年轻化、更专业异质化和任期更多元化的团队更有利于组织战略变革的实施(Boeker, 1997),拥有较高自主权的CEO更能促使组织的战略变革,而前任CEO离任后继续留任董事会中,则不利于新任CEO继任后战略变革的实施(Quigley and Hambrick, 2012)等,但这些研究并未很好地回答一个问题,即战略变革为何发生,战略变革产生的动机在哪里?

本章认为企业行为理论,尤其是业绩反馈理论可以很好地对此问题进行回答。该理论认为组织的历史绩效为组织所采取的战略行为是否有效提供了反馈准则,实际绩效与经营期望的差异影响管理者对后续战略响应行为的选择(Cyert and March, 1963; Lant, 1992)。当组织的实际绩效低于经营期望水平时,管理者会认定组织处于经营不善、运营效率低下以及内外部利益受损的状态,为解决组织当前面临的问题,改善组织的经营管理,促使组织绩效恢复到期望水平上以规避利益的过度损失,管理者突破组织阻力进行变革以谋求发展的动机将会增大,战略变革响应行为将会增强(Haveman, 1993; March and Simon, 1958),由此组织的实际绩效与经营期望的差距(即经营期望落差)是战略变革响应行为产生的重要动机之一。如Rajagopalan和Spreitzer(1997)所指出的,学者们需要进一步整合不同的理论观点和视角,以全面认识组织战略变革响应行为产生、发展和实施的全过程。基于上述理论研究的呼吁,以及更好地理解组织战略变革响应行为产生的动机,本章基于企业行为理论(尤其是业绩反馈理论），并结合高阶梯队理论等相关观点，探讨管理者实施战略变革响应行为的动机以及影响战略变革响应行为实施的情境因素，即具体分析以下两个研究问题：实际绩效与经营期望的差距（即经营期望落差）如何影响战略变革响应行为的发生？在中国情境下，管理者所拥有的自主权（组织、环境和制度自主权）又将如何影响经营期望落差与战略变革响应行为之间的关系？

3.2 理论分析与假设

3.2.1 战略变革响应行为的产生动机：组织经营期望落差

影响管理者做出冒险决策的依据是什么，这是一个经典学术问题。Hoppe（1930）研究发现人的目标期望会影响决策判断。在早期心理学家看来，目标期望水平是个体对其正常能力的评估与其可感知的理想绩效之间的某个值（Frank，1941），当代心理学理论则将个体决策中的目标期望水平描述为"能够给决策者带来满意的最小产出"（Schneider，1992）。目标期望水平的概念由Simon（1955）引入组织行为研究中。他认为决策者一般将产出的结果分为满意或不满意两种状态，然后根据所处状态的不同而采取不同的冒险决策。这些理论观点后来由 Cyert 和 March（1963）、Levinthal 和 March（1981）总结成为可检验的数学命题，成为企业行为理论的主要思想观点之一，这些思想及有关冒险行为的相关研究成果，成为很多学者探讨组织冒险决策的理论基础（Greve，1998；2003a，b）。

基于实际绩效与目标期望水平的相对差距进行冒险决策的实施与反馈，是企业行为理论的精髓（Cyert and March，1963；March，1994；Greve，1998；2003a，b），该理论强调组织的绩效评价、搜寻和决策制定的过程，尤其关注这些过程如何最终影响了组织变革，其核心思想又体现在基于业绩反馈的决策模型中（Greve，2003b）。该决策模型认为：管理者通过评估当前组织的实际绩效与"目标期望水平（Aspiration Level）"的差距来决定后续的响应行为选择。其中"目标期望水平"是决策者进行决策的"参照点"（Kameda and Davis，1990），或者为管理者所接受和认可的"最低程度的满意结果"（Schneider，1992），被有限理性的决策者用来将实际绩效的连续测量转化为"成功"或"失败"的离散测量从而引导后续决策行为的制定（March and Simon，1958；March，1988），即当组织实际绩效低于"目标期望水平"的时候，有限理性的管理者会将"低于目标期望"

(Below Aspiration Level)的状态界定为组织的“损失”状态(March and Simon, 1958),该损失状态则驱动管理者实施后续的问题搜寻(Problemistic Search),通过搜寻找到最为适合组织当前问题症状的解决方式,以使组织绩效回到目标期望水平上 (Cyert and March, 1963)。实际绩效低于目标期望水平的程度越大,管理者界定组织处于损失状态的程度越严重,其风险忍受的程度也将随之提高(Shapira, 1994),组织风险性决策和冒险响应行为的实施程度也将加剧(Kahneman and Tversky, 1979; Lant and Montgomery, 1987; Wehrung, 1989; Greve, 1998),从而进一步提升了组织进行问题搜寻的程度。这些问题搜寻行为是多方面的,既包括组织内部低风险性的运作程序、治理结构、资产规模等方面的调整(Greve, 2003b),又包括高风险性的组织创新行为的实施(Antonelli, 1989; Hundley et al., 1996; Kamien and Schwartz, 1982; Greve, 2003a)、市场进入与退出、产品-市场策略的改进 (Greve, 1998)、市场兼并(Anand and Singh, 1998)、战略重新定位(Park, 2007)及其他高风险性的战略调整行为(Wiseman and Bromiley, 1996)等,这些都被称为基于业绩反馈的战略响应行为。

虽然组织的各种战略调整是极具冒险性和风险性的(Greve, 1998),但在低于目标期望的状态下,经营期望的落差状态则成为组织实施冒险响应行为的重要动机。由此,基于企业行为理论和业绩反馈模型的分析,本章认为随着经营期望落差越大,管理者进行市场化导向、创新主导的冒险性战略变革(Strategy Change)响应行为的动机也会越强,这是因为:

第一,高于经营期望的状态往往表明组织当前战略是正确的,这种状况下组织更倾向于维持战略现状(Audia and Boeber, 2000),很少在高绩效状态下实施大范围的战略性改变(Greve, 2003a)①。而经营期望落差状况的出现,则意味着组织当前在内部管理、公司或业务战略等方面出现了问题,需要做出新的调整以适应顾客和市场竞争(Greve, 2003a),而且通过调整组织战略,确实有利于应对不断恶化的业绩状况(Williamson, 1975; Chandler, 1962; Bolton, 1993)。比如 Singh(1986)研究即发现,随着经营期望落差的增大,问题驱动的探究模式会得到采纳,即组织决策者会强调通过自身的努力而进行更多探索性的、非局部的研发,或更大范围的变革以提高企业自身潜能,而化危为安。

第二,高于经营期望的状态往往能得到利益相关者对组织的广泛支持和认

① 权变理论家和战略研究者也同样认为组织业绩的下滑是促进组织进行战略变革的重要因素之一,业绩的持续下降,意味着战略与结构之间的匹配需要得到及时地调整(Burns and Stalker, 1961; Chandler, 1962; Lawrence and Lorsch, 1967),持续的业绩下降是组织战略重新定位的重要促进因素。

可，让组织拥有较高的社会声誉和外界合法性，而经营期望落差状况的恶化则导致利益相关者对组织存在理由和存在合法性的质疑(Manns and March, 1978)。如果组织历经持续的经营落差状态，它们会被迫要求对绩效下滑做出公正合理的解释，否则落差与危机问题将威胁组织的合法性，这就要求组织必须重新思考自身的战略活动，以修正组织现存的问题(Oliver, 1992)。结果是低绩效的组织被要求做出更多的努力以改进业绩，糟糕的绩效引发显著的战略决策改变，即必须通过某些组织变革的形式以重建并巩固组织的外部合法性(Oliver, 1992)。比如，早期学者以大学为研究对象的分析发现，当大学的排名低于期望水平而负面影响到其外界声望时，为规避声誉损失或重塑自身在外界的合法性，低于期望水平的这些大学更倾向于对课程体系实施战略性的变革和调整，尽管这些战略变革将在大学的组织内部存在极大的阻力(Manns and March, 1978; Kraatz and Zajac, 1996; Kraatz, 1998; Zajac and Kraatz, 1993)。

第三，实际绩效高于组织期望的过往成功经验往往使管理者陷入满足于自身优秀经营管理的自恋状态，而不愿意去打破自己创建的战略伟绩(Audia et al., 2000; Audia and Boeker, 2000)[①]，经营期望落差则有利于打破管理者固守战略(Rigid Strategies)的傲慢情结，而促使管理者重新审视当前战略所产生的问题，促使管理者不得不重新面对环境威胁而进行问题搜寻。困境状态的管理者则会时刻地在展现出追求冒险、通过战略性革新行为以试图改进命运的状态(Bowman, 1982; Singh, 1986)，即经营期望落差有利于降低了组织的自负心理，刺激组织去寻求更多信息，尤其是学习竞争者的行为(Bandura, 1977)，以竞争者为目标而调整自身的战略方向，以重新得到潜在投资者对组织新的战略决策的理解与支持。因为随着经营期望落差的扩大，潜在投资者不会倾向于为业绩下滑或出于问题状态的企业再提供支持，迫于组织的这种生存压力，通过自身一系列不同程度或不同方面的战略变革是可以来改变现状的。

第四，当经营状况高于经营期望时，风险规避性的管理者在自身利益得到保障的前提下，其风险承受力相对较低，即规避现状的改变可能导致个人利益损失，实施冒险性的战略变革行为的动机随之下降。当经营期望落差扩大时，则提高了组织内部管理者的风险忍受力，加之组织管理者对威胁做出的反应比对机会做出的反应更强(Kahneman and Tversky, 1979)，所以随着经营期望落差的

① Audia et al. (2000)分析发现过去成功的决策者往往表现出较少的战略改变，一方面是因为自身动机因素，即满足于当前绩效现状以及对自身经营能力的自信，另一方面是自身认知因素，即由于并未面临环境威胁而不再想去实施信息的搜寻行为。成功经历使得管理者往往会产生固守战略(rigid strategies)的行为(Audia and Boeker, 2000)。

扩大，为维持自身在未来劳动力市场上的声望，规避自身利益损失，管理者则倾向于会进行大胆的冒险行为而做最后一搏，即通过新战略探索与变革以达到拯救企业，进而规避自身利益损失的目的(Bromiley，1991；Singh，1986；Greve，1998；Baum and Dahlin，2007)。

综上所述，基于企业行为理论和业绩反馈理论，本章提出“经营期望落差引致战略变革响应行为”的假说，即当实际绩效低于经营期望时，为使组织绩效重新回到目标期望水平上，改善组织经营状况和提高企业运作效率，重构组织的外界合法性，维持自身在未来劳动力市场上的声望，管理者实施市场导向、创新主导的冒险性战略变革响应行为的动机和程度将随之提升，基于此，提出如下假设：

H1：实际绩效与经营期望的落差越大，组织进行战略变革响应行为的程度越高。

3.2.2 战略变革响应行为的能力和自由度：管理自主权的调节作用

本章认为经营期望落差是促使管理者实施战略变革响应行为的动机，随着经营期望落差的增大，管理者实施组织战略变革响应行为的程度会提高。本章进一步认为这种影响程度并非是同质性的，即随着管理者自身所处的组织特征、外部任务环境以及制度环境等情境条件的不同，管理者实施战略变革响应行为所具备的各种能力基础和行为空间是存在差异的，决定了即使在同等经营期望落差(同等动机)情况下，管理者实施战略变革响应行为的最终程度也会不同。该部分基于高阶梯队理论(Upper Echelons Theory)，探讨管理自主权(Managerial Discretion)对经营期望落差与战略变革响应行为关系的调节作用。以往研究认为管理自主权是管理者在制定或执行战略过程中所具备的行为能力和自由度(Hambrick and Finkelstein，1987)，是影响管理者进行战略选择、制定和实施的重要因素，决定了管理者对组织结果的影响程度(Hambrick and Finkelstein，1987；Hambrick，2007)。拥有较高自主权的管理者才能在组织中按照自己的意愿实施变革，才有助于管理者在动态环境中不断调整以应对无法预期的变化 (Crossland and Hambrick，2007；Finkelstein and Boyd，1998；Finkelstein and Hambrick，1990；Child，1972；Hrebiniak and Joyce，1985；Keats and Hitt，1988；张三保和张志学，2012)。相反，管理自主权的缺失则会限制管理层的判断和自由度，减少战略选择。所以当经营期望落差促使管理者产生实施变革的动机时，自主权越大的管理者越有能力和自由度确保战略变革响应行为的实施。借鉴该视角以及结合以往研究，该部分从组织层面、任务环境层面和制度层面分析影响管理者的自主权高低程度，进而分析它们对经营期望落差和战略变革响应行为关系的调节作用。

3.2.2.1　组织自主权的调节作用

组织自身具备的特征会抑制或增强管理者的自主权(Hambrick and Finkelstein, 1987)。本章将组织内部因素所赋予的管理者在制定或执行战略过程中所具备的行为自由度，称为管理者的“组织自主权”(Organizational Discretion)。组织内部影响管理者自主权较为重要的两个因素是组织的惯性程度(受组织规模、年龄、文化的影响)和资源充足性(Hambrick and Finkelstein, 1987; Greve, 1998; Finkelstein and Hambrick, 1990)，两者均在较大程度上影响管理者在组织内部的行为自由度(Finkelstein et al., 2009)，并最终影响组织经营期望落差出现后，管理者实施战略变革响应行为的能力和自由度，具体分析如下：

(1) 组织惯性

组织内部的惯性势力极大地决定了企业的运作模式、方向和命运，导致组织惯性妨碍了管理者在组织内部的自由选择权(Tushman and Romanelli, 1985)，减少了管理者对关键领域实施管理的弹性(Finkelstein and Hambrick, 1990)。尤其随着组织规模的增大，这种惯性约束会降低管理者对组织实施改变的自由度(Aldrich, 1979)，因为这类企业已经构建起来组织特有的惯例规范和科层式的结构(Nelson and Winter, 1982)。随着组织惯性的增大，管理者只会越来越认同组织长久建立起来的这些规则和结构，而不愿意去打破这些惯例(Hannan and Freeman, 1984; Nelson and Winter, 1982)，最终限制了其探索性搜寻行为的实施(Lavie and Rosenkopf, 2007)。因此，当实际绩效低于经营期望时，处于惯性程度较强的组织中的管理者，不仅实施战略变革的动机会削弱，受组织惯性的约束，管理者也失去了实施战略变革响应行为的能力基础和行为自由度，最终导致实施战略变革的程度将低于那些处于惯性程度较低的组织中的战略变革程度。

(2) 组织资源充足性

管理者实施任何战略都需要有充足的资源作为基础和保证，资源充足性是影响管理者组织自主权的第二个重要因素(Finkelstein and Hambrick, 1990)。拥有更多的可支配资源赋予管理者更多的资源运作权(Hambrick and Finlekelstein, 1987)。随着资源运作权的增大，管理者便会拥有更多余地去实施探索性行为(Cyert and March, 1963)，如拥有更多自由度去进行新产品研发来满足不同顾客的需求(Sahayma et al., 2012)，拥有更多的机会实施地区多元化销售以突破区域发展的局限性(Crossland and Hambrick, 2011; Ramamurti,

2009；Sanders and Carpenter，1998）。而组织可支配性资源的缺乏则降低了管理者实施战略选择的范围、机会和能力，从而降低了他们对战略决策和组织结果的影响程度（Finkelstein and Hambrick，1990）。当实际绩效低于经营期望时，拥有较高资源运作权的管理者，会具有更大的战略选择的空间和自主权，以及更多的战略变革的资源基础，从而最终促使战略变革的程度将高于那些资源运作权匮乏的管理者所实施的变革程度。

综上所述，拥有较高组织自主权（High Organizational Discretion）的管理者，即受组织惯性的约束相对较少，或拥有较高的可支配性组织资源，使管理者拥有更高的组织层面上的决策能力和行为自由度，从而在经营期望落差出现时，实施战略变革响应行为的程度更高。由此，本章提出如下假设：

H2：组织自主权对经营期望落差与战略变革响应行为之间的关系起到调节作用，即随着经营期望落差的扩大，管理者组织自主权越大，则其实施战略变革响应行为的程度将被强化。

H2a：组织的惯性程度越小，管理者的组织自主权越大，随着经营期望落差的扩大，管理者实施战略变革响应行为的程度将被增强。

H2b：组织资源的充足性越大，管理者的组织自主权越大，随着经营期望落差的扩大，管理者实施战略变革响应行为的程度将被增强。

3.2.2.2 环境自主权的调节作用

组织所处的任务环境（Organizational Task Environment）决定管理者的外部自主权（Dess and Beard，1984；Keats and Hitt，1988；Li and Tang，2010）。本章将组织外部任务环境所赋予的管理者在制定或执行战略过程中所具备的行为自由度，称为管理者的"环境自主权"（Task Environment Discretion）。组织所处的行业环境的资本密集程度和市场环境的丰裕程度是影响管理者"环境自主权"的两大重要因素（Dess and Beard，1984；Keats and Hitt，1988；Datta et al.，2003；Li and Tang，2010），在很大程度上决定了管理者在组织外部的行为空间，并最终会影响到组织经营期望落差出现后，管理者实施战略变革响应行为的能力和自由度，具体分析如下：

（1）行业资本密集度

资本密集性的行业是需要依靠大量资本投入的行业，技术装备多，投资量大，资金周转较慢。行业的资本密集度往往会造成组织中的刚性，使得组织很难在产品或市场等方面进行战略调整（Ghemawat，1991；Hannan and Freeman，1977），因为实施任何战略的调整和改变对组织而言都是成本昂贵的（Ghemawat，1991）。处于资本密集型行业内的组织通常寻求一致性行动而不易改变现状，管理者也因受行业环境的这种资本投入的约束，而仅拥有有限的战略选择自主权，即管理者在行业层面的环境自主权降低（Hambrick and Finkelstein，1987；Datta et al.，2003）。尤其当组织困境出现后，管理者更会陷入因缺乏高资本投入而无法实施战略重新调整的困境。由于资本密集型行业更注重资产管理的效率问题（Hambrick and Schecter，1983），组织会更倾向于去减少战略变动的范围以及不确定性结果的产生（Rajagopalan and Finkelstein，1992），由此进一步约束了管理者所拥有的战略自由度。这就意味着，当经营期望落差出现，组织同时又处于困境的情况下，处于资本密集型行业的管理者受高资本投入和战略自由度的限制，实施战略变革响应行为的动机、能力和机会均会降低。相反，非资本密集型的行业则会相对减少对管理者行为的约束，会使得管理者寻求战略调整的能力和自由度相对增加。

（2）市场丰腴度

市场丰腴程度（Market Munificence）描述了外部环境所具备的支持环境中的组织持续发展的能力（Staw and Szwajkowski，1975；Starbuck，1976；Dess and Beard，1984；Keats and Hitt，1988），企业试图寻求丰腴性环境或者提高自身所处任务环境的丰腴程度来获得更好的生存和发展（Castrogiovanni，1991）。一个丰腴性的外部市场环境能为管理者提供更多的机会和资源，随之会为组织的管理者提供更多的“战略自由度（Strategic Degrees of Freedom）”（Hambrick and Finkelstein，1987；Li and Tang，2010）。以往研究表明，组织所处环境的丰腴程度与管理者的战略范畴和可利用的决策选择是显著成正比的（Brittain and Freeman，1980；Lieberson and O'Connor，1972；Tushman and Anderson，1986）。尤其当组织处于困境状态的情况下，丰腴性市场环境能为组织的管理者提供一种缓冲（Dess and Beard，1984），可以为管理者提供更多外部市场资源去实施探索性搜寻行为，可以为管理者提供更多的转移替代战略以及更具多样性的发展目标（Brittain and Freeman，1980；Tushman and Anderson，1986），以作为应对行业和组织问题出现的途径（Bourgeois，1981；Chakravarthy，1982）。由此，丰腴性市场环境中的管理者因拥有更高的环境自主权（Hambrick and Finkelstein，1987），从而增强了管理者应对组织问题的能力和自由度。这就意味着，在经营期望落差出现时，随着管理者市场环境自主权的增加，管理者会有更多的外部资源、机会和能力去实施组织的战略调整。相反的，低丰腴性的市场环境则会极大限制管理者的环境自主权，使得管理者寻求战略调整的能力和自由度大为减少。即使管理者在经营期望落差出现后，有实施战略变革响应行为的动机，但限于非丰腴性的市场环境对其环境自主权的约束，最终导致其实施战略变革的程度,也会低于那些处于丰腴性程度较高的市场环境下,拥有较高环境自主权的管理者所实施的战略变革。

综上所述,拥有高环境自主权(High Environmental Discretion)的管理者,即处于市场丰腴度较高或行业资本密集度较低的组织的管理者,因拥有较为丰腴的外部市场环境,或受行业高资本投入的约束相对较少,他们拥有更高的市场和行业环境层面上的能力和行为自由度,从而在经营期望落差出现时,实施战略变革响应行为的程度更高。由此,本章提出如下假设:

H3:环境自主权对经营期望落差与战略变革响应行为之间的关系起到调节作用,即随着经营期望落差的增大,管理者的外部环境自主权越大,则其实施战略变革的程度将被强化。

H3a:行业环境的资本密集度越小,管理者的外部环境自主权越大,随着经营期望落差的增大,管理者实施战略变革响应行为的程度将被增强。

H3b:市场环境的丰腴度越大,管理者的外部环境自主权越大,随着经营期望落差的增大,管理者实施战略变革响应行为的程度将被增强。

3.2.2.3 制度自主权的调节作用

管理者所在的制度环境状况也影响其管理者自主权(Li and Tang, 2010;张三保和张志学,2012; Faccio, 2006)。本章将内外部制度环境或制度因素所赋予的管理者在制定或执行战略过程中所具备的行为自由度,称为管理者的"制度自主权"(Institutional Discretion)。国企制度环境、区域制度环境以及中国转型经济制度背景下的非市场化关系网络,是影响管理者"制度自主权"的三大重要因素(Li and Tang, 2010; 张三保和张志学,2012; Faccio, 2006),决定了管理者在组织内外部制度层面上的行为空间,并最终会影响组织经营期望落差出现后,管理者实施战略变革响应行为的能力和自由度,具体分析如下:

(1) 国企制度约束

管理者行为受自身所处制度环境的限制(Lieberson and O'Connor, 1972; Hannan and Freeman, 1977; Salancik and Pfeffer, 1977)。中国经济仍是以国有企业占主导的经济(Li and Tang, 2010; Sun and Tong, 2003),一大部分上市公司的控制性股东仍旧为国家政府部门(Liu, 2006)。国企制度环境的特殊性决定了处于该种制度环境下的管理者,其行为自主权是相对缺乏。因为国有企业承担了许多除经济之外的功能,如维持就业(Bertrand et al., 2004),保持对一定战略性新兴产业的主导、出于非市场化动机而任命管理者(Clarke, 2003)。此外,国有企业通常依赖国家来获取某些重要的资源,如财政资金、重点物资、产品分销、人员配置(Aharoni, 1986)。国有企业追求的目标可能也会偏向追求其他社会目标。而国有企业的管理者除了维持企业正常运作外，他们往往要确保落实并遵守政府的各项政策(Faccio，2006；Fan et al.，2007；Walder，1995)。对于国有控股企业的管理者而言，他们的职责不仅仅是实现经济增长的目标，还肩负一些非市场化导向的任务和社会职能。这些因素给了管理者过多的正式和非正式的制度约束与限制(Lioukas et al.，1993)，最终约束了管理者所拥有的行为自由度。在平衡多种目标与多个利益相关者之间的关系过程中，国有企业并没有为管理者实施战略调整而提供丰富的制度土壤，而是趋于要求管理者确保组织的稳定。于是管理者要突破既有的战略惯例和规程将面临很大的阻力、高昂的成本与风险。在这种制度背景下，当经营期望未达到时，即使管理者具有对组织进行战略调整的动机，但会受限于国企特殊制度环境的约束，实施战略调整的力度将被削弱。

(2) 区域制度环境

区域正式与非正式制度(如信任、所有权分离、金融发展、地方保护、外商投资、司法公正及劳动力灵活性)影响管理者的自主权(张三保和张志学，2012)。区域之间正式制度发展水平是极不均衡的(樊纲等，2010)，这种区域制度差异造成CEO管理自主权的地域差异(张三保和张志学，2012)。这表现在：第一，在制度发达地区，地区内企业间的相互信任水平较高，当地企业的组织方式或交易方式更加灵活便捷，从而为管理者从事经营管理活动带来更高的自主权。第二，政府办事效率更高、规章制度和手续简便、政策和操作透明度高，管理者不需要花费大量时间、精力、财力与机构部门打交道，企业的管理与市场活动受约束较少，CEO的行为自由度更高。第三，制度发达地区的金融发展水平和外商投资水平也相对较高，为当地管理者提高了较为完善的融资和市场环境，从而提高了管理者在投资决策上的决策自由度。第四，制度发达地区的人力资源，尤其是高层次人才的供给水平较高，使得当地的劳动力灵活性较高，进一步提高了管理者在人事决策乃至研发创新等战略活动中的自主权(张三保和张志学，2012)。而处于制度欠发达地区的管理者，由于缺乏信任、融资和市场环境较为拘谨以及劳动力灵活性较低等因素，使得管理者的决策和行为自由度降低。这就意味着，当组织实际绩效低于经营期望时，处于制度发达地区的管理者，由于受地区制度优越性的影响，管理者实施战略变革响应行为的能力、资源和机会等均将会提高。相反，制度欠发达地区的上述各层面的因素，尤其是融资限制和市场环境的不完善对管理者的行为自由度的约束，会使得管理者在企业困境出现后，更加难以寻求到其他替代性的战略，由此当经营期望落差出现后，组织管理者实施战略变革响应行为的程度将被削弱。

(3) 非商业关系

企业建立非商业关系的现象在很多国家普遍存在，尤其是在制度欠发达的转型经济和发展中国家(Faccio, 2006)。为了解决制度的不规范所产生的不利影响，企业家倾向于将资源投入到如何维持与政府之间的关系中。正是由于在转型经济制度背景下，政府掌握着制度、政策和规范等的制定和实施权，企业能否获取制度、政策上的支持与倾斜，更多地取决于企业与政府间的关系(Szelényi, 1983)。随着管理者非商业关系背景的增强，其所能获得的制度自主权将会越大，非商业关系是企业成长的必要条件(Aldrich and Wiedenmayer, 1993; Bird, 1989)。在转型经济国家，企业家拥有更多非商业关系时，则相对具有较高的制度自主权，比如可以影响政府制定、颁布和实施对自己有利的制度政策(Hellman et al., 2003)，以及通过非商业关系以低成本的方式获得管制约束下的各种制度与资源支持，比如低息贷款、免费土地使用权等(Kornai et al., 2003)。甚至，非商业关系会成为企业的一种制度保护伞(Qian et al., 2010)，而使得企业很少受到各种制度约束，以至于它们实施战略决策的空间更为增大(Berkman et al., 2011)。这就意味着，当组织实际绩效低于经营期望时，拥有非商业关系的管理者，由于受企业制度自主权优越性的影响，更能较为容易地得到政府在制度、政策、资源配置等层面上的帮助。相对于缺乏非商业关系的管理者而言，当企业经营期望未能达到时，前者将拥有相对更高的制度和资源支持程度来实施战略变革响应行为。

综上所述，制度自主权的缺失(比如处于国企制度背景或欠发达区域制度环境的管理者)，因内外部制度因素约束较大，使其仅拥有有限的制度层面上的能力和行为自由度，从而在经营期望落差出现时实施战略变革响应行为的程度将被削弱。相反，拥有非商业关系的管理者，随着制度自主权程度的提高，则会强化战略变革响应行为的程度。由此，本章提出如下假设：

H4：制度自主权对经营期望落差与战略变革响应行为之间的关系起到调节作用，即随着经营期望落差的扩大，管理者的制度自主权越小，其实施战略变革响应行为的程度越会被削弱。

H4a：国企制度背景下的管理者，其制度自主权相对缺乏，随着经营期望落差的扩大，实施战略变革响应行为的程度相对较弱。

H4b：制度欠发达区域下的管理者，其制度自主权相对缺乏，随着经营期望落差的扩大，实施战略变革响应行为的程度相对较弱。

H4c：非商业关系背景下的管理者，其制度自主权相对较大，随着经营期望落差的扩大，实施战略变革响应行为的程度相对强化。

基于上述研究假设的论述，本章的主要逻辑关系框架如图 3－1 所示。

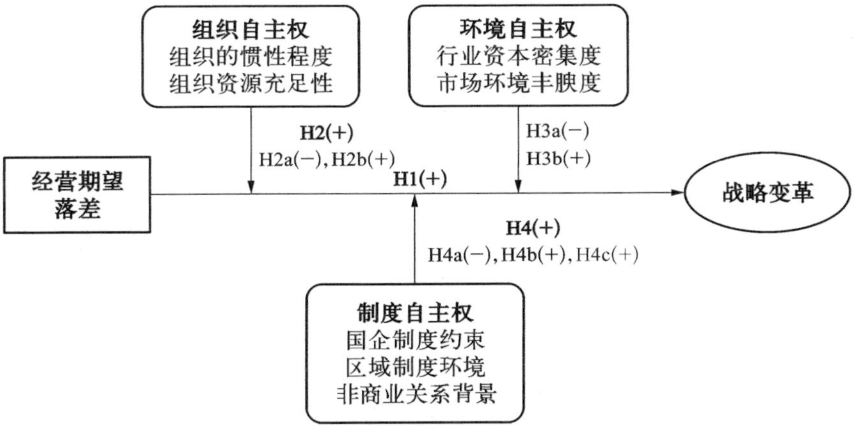

图 3－1　本章的研究框架及假设

3.3　研究设计

3.3.1　研究样本和数据来源

本章以 2003—2014 年在沪、深交易所上市且发行 A 股的所有上市公司为基础样本库。

首先，根据以往学者的标准并结合本章主题，对上市公司进行严格筛选，以确保样本选择的合理性，具体步骤如下（连燕玲等，2012；张远飞等，2013）：① 剔除银行、证券公司、保险公司等金融类上市公司；② 剔除企业性质无法判定的公司；③ 剔除 ST、PT 的公司样本；④ 剔除数据存在严重缺失的公司样本。

其次，通过国内较为权威的成型数据库来获取数据，以确保数据来源的真实性和可靠性。本章数据包括企业业绩指标（ROA、ROE、ROS）、企业基本特征（寿命、规模、企业性质、市场份额、所在行业地区等）、资源配置（广告支出、研发支出、固定资产净值、非生产性支出以及存货等）和 CEO 个体特征（年龄、任期期限、教育水平和股份等）等基础数据，这些数据主要来自国内三大权威成型数据库——CSMAR 数据库、CCER 数据库和 Wind 数据库。

最后，采取多途径相互验证的方式，以确保样本数据的准确性。本章数据除了以上述三大成型数据库为主要数据来源外，还通过各上市公司的年报，以及新浪财经网、金融界、巨潮资讯网和中国上市公司资讯网等国内专业网站对数据进行再核实和印证。通过上述三个步骤,一方面能确保样本选择的合理性;另一方面也保证了数据的准确性,所以本章在样本选择和数据质量方面是可靠和可信的,最终基于 2 098 个上市公司获取了 13 254 个数据观测值。

表 3-1　　样本的行业和地区分布情况

A组:行业代码	样本数	所占比重	行业分类
Ind_a	319	2.41%	农、林、牧、渔业
Ind_b	247	1.86%	采掘业
Ind_c	7 981	60.22%	制造业
Ind_d	534	4.03%	电力、煤气及水的生产和供应业
Ind_e	274	2.07%	建筑业
Ind_f	533	4.02%	交通运输、仓储业
Ind_g	870	6.56%	电子信息技术业
Ind_h	858	6.47%	批发零售业
Ind_j	439	3.31%	房地产业
Ind_k	415	3.13%	社会服务业
Ind_l	105	0.79%	信息与文化产业
Ind_m	679	5.12%	综合类
B组:地区代码	样本量	所占比重	地区省份
Reg_1	5 165	38.97%	东南地区(江苏、上海、浙江、福建和广东)
Reg_2	2 142	16.16%	环渤海地区(山东、北京、天津和河北)
Reg_3	1 954	14.74%	中部地区(安徽、河南、湖北、湖南和江西)
Reg_4	1 028	7.76%	东北地区(黑龙江、吉林、辽宁)
Reg_5	1 647	12.43%	西南地区(云南、贵州、广西、四川、重庆和海南)
Reg_6	1 318	9.94%	西北地区(山西、陕西、内蒙古、宁夏、青海、甘肃和新疆)

本章按照 SIC 一级代码对行业进行分类。表 3-1 中 A 组数据表明,样本主要集中于制造业(占 60.22%)、电子信息技术业(占 6.56%)和批发零售业(占 6.47%)。本章的样本涉及各省份,根据世界银行(2006)的调查报告《政府治理、投资环境与和谐社会:中国 120 个城市竞争力的提高》中地区划分标准进行统计。表 3-1 中 B 组数据表明,大部分样本企业主要集中在东南地区(占总样本量的 38.97%),其次是环渤海地区(占总样本量的 16.16%)和中部地区(占总样

本量的 14.74%），西北地区和东北地区样本企业较少（分别占总样本量的 9.94% 和 7.76%）。

3.3.2 检验模型设定

为对本章研究假设进行验证，设定以下待检验的模型：

$$\begin{aligned} Sc_{i,t}^{t+3} = & \alpha_0 + \alpha_1 I_1(P_{i,t-1} - A_{i,t-1}) + \alpha_2 G_{i,t} I_1(P_{i,t-1} - A_{i,t-1}) \\ & + \alpha_3 S_{i,t} I_1(P_{i,t-1} - A_{i,t-1}) + \alpha_4 M_{i,t} I_1(P_{i,t-1} - A_{i,t-1}) \\ & + \alpha_5 C_{i,t} I_1(P_{i,t-1} - A_{i,t-1}) + \alpha_6 Y_{i,t} I_1(P_{i,t-1} - A_{i,t-1}) \\ & + \alpha_7 Q_{i,t} I_1(P_{i,t-1} - A_{i,t-1}) + \alpha_8 T_{i,t} I_1(P_{i,t-1} - A_{i,t-1}) \\ & + \alpha_9 Cn_{i,t} + \alpha_{10} Yr + \varepsilon \end{aligned} \tag{3-1}$$

$$\begin{aligned} Sc_{i,t}^{t+3} = & \beta_0 + \beta_1 I_2(P_{i,t-1} - IE_{i,t-1}) + \beta_2 G_{i,t} I_2(P_{i,t-1} - IE_{i,t-1}) \\ & + \beta_3 S_{i,t} I_2(P_{i,t-1} - IE_{i,t-1}) + \beta_4 M_{i,t} I_2(P_{i,t-1} - IE_{i,t-1}) \\ & + \beta_5 C_{i,t} I_2(P_{i,t-1} - IE_{i,t-1}) + \beta_6 Y_{i,t} I_2(P_{i,t-1} - IE_{i,t-1}) \\ & + \beta_7 Q_{i,t} I_2(P_{i,t-1} - IE_{i,t-1}) + \beta_8 T_{i,t} I_2(P_{i,t-1} - IE_{i,t-1}) \\ & + \beta_9 Cn_{i,t} + \beta_{10} Yr + \varepsilon \end{aligned} \tag{3-2}$$

$$\begin{aligned} Sc_{i,t}^{t+3} = & \chi_0 + \chi_1 I_1(P_{i,t-1} - A_{i,t-1}) + \chi_2 OD_{i,t} I_1(P_{i,t-1} - A_{i,t-1}) \\ & + \chi_3 MD_{i,t} I_1(P_{i,t-1} - A_{i,t-1}) + \chi_4 ID_{i,t} I_1(P_{i,t-1} - A_{i,t-1}) \\ & + \chi_5 OD_{i,t} + \chi_6 MD_{i,t} + \chi_7 ID_{i,t} + \chi_8 Cn_{i,t} + \chi_9 Yr + \varepsilon \end{aligned} \tag{3-3}$$

$$\begin{aligned} Sc_{i,t}^{t+3} = & \delta_0 + \delta_1 I_2(P_{i,t-1} - IE_{i,t-1}) + \delta_2 OD_{i,t} I_2(P_{i,t-1} - IE_{i,t-1}) \\ & + \delta_3 MD_{i,t} I_2(P_{i,t-1} - IE_{i,t-1}) + \delta_4 ID_{i,t} I_2(P_{i,t-1} - IE_{i,t-1}) \\ & + \delta_5 OD_{i,t} + \delta_6 MD_{i,t} + \delta_7 ID_{i,t} + \delta_8 Cn_{i,t} + \delta_9 Yr + \varepsilon \end{aligned} \tag{3-4}$$

其中，$Sc_{i,t}^{t+3}$ 是被解释变量，表示企业 i 在 $[t, t+3]$ 期内的相对战略变革幅度（以 $t-1$ 期为基期核算）①。I_1 代表低于历史经营期望的企业，如果企业 i 第 $t-1$ 期的实际绩效水平（$P_{i,t-1}$）低于历史经营期望（$A_{i,t-1}$），那么 $I_1=1$，否则为 0。I_2 代表低于行业经营期望的企业，如果企业 i 第 $t-1$ 期的实际绩效水平（$P_{i,t-1}$）低于行业经营期望（$IE_{i,t-1}$），那么 $I_2=1$，否则为 0。$P_{i,t-1}$ 表示企业 i 第 $t-1$ 期的实际绩效，$A_{i,t-1}$ 表示企业 i 第 $t-1$ 期的历史经营期望，$IE_{i,t-1}$ 表示企业 i 第 $t-1$ 期的行业经营期望。$G_{i,t}$ 表示组织惯性程度，$S_{i,t}$ 表示组织资源的冗余程度，$M_{i,t}$ 表示企业所处的市场环境的丰腴度，$C_{i,t}$ 表示企

① 具体参阅后续对因变量“战略变革”计算方法的说明，实则也可以表述为 $[t-1, t+3]$ 期的战略变革程度，在这里 $t-1$ 期作为基期来进行对比，即相对于 $t-1$ 期（期望落差出现的当期），后续 $[t, t+3]$ 跨期内的资源配置的变动情况。

业所处的行业环境情况，如果企业处于资本密集型行业内，则 $C_{i,t}=1$，否则为 0。$Y_{i,t}$ 表示企业所处的组织制度环境情况，如果企业处于国有企业制度背景下，则 $Y_{i,t}=1$，否则为 0。$Q_{i,t}$ 表示企业所处的区域制度效率情况。$T_{i,t}$ 表示企业所拥有的非商业关系情况。$OD_{i,t}$ 表示管理者的组织自主权程度，$MD_{i,t}$ 表示管理者的环境自主权程度，$ID_{i,t}$ 表示管理者的制度自主权程度。$Cn_{i,t}$ 表示企业层面和个体层面的控制变量，比如企业规模、寿命、个体年龄等。Yr 表示年度虚拟变量，来控制年度变化趋势对组织战略调整的可能影响。上述变量的测量和解释详见“3.3.3”部分的介绍。

此外，公式(3-1)和公式(3-2)中 α_1 和 β_1 用来分别分析当实际绩效低于历史经营期望 ($I_1(P_{i,t-1}-A_{i,t-1})<0$) 或低于行业经营期望 ($I_2(P_{i,t-1}-IE_{i,t-1})<0$) 时，该经营期望落差对后续战略变革响应行为的影响效应。公式(3-1)中的 α_2，α_3，α_4，α_5，α_6，α_7，α_8 以及公式(3-2)中的 β_2，β_3，β_4，β_5，β_6，β_7，β_8 用来分别分析管理者组织、环境和制度自主权的七个单指标对历史和行业经营期望落差与战略变革响应行为之间关系的调节效应。公式(3-3)中的 χ_2，χ_3，χ_4，以及公式(3-4)中的 δ_2，δ_3，δ_4 用来分别分析管理者组织、环境和制度自主权三个维度对历史和行业经营期望落差与战略变革响应行为之间关系的调节效应。公式(3-1)～(3-4)中 $t\subset[2003, 2011]$，其中自变量 $I_1(P_{i,t-1}-A_{i,t-1})<0$ 和 $I_2(P_{i,t-1}-IE_{i,t-1})<0$ 进入模型的最终数据期限为[2002, 2010]，因变量、调节变量和控制变量进入模型的最终数据期限为[2003, 2011]①。

3.3.3 主要变量定义

3.3.3.1 自变量

根据理论与研究假设部分的分析，本章主要分析经营期望落差对管理者实施战略变革响应行为的影响。根据企业行为理论和业绩反馈理论模型，主要包括两种经营期望落差，即历史经营期望落差和行业经营期望落差(Cyert and March, 1963; Greve, 2003a; Chen, 2008)，由此本章模型中的主要自变量如下：

(1) 历史经营期望落差 ($P_{i,t-1}-A_{i,t-1}$)

$P_{i,t-1}$ 表示企业 i 过去一年的实际业绩，参照以往学者的研究选取总资产

① 本章的样本期限和基础数据的期限均为 2003—2014 年，因存在因变量的跨期计算方法，基于 2003—2014 年的基础数据，核算得到的因变量的期限为 2003—2011 年的数据；以因变量数据期限为基准，调节变量和控制变量最终进入模型的数据期限也为 2003—2011 年的数据；基于自变量与因变量存在 $I_1(P_{i,t-1}-A_{i,t-1})$ 与 $Sc_{i,t}^{t+3}$ 的对应模式，即 $(t-1)\rightarrow Sc_t^{t+3}$，所以自变量最终进入模型的数据期限为 2002—2010 年的数据。

回报率(ROA)来衡量(Bromiley，1991；Greve，2003a；Chen，2008)。由于分析企业过去的实际绩效与经营期望之间的差距对后续决策行为的影响，所以$P_{i,t-1}$变量相对于因变量取了滞后一期的业绩水平(Chen，2008)。$A_{i,t-1}$表示企业i过去一年的历史经营期望(Historical Aspiration)，借鉴Chen(2008)的方法进行测量，具体计算公式如下：

$$\boldsymbol{A_{i,t-1} = (1-\alpha_1)P_{i,t-2} + \alpha_1 A_{i,t-2}} \tag{3-5}$$

其中，α_1表示权重，介于[0，1]之间，考虑到权重设定的不同会影响$A_{i,t-1}$的计算结果，我们将α_1从0开始，每增加0.1进行设定权重，然后利用不同的$A_{i,t-1}$组合结果进行稳健性检验，研究结论基本一致。但基于版面限制，本章借鉴Chen(2008)的方法仅汇报了$\alpha_1=0.4$时的检验结果。企业i在$t-1$的历史经营期望值$A_{i,t-1}$是企业i在$t-2$期的实际绩效$P_{i,t-2}$(权重为0.6)和$t-2$期的历史经营期望$A_{i,t-2}$(权重为0.4)的加权组合。企业i在$t-1$期的历史经营期望落差$(P_{i,t-1}-A_{i,t-1})$，即为实际绩效$P_{i,t-1}$与历史经营期望$A_{i,t-1}$之差。如果$I_1(P_{i,t-1}-A_{i,t-1})<0$，则认为企业$i$在$t-1$期的实际绩效低于历史经营期望；反之则认为企业$i$在$t-1$期的实际绩效高于历史经营期望。进一步，结合公式(3-1)中对I_1的定义，将I_1与历史经营期望落差变量$(P_{i,t-1}-A_{i,t-1})$相乘，得到以下截尾的负值变量：低于历史经营期望的差距$I_1(P_{i,t-1}-A_{i,t-1})<0$，为方便对后续检验结果的解释，将该负值截尾变量取绝对值得到$|I_1(P_{i,t-1}-A_{i,t-1})<0|$，该数值越大表示实际绩效低于历史经营期望的落差越大。

(2) 行业经营期望落差$(P_{i,t-1}-IE_{i,t-1})$

基于类似的方法，设定$IE_{i,t-1}$表示企业i在$t-1$期的行业经营期望(Industrial Aspiration)，借鉴Chen(2008)的方法进行测量，具体计算公式如下：

$$\boldsymbol{IE_{i,t-1} = (1-\alpha_1)IP_{i,t-2} + \alpha_1 IE_{i,t-2}} \tag{3-6}$$

其中，α_1代表权重，介于[0，1]之间，同样借鉴Chen(2008)的方法，仅汇报了$\alpha_1=0.4$时的检验结果。所以，企业i在$t-1$期的行业经营期望值$IE_{i,t-1}$是企业i在$t-2$期所在行业内全部企业的实际绩效的中位数$IP_{i,t-2}$(权重为0.6)和$t-2$期的行业经营期望$IE_{i,t-2}$(权重为0.4)的加权组合。企业i在$t-1$期的行业经营期望落差$(P_{i,t-1}-IE_{i,t-1})$，即为实际绩效$P_{i,t-1}$与行业经营期望$IE_{i,t-1}$之差。如果$I_2(P_{i,t-1}-IE_{i,t-1})<0$，则认为企业$i$在$t-1$期的实际绩效低于行业期望；反之则认为企业$i$在$t-1$期的实际绩效高于行业期望。进一步，结合公式(3-1)中对I_2的定义，将I_2与行业经营期望差距变量$(P_{i,t-1}-IE_{i,t-1})$相

乘，得到以下截尾的负值变量：低于行业经营期望的差距 $I_2(P_{i,t-1} - IE_{i,t-1}) < 0$，为方便对后续检验结果的解释，将该负值截尾变量取绝对值得到 $|I_2(P_{i,t-1} - IE_{i,t-1}) < 0|$，该数值越大表示实际绩效低于行业经营期望的落差越大。

3.3.3.2 因变量：战略变革 ($Sc_{i,t}^{t+3}$)

本章根据 Finkelstein 和 Hambrick（1990），Geletkanycz 和 Hambrick（1997）以及 Datta 等（2003）的研究，通过测量组织战略资源配置在年度区间上的波动来测量战略变革程度，如果战略资源的配置在年度区间上波动较大，则认为战略调整的力度较大，即战略变革的程度较高；反之，则认为战略变革程度较低。该指标的具体测量过程如下（Finkelstein and Hambrick，1990；Geletkanycz and Hambrick，1997；Datta et al.，2003）：首先，获取企业战略资源六个维度指标，包括三个基本企业资源配置指标以及三个企业费用结构指标，六个维度分别为：① 广告支出与销售收入比率；② 研发支出与销售收入比率；③ 固定资产净值与固定资产总值比率；④ 非生产性支出与销售收入比率；⑤ 存货与销售收入比率；⑥ 财务杠杆系数。其次，分别以 $T-1$ 年为基期，测算出上述每一个指标在五年内 $(T-1, T+3)$ 的方差 $(\sum[t_i - 'T-1']^2/[n-1])$ [①]。然后将获得的年度方差基于行业进行标准化。最后，将上述进行标准化后的六个指标值进行相加[②]，即得到每个企业在每年度的战略变革指数 $Sc_{i,t}^{t+3}$。

3.3.3.3 调节变量

根据 3.2 部分文献与理论假设中的内容提出，本章以管理自主权作为调节变量，主要包括管理者的组织、环境和制度自主权三部分。根据以往理论和实证研究文献（Hambrick and Finkelstein，1987；Finkelstein and Hambrick，1990；Finkelstein et al.，2009；Li and Tang，2010），各部分具体测量如下：

(1) 组织自主权 ($OD_{i,t}$)

① 组织惯性 ($G_{i,t}$)。组织惯性在很大程度上影响管理者在战略与决策上的自由度：组织惯性越大，管理者在组织内部的自主权越小（Finkelstein and Hambrick，1990；Finkelstein et al.，2009；Li and Tang，2010），组织惯性限制了管理者在组织内部的自由选择权（Tushman and Romanelli，1985）。根据以往研究文献（Hambrick and Finkelstein，1987；Li and Tang，2010），本章采取

---

① $(\sum[T_i - 'T-1']^2/[n-1]) = (['T'_i - 'T-1']^2 + ['T+1'_i - 'T-1']^2 + ['T+2'_i - 'T-1']^2 + ['T+3'_i - 'T-1']^2)/(5-1)$，即后续 T，$T+1$，$T+2$，$T+3$ 期相对于 $T-1$ 期（经营期望落差出现的当期）的资源配置变化情况。

② 参考其他相关文献的方法，本章也对六个标准化后的数值取过平均值，结果无显著差异，基于版面限制未加列示。

组织的员工规模（$Emplo_{i,t}$）和成立期限（$Estab_{i,t}$）两个指标来衡量组织惯性程度。因为组织员工规模越多的企业面临的官僚阻力越强，越难以改变现状而导致惯性越大（Mintzberg，1978；Finkelstein and Hambrick，1990）；企业成立年限越长，即寿命越大，组织积累起来的惯例越多，组织惯性程度也越高（Audia and Greve，2006）。在调节效应检验时，将组织员工规模（$Emplo_{i,t}$）和组织成立年限（$Estab_{i,t}$）两个指标标准化后相加得到组织惯性（$G_{i,t}$）指标，进而进行交互项检验。② 组织冗余资源（$S_{i,t}$）。组织内管理者可支配或可获取的资源越多，即冗余资源（Slack Resource）越多，管理者在组织内部自主权越大（Hambrick and Finkelstein，1987；Finkelstein and Hambrick，1990）。借鉴以往学者的研究（Bourgeois，1981），本章采取权益债务比例（$Equity/Debt$）来衡量，该比例越大，表明组织内部长期冗余性资源越多，管理者的资源控制权越大，组织内部自主权越高。

（2）环境自主权（$ED_{i,t}$）

① 资本密集型行业（$C_{i,t}$）。企业所处行业的资本密集性程度与有限的管理自主权相关联，即资本密集性程度越高，管理者在外部环境中实施战略决策的自由度越小（Hambrick and Finkelstein，1987；Datta et al.，2003）。如果企业所处的行业为钢铁、电子与通信设备制造业、运输设备制造业、石油化工、重型机械工业、电力工业和房产行业等资本密集型行业，则设定 $C_{i,t}=1$，否则为 0。② 市场丰腴度（$M_{i,t}$）。企业所处外部任务环境的丰腴性程度越高，越能为组织生产和发展提供所需的各种资源和机会，管理者外部战略自由度也会越大（Hambrick and Finkelstein，1987）。根据以往研究文献（Li and Tang，2010），本章采取过去五年行业平均销售增长率来衡量，行业平均销售增长率越大，行业成长性就越大，组织所处的行业市场环境的丰腴性程度越大（Dess and Beard，1984）。

（3）制度自主权（$ID_{i,t}$）

① 国企制度约束（$Y_{i,t}$）。由于受国企制度环境约束了组织管理者的行为自由度，相对于非国有制度背景下（私营企业）的管理者而言，国企制度环境下的管理者自主权相对较小。如果管理者处于国企制度环境下，则设定 $Y_{i,t}=1$，若处于非国企制度背景下[①]，则设定 $Y_{i,t}=0$。② 区域制度环境（$Q_{i,t}$）。管理者所处的区域制度环境越不完善，其所拥有的自主权越小（张三保和张志学，

① 本章主要选取民营企业作为对比样本，目的在于能更好地对中国经济体制下的国企和民营制度背景，如何影响管理者的行为决策做出对比分析。

2012)，本章采用樊纲等(2011)的中国市场化指数来测量制度环境，该市场化指数越小，表明区域制度环境越不完善，管理者制度自主权越小[①]。③ 非商业关系背景 ($T_{i,t}$)。采用高管团队中拥有非商业关系的管理者人数来衡量非商业关系，如果高管团队中拥有非商业关系的人数越多，则表明组织或管理者的非商业关系背景越强，随之管理者拥有的制度自主权越大。

(4) 控制变量

根据已往研究文献，主要包括以下控制变量：① 资产规模 ($\mathrm{Ln}asset_{i,t}$)，本章以期末资产总额(取自然对数)进行测量；② 上市年限 ($\mathrm{Ln}list_{i,t}$)，本章采取企业上市至今的年限(取自然对数)来测量；③ 市场份额 ($Mrkt_{i,t}$)，定义为企业自身主营业务收入占其所处行业总主营业务收入的比重，该指标反映了企业的市场占有率情况，用来控制企业在产品市场上的相对竞争地位对其战略决策行为的影响；④ 两职兼任 ($Dceo_{i,t}$)，若CEO同时兼任了董事长，则设定为1，否则为0；⑤ CEO开放性 ($Open_{i,t}$)，管理者的开放性程度将会影响其战略调整的程度(Datta et al., 2003)，根据Datta等(2003)的测量过程和方法，采用CEO年龄，任职期限和教育水平三个人口特质指标，将三个指标标准化相加来测量[②]；⑥ 控股股东变动 ($Ownr_{i,t}$)，若当年企业控股股东进行了更换，则设为1，否则设为0；⑦ 董事会权力 ($Bpwr_{i,t}$)，董事会权力影响组织的战略变革(Rajagopalan and Spreitzer, 1997)，具体通过将外部独立董事所占比例(Zajac and Westphal, 1996)和董事会持股水平(Hoskisson et al., 1994)两个指标标准化后相加得到董事会权力指标来测量(Zajac and Westphal, 1996)；⑧ CEO更替 ($Cchg_{i,t}$)，若当年CEO发生更替则设为1，否则设为0；⑨ CEO持股 ($Cshr_{i,t}$)，本章采取CEO持股数占总持股量的比例来测量；⑩ 股权集中度 ($Shfd_{i,t}$)，通过前五位大股东持股比例的赫芬达指数来衡量；⑪ 破产风险 ($Bkpt_{i,t}$)，企业破产威胁到其战略行为(Chen and Miller, 2007)，借鉴以往研究文献，采用Altman' Z指数来衡量企业的破产倾向，该指数越大则破产风险越小(Gentry and Shen, 2013)。

---

① 由于区域制度环境变量是本章制度自主权的一个重要调节变量，为保持结论的稳健性，本章还采取了世界银行(2006)对中国区域制度环境的分类方法对区域制度环境变量 ($Q_{i,t}$) 进行了再测量和稳健性检验，基本结果一致，鉴于版面限制未加列示。

② 进一步，本章借鉴Datta等(2003)的测量过程和方法，对CEO开放性特征进行了测量，具体过程如下：(1) 获取三个人口特征指标，即CEO年龄，CEO教育水平和CEO在本企业内的任职期限，其中CEO教育水平基于CEO所获得的最高学历来测量(Finkelstein, 1988)，1＝中专，2＝大专，3＝大学，4＝硕士，5＝博士。(2) 对CEO年龄和任期进行转换。因为CEO年龄和任期与CEO开放性程度这个指标成负向关系(Datta et al., 2003)，为确保这两个指标和CEO教育水平与CEO开放性关系是同方向关系，所以需要将每个数值乘以负一。(3) 对转化后CEO年龄和任职期限以及教育水平三个指标进行标准化(均值为0，方差为1)，最后将上述标准化后的三个指标数值加总获得CEO开放性程度 ($Open_{i,t}$)。

此外，本章还设置了年度虚拟变量来控制年度变化趋势，尤其是随年度变化的外部宏观经济状况或政策变动等对组织战略变革行为的影响。

各主要变量的描述性统计如表 3-2 所示。

表 3-2 各主要变量的描述性统计

主要变量	总体样本		低于经营期望（落差状态）		高于经营期望（顺差状态）		T-test 检验
	Mean	Std. Dev.	Mean	Std. Dev.	Mean	Std. Dev.	
$Sc_{i,t}^{t+3}$	−0.079	2.733	0.310	3.192	−0.460	2.124	**16.394*****
$\|I_1(P_{i,t-1}-A_{i,t-1})<0\|$	0.027	0.054	0.042	0.072	0.055	0.077	
$\|I_2(P_{i,t-1}-IE_{i,t-1})<0\|$	0.025	0.064	0.051	0.083	0.040	0.039	
$G_{i,t}$	0.182	1.168	0.178	1.119	0.187	1.214	
$S_{i,t}$	1.775	2.766	1.240	2.055	2.298	3.233	
$C_{i,t}$	0.234	0.424	0.239	0.427	0.230	0.421	
$M_{i,t}$	2.497	5.514	2.424	4.809	2.568	6.126	
$Y_{i,t}$	0.641	0.480	0.696	0.460	0.588	0.492	
$Q_{i,t}$	8.186	2.053	7.782	2.071	8.581	1.956	
$T_{i,t}$	1.189	0.370	0.816	0.336	1.041	0.400	
$\mathrm{Ln}asset_{i,t}$	21.480	1.214	21.323	1.194	21.633	1.214	
$\mathrm{Ln}list_{i,t}$	2.137	0.587	2.256	0.460	2.020	0.668	
$Mrkt_{i,t}$	0.012	0.035	0.011	0.034	0.014	0.036	
$Dceo_{i,t}$	0.136	0.343	0.112	0.316	0.159	0.366	
$Open_{i,t}$	0.078	1.484	0.106	1.445	0.051	1.522	
$Ownr_{i,t}$	0.616	0.423	0.538	0.440	0.692	0.391	
$Bpwr_{i,t}$	0.120	0.831	−0.042	0.582	0.279	0.992	
$Cchg_{i,t}$	0.211	0.408	0.250	0.433	0.173	0.378	
$Cshr_{i,t}$	0.018	0.068	0.007	0.031	0.029	0.089	
$Shfd_{i,t}$	0.184	0.130	0.174	0.128	0.194	0.131	
$Bkpt_{i,t}$	4.015	4.574	2.910	3.842	5.097	4.958	

注：*** $p<0.01$，总体样本观测值为 $N=13\,254$，低于经营期望（落差状态）的观测值为 $N=6\,557$，高于经营期望（顺差状态）的样本观测值为 $N=6\,697$，上述分样本是基于行业经营期望落差进行的分类，基于版面限制基于历史经营期望差距的分类未加列示。

3.3.4 描述性分析

总体样本显示（见表 3-2）：战略变革 $Sc_{i,t}^{t+3}$ 均值为 −0.079，最大值为

14.247，最小值为－1.500。进一步，按照低于或高于经营期望进行分类，结果显示：当实际绩效低于经营期望落差时，战略变革（$Sc_{i,t}^{t+3}$）的均值为0.310，当实际绩效高于经营期望时，战略变革响应行为的均值－0.460，两者经过T检验对比后，前者显著大于后者（$T=16.394$，$p<0.01$），以上结果初步能表明当实际绩效低于经营期望水平时，管理者实施战略变革响应行为的程度相对较高①。

$|I_1(P_{i,t-1}-A_{i,t-1})<0|$ 均值为0.027，表明企业实际绩效低于历史经营期望的平均差距为0.027，$|I_2(P_{i,t-1}-IE_{i,t-1})<0|$ 均值为0.025，表明企业实际绩效低于行业经营期望的平均差距为0.025。组织惯性（$G_{i,t}$）的均值为0.182，组织冗余资源（$S_{i,t}$）的均值为1.775，$C_{i,t}$ 的均值为0.234，表明23.4%样本属于资本密集型行业；市场丰腴度（$M_{i,t}$）的均值为2.497；$Y_{i,t}$ 均值为0.641，表明样本中64.1%的企业属于国有企业，处于国有股东控制体制下，而其余35.9%的企业为非国有控制的私营企业。区域制度效率（$Q_{i,t}$）的均值为8.186，非商业关系（$T_{i,t}$）均值为1.189，最大值为13，最小值为0，表明每家企业TMT或董事会中至少拥有1名具有非商业关系背景的经营者。

表3-3列出了各变量之间的相关性统计分析，结果显示：① 低于历史期望的差距（$|I_1(P_{i,t-1}-A_{i,t-1})<0|$）与战略变革（$Sc_{i,t}^{t+3}$）呈显著正相关关系（$p<0.01$），即实际绩效低于历史经营期望水平越大时，管理者通过战略资源的动态调整而实施战略变革的程度越强。② 低于行业期望的差距（$|I_2(P_{i,t-1}-IE_{i,t-1})<0|$）与战略变革（$Sc_{i,t}^{t+3}$）同样呈显著正相关关系（$p<0.01$），即实际绩效低于行业经营期望水平越大时，组织管理者实施战略变革响应行为的程度同样会越强。③ 组织惯性（$G_{i,t}$）与战略变革（$Sc_{i,t}$）呈显著负相关关系（$p<0.01$），惯性程度越大，战略变革的程度越小，进一步直接说明了组织长期积累的惯性对管理者实施变革行为的约束作用。④ 冗余资源（$S_{i,t}$）与战略变革（$Sc_{i,t}^{t+3}$）呈显著正相关关系（$p<0.01$），这表明组织资源的充足性程度越高，组织管理者实施战略变革响应行为的程度越高。⑤ 资本密集性（$C_{i,t}$）与战略变革（$Sc_{i,t}^{t+3}$）呈显著负相关关系（$p<0.01$），这说明行业的资本密集度往往会造成组织中的刚性，使得组织很难在产品或市场等方面进行战略的调整。⑥ 市场丰腴度（$M_{i,t}$）与战略变革（$Sc_{i,t}^{t+3}$）呈显著正相关关系（$p<0.01$），这说明一个丰腴性的外部市场环境能为管理者提供更多的机会和资源，会为组织的管理者提供更多的战略自由度去实施变革行为。⑦ 国有控股企业（$Y_{i,t}$）与战略变革

① 该结果是基于行业经营期望进行的样本分类对比。若基于历史经营期望进行的样本分类对比，低于和高于经营期望水平下的战略变革程度分别为－0.063和－0.099，前者大于后者，依然支持该结论。

表 3 - 3　各主要变量间的相关关系

变 量 名 称	1	2	3	4	5	6	7	8	9	10
1. $Sc_{i,t}^{t+3}$	1.000									
2. $\lvert I_1(P_{i,t-1}-A_{i,t-1})<0\rvert$	0.249*	1.000								
3. $\lvert I_2(P_{i,t-1}-IE_{i,t-1})<0\rvert$	0.316*	0.858*	1.000							
4. $G_{i,t}$	−0.208*	−0.111*	−0.089*	1.000						
5. $S_{i,t}$	0.044*	−0.055*	−0.125*	−0.208*	1.000					
6. $C_{i,t}$	−0.027*	−0.036*	−0.035*	0.081*	−0.076*	1.000				
7. $M_{i,t}$	0.102*	−0.025*	−0.018&	−0.121*	−0.070*	0.134*	1.000			
8. $Y_{i,t}$	−0.143*	−0.056*	−0.030*	0.194*	−0.107*	0.132*	−0.022*	1.000		
9. $Q_{i,t}$	0.092*	−0.071*	−0.113*	0.038*	0.085*	−0.023*	0.022*	−0.149*	1.000	
10. $T_{i,t}$	0.033*	−0.030*	−0.041*	0.008	0.041*	0.001	0.011	−0.076*	0.055*	1.000
11. $\mathrm{Ln}asset_{i,t}$	−0.257*	−0.184*	−0.254*	0.560*	−0.172*	0.265*	0.069*	0.279*	0.129*	0.046*
12. $\mathrm{Ln}list_{i,t}$	0.088*	−0.001	0.130*	0.378*	−0.266*	0.031*	0.117*	0.187*	−0.000	−0.044*
13. $Mrkt_{i,t}$	−0.090*	−0.048*	−0.059*	0.212*	−0.074*	0.052*	−0.001	0.088*	0.052*	0.015#
14. $Dceo_{i,t}$	0.038*	0.018&	0.011	−0.057*	0.117*	−0.059*	−0.019&	−0.204*	0.119*	0.163*
15. $Open_{i,t}$	0.028*	0.033*	0.020&	−0.057*	−0.008	0.004	0.001	−0.081*	−0.019#	−0.021#
16. $Ownr_{i,t}$	−0.071*	−0.088*	−0.117*	0.086*	0.038*	−0.015#	−0.014	−0.108*	0.143*	0.042*
17. $Bpwr_{i,t}$	−0.011	−0.006	−0.078*	−0.149*	0.234*	−0.038*	−0.039*	−0.339*	0.227*	0.095*
18. $Cchg_{i,t}$	0.101*	0.108*	0.136*	−0.031*	−0.046*	0.010	0.014	−0.018#	−0.050*	−0.033*
19. $Cshr_{i,t}$	−0.011	−0.001	−0.069*	−0.158*	0.249*	−0.050*	−0.060*	−0.268*	0.174*	0.113 4*
20. $Shfd_{i,t}$	−0.112*	−0.039*	−0.091*	−0.012	0.014#	0.143*	0.035*	0.249*	−0.039*	−0.009
21. $Bkpt_{i,t}$	−0.105*	−0.103*	−0.167*	−0.134*	0.795*	−0.086*	−0.080*	−0.121*	0.142*	0.049*

续表

变量名称	11	12	13	14	15	16	17	18	19	20
11. $\mathrm{Ln}asset_{i,t}$	1.000 0									
12. $\mathrm{Ln}list_{i,t}$	0.115*	1.000								
13. $Mrkt_{i,t}$	0.389*	−0.006	1.000							
14. $Dceo_{i,t}$	−0.106*	−0.112*	−0.045*	1.000						
15. $Open_{i,t}$	−0.027*	−0.038*	0.023*	−0.065*	1.000					
16. $Ownr_{i,t}$	0.105*	−0.036*	0.012	0.068*	0.015#	1.000				
17. $Bpwr_{i,t}$	−0.067*	−0.379*	−0.048*	0.207*	0.049*	0.154*	1.000			
18. $Cchg_{i,t}$	−0.061*	0.056*	−0.017#	−0.042*	0.069*	−0.038*	−0.025*	1.000		
19. $Cshr_{i,t}$	−0.096*	−0.372*	−0.048*	0.310*	0.027*	0.094*	0.645*	−0.066*	1.000	
20. $Shfd_{i,t}$	0.272*	−0.190*	0.140*	−0.083*	−0.003	−0.124*	−0.054*	0.014#	−0.046*	1.000
21. $Bkpt_{i,t}$	−0.148*	−0.165*	−0.052*	0.114*	−0.008	0.117*	0.214*	−0.070*	0.195*	−0.037*

注：*表示 $p<0.01$，&表示 $p<0.05$，#表示 $p<0.1$，N=13 254(观测值)。

($Sc_{i,t}^{t+3}$) 呈显著负相关关系 ($p < 0.01$)，这表明国有制度体制下，政府对组织的过度干预，使得管理者实施战略变革响应行为的制度约束过大，从而不利于其变革行为的发生。⑧ 区域制度效率 ($Q_{i,t}$) 和政治关系 ($T_{i,t}$) 与战略变革 ($Sc_{i,t}^{t+3}$) 均呈显著正相关关系 ($p < 0.01$)，这表明制度发达地区的管理者或拥有非商业关系背景的管理者，由于受企业所在地区制度优越性的影响，以及政府在制度、政策、资源配置等各方面上的支持，管理者实施战略变革响应行为的程度将会提高。上述相关性分析仅对变量之间的潜在关系进行了初步分析，以下 3.4 部分将进一步对各变量之间的关系进行检验。

3.4　实证检验与结果分析

在具体检验之前对数据做如下处理，以确保模型估计的一致性和有效性：① 为避免异常值对检验结果的影响，对主要连续变量在 1%水平上进行缩尾处理(Flannery and Rangan, 2006)。② 为避免多重共线性的影响，对交互项测量的变量进行了中心化处理(Frazier et al., 2004; Barrick et al., 2005; Robinson, 2008)。此外，对进入模型的所有解释变量和控制变量进行了方差膨胀因子(VIF)诊断，结果显示 VIF 约为 4.70，由此可以排除多重共线性问题。③ 本章的数据是面板数据可能存在的异方差、时序相关和横截面相关等问题，使用通常的面板数据估计方法会低估标准误差，导致模型估计结果有偏，采用 Driscoll-Kraay 标准差进行估计得到的标准误差才具有无偏性、一致性和有效性(Driscoll and Kraay, 1998)。本章在后续的面板数据模型估计中，主要采用 D－K标准误方法进行估计，同时为确保检验结果的稳健性，对标准误差还进行了企业层面的 Cluster 群聚调整，Bootstrap 自体抽样方法和 Robust 异方差稳健性方法等进行了检验。

本章检验思路如下：首先，分析低于历史和行业的经营期望落差与战略变革响应行为的程度。其次，分析影响经营期望落差与战略变革响应行为两者关系的调节机制，即分析管理者的组织自主权、环境自主权和制度自主权的调节效应。

3.4.1　战略变革响应行为的动机分析：经营期望落差与战略变革关系检验

表 3－4 列示了企业实际绩效低于历史经营期望的差距 ($| I_1(P_{i,t-1} -$

$A_{i,t-1}) < 0|$) 与组织战略变革之间的关系。表 3 - 4 模型(2)的检验结果显示，企业实际绩效低于历史期望（$|I_1(P_{i,t-1} - A_{i,t-1}) < 0|$）的回归系数显著为正（beta = 9.310，$p < 0.01$），并且在后续加入调节变量后的模型(3)、模型(4)、模型(5)和模型(6)中依然稳健。表 3 - 5 列示了企业实际绩效低于行业经营期望的差距（$|I_2(P_{i,t-1} - IE_{i,t-1}) < 0|$）与组织战略变革之间的关系，表 3 - 5 模型(2)的检验结果同样显示，实际绩效低于行业期望（$|I_2(P_{i,t-1} - IE_{i,t-1}) < 0|$）的回归系数显著为正（beta = 9.853，$p < 0.01$），并且在后续加入调节变量后的模型(3)、模型(4)、模型(5)和模型(6)中依然稳健。这说明经营期望落差越大，管理者实施战略变革响应行为的程度就越强，由此本章 H1 得到验证：当企业的实际绩效低于历史和行业期望水平时，为解决组织困境而使绩效重新恢复到经营期望水平上，以及为维护组织合法性地位或规避利益损失，管理者"穷则思变"的动机增强，为应对组织问题的解决而更愿意实施战略变革，即经营期望落差驱动了管理者变革行为的发生。

表 3 - 4　　历史经营期望落差、管理自主权(单变量)与战略变革响应行为

	(1)	(2)	(3)	(4)	(5)	(6)
$\text{Ln}asset_{i,t}$	−0.638***	−0.553***	−0.336***	−0.582***	−0.486***	−0.317***
	(0.051)	(0.037)	(0.025)	(0.047)	(0.030)	(0.008)
$\text{Ln}list_{i,t}$	0.460***	0.460***	0.707***	0.398***	0.520***	0.696***
	(0.032)	(0.033)	(0.036)	(0.056)	(0.029)	(0.079)
$Mrkt_{i,t}$	1.693***	1.314***	1.703***	1.695***	1.184***	1.933***
	(0.152)	(0.135)	(0.151)	(0.200)	(0.137)	(0.309)
$Dceo_{i,t}$	0.246***	0.218***	0.232***	0.211**	0.173***	0.194**
	(0.062)	(0.061)	(0.066)	(0.085)	(0.060)	(0.087)
$Open_{i,t}$	0.038**	0.031	0.025	0.029	0.017	0.011
	(0.019)	(0.020)	(0.020)	(0.025)	(0.022)	(0.028)
$Ownr_{i,t}$	−0.306***	−0.232***	−0.203***	−0.227***	−0.269***	−0.233***
	(0.055)	(0.031)	(0.032)	(0.045)	(0.031)	(0.047)
$Bpwr_{i,t}$	0.091***	0.081***	0.055***	0.064***	0.033*	0.007
	(0.022)	(0.019)	(0.016)	(0.020)	(0.020)	(0.023)
$Cchg_{i,t}$	0.464***	0.360***	0.350***	0.350***	0.330***	0.315***
	(0.039)	(0.031)	(0.030)	(0.035)	(0.030)	(0.032)

续表

	(1)	(2)	(3)	(4)	(5)	(6)
$Cshr_{i,t}$	−0.030	−0.033	−0.227**	0.091	0.052	−0.033
	(0.151)	(0.114)	(0.096)	(0.155)	(0.152)	(0.175)
$Shfd_{i,t}$	−0.411	−0.433*	−0.819***	−0.579	−0.041	−0.529*
	(0.259)	(0.236)	(0.234)	(0.363)	(0.204)	(0.292)
$Bkpt_{i,t}$	−0.083***	−0.068***	−0.112***	−0.064**	−0.064***	−0.107***
	(0.029)	(0.024)	(0.032)	(0.028)	(0.022)	(0.038)
$\lvert I_1(P_{i,t-1}-A_{i,t-1})<0\rvert$		9.310***	6.020***	9.805***	9.210***	5.085***
		(0.546)	(0.271)	(0.794)	(0.373)	(0.763)
$\lvert I_1(P_{i,t-1}-A_{i,t-1})<0\rvert * G_{i,t}$			−0.102***			−0.114***
			(0.026)			(0.038)
$\lvert I_1(P_{i,t-1}-A_{i,t-1})<0\rvert * S_{i,t}$			0.293***			0.306***
			(0.017)			(0.026)
$G_{i,t}$			−0.412***			−0.364***
			(0.023)			(0.053)
$S_{i,t}$			0.083***			0.087***
			(0.015)			(0.021)
$\lvert I_1(P_{i,t-1}-A_{i,t-1})<0\rvert * C_{i,t}$				−0.067		−0.038
				(0.123)		(0.119)
$\lvert I_1(P_{i,t-1}-A_{i,t-1})<0\rvert * M_{i,t}$				0.135***		0.098***
				(0.021)		(0.016)
$C_{i,t}$				0.171*		0.142*
				(0.093)		(0.080)
$M_{i,t}$				0.055***		0.038***
				(0.002)		(0.004)
$\lvert I_1(P_{i,t-1}-A_{i,t-1})<0\rvert * Y_{i,t}$					−0.034**	−0.089**
					(0.017)	(0.040)
$\lvert I_1(P_{i,t-1}-A_{i,t-1})<0\rvert * Q_{i,t}$					0.090***	0.070***
					(0.020)	(0.021)
$\lvert I_1(P_{i,t-1}-A_{i,t-1})<0\rvert * T_{i,t}$					0.109***	0.123***
					(0.027)	(0.033)

续表

	(1)	(2)	(3)	(4)	(5)	(6)
$Y_{i,t}$					−0.605***	−0.558***
					(0.080)	(0.137)
$Q_{i,t}$					0.084***	0.099***
					(0.004)	(0.004)
$T_{i,t}$					0.121***	0.151***
					(0.028)	(0.042)
_cons	12.897***	10.697***	5.627***	11.230***	10.091***	6.179***
	(1.156)	(0.838)	(0.607)	(1.006)	(0.695)	(0.224)
F	1 629.237	2 456.607	3 880.203	963.177	987.498	1 015.064
Adj_R^2	0.109	0.141	0.167	0.154	0.153	0.186

注：*** 表示 $p<0.01$，** 表示 $p<0.05$，* 表示 $p<0.1$，$N=13\ 254$(观测值)；年度控制变量基于版面限制未加列示；括号内为标准误；上述模型为经过 Driscoll-Kraay 标准误调整后的结果，同时考虑了异方差、截面相关和序列相关。

表 3-5　　行业经营期望落差、管理自主权(单变量)与战略变革响应行为

	(1)	(2)	(3)	(4)	(5)	(6)
$\text{Ln}asset_{i,t}$	−0.638***	−0.479***	−0.258***	−0.495***	−0.412***	−0.231***
	(0.051)	(0.030)	(0.018)	(0.033)	(0.023)	(0.012)
$\text{Ln}list_{i,t}$	0.460***	0.335***	0.608***	0.310***	0.397***	0.642***
	(0.032)	(0.033)	(0.030)	(0.056)	(0.027)	(0.078)
$Mrkt_{i,t}$	1.693***	0.701***	1.128***	0.938***	0.519***	1.078***
	(0.152)	(0.158)	(0.146)	(0.211)	(0.144)	(0.334)
$Dceo_{i,t}$	0.246***	0.195***	0.205***	0.207**	0.148***	0.189**
	(0.062)	(0.055)	(0.059)	(0.084)	(0.055)	(0.087)
$Open_{i,t}$	0.038**	0.033*	0.026	0.031	0.020	0.013
	(0.019)	(0.018)	(0.018)	(0.023)	(0.020)	(0.026)
$Ownr_{i,t}$	−0.306***	−0.196***	−0.171***	−0.093***	−0.236***	−0.069***
	(0.055)	(0.028)	(0.029)	(0.032)	(0.027)	(0.024)
$Bpwr_{i,t}$	0.091***	0.091***	0.058***	0.095***	0.041**	0.034**
	(0.022)	(0.020)	(0.017)	(0.015)	(0.020)	(0.016)
$Cchg_{i,t}$	0.464***	0.315***	0.308***	0.302***	0.282***	0.271***
	(0.039)	(0.029)	(0.027)	(0.037)	(0.028)	(0.033)

续表

	(1)	(2)	(3)	(4)	(5)	(6)
$Cshr_{i,t}$	−0.030	0.108	−0.126	0.137	0.208	−0.040
	(0.151)	(0.098)	(0.077)	(0.116)	(0.130)	(0.170)
$Shfd_{i,t}$	−0.411	−0.402*	−0.820***	−0.619*	0.005	−0.602**
	(0.259)	(0.239)	(0.237)	(0.349)	(0.200)	(0.276)
$Bkpt_{i,t}$	−0.083***	−0.056***	−0.096***	−0.051**	−0.053***	−0.085***
	(0.029)	(0.020)	(0.028)	(0.023)	(0.019)	(0.029)
$\|I_2(P_{i,t-1}-IE_{i,t-1})<0\|$		9.853***	6.558***	10.166***	10.645***	6.673***
		(0.551)	(0.215)	(0.671)	(0.476)	(0.394)
$\|I_2(P_{i,t-1}-IE_{i,t-1})<0\| * G_{i,t}$			−0.107***			−0.103***
			(0.018)			(0.027)
$\|I_2(P_{i,t-1}-IE_{i,t-1})<0\| * S_{i,t}$			0.284***			0.288***
			(0.021)			(0.036)
$G_{i,t}$			−0.425***			−0.368***
			(0.023)			(0.051)
$S_{i,t}$			0.066***			0.061***
			(0.015)			(0.015)
$\|I_2(P_{i,t-1}-IE_{i,t-1})<0\| * C_{i,t}$				−0.007		−0.051
				(0.118)		(0.111)
$\|I_2(P_{i,t-1}-IE_{i,t-1})<0\| * M_{i,t}$				0.150***		0.125***
				(0.013)		(0.013)
$C_{i,t}$				0.144*		0.123*
				(0.087)		(0.074)
$M_{i,t}$				0.056***		0.038***
				(0.003)		(0.004)
$\|I_2(P_{i,t-1}-IE_{i,t-1})<0\| * Y_{i,t}$					−0.112***	−0.005
					(0.021)	(0.047)
$\|I_2(P_{i,t-1}-IE_{i,t-1})<0\| * Q_{i,t}$					0.072***	0.053***
					(0.010)	(0.013)

续表

	(1)	(2)	(3)	(4)	(5)	(6)
$\lvert I_2(P_{i,t-1}-IE_{i,t-1})<0\rvert * T_{i,t}$					0.139***	0.136***
					(0.015)	(0.024)
$Y_{i,t}$					−0.617***	−0.565***
					(0.072)	(0.123)
$Q_{i,t}$					0.073***	0.080***
					(0.004)	(0.006)
$T_{i,t}$					0.100***	0.128**
					(0.035)	(0.054)
_cons	12.897***	9.327***	4.153***	9.705***	8.651***	4.505***
	(1.156)	(0.690)	(0.474)	(0.664)	(0.547)	(0.295)
F	1 629.237	2 373.622	4 322.319	529.847	1 061.306	283.770
Adj_R^2	0.109	0.154	0.182	0.167	0.168	0.200

注：*** 表示 $p<0.01$，** 表示 $p<0.05$，* 表示 $p<0.1$，$N=13\,254$（观测值）；年度控制变量基于版面限制未加列示；括号内为标准误；上述模型为经过 Driscoll-Kraay 标准误调整后的结果，同时考虑了异方差、截面相关和序列相关。

3.4.2 经营期望落差与战略变革响应行为关系的调节机制分析

表 3－4 和表 3－5 的模型（2）检验了经营期望落差对管理者实施变革行为的影响机制，该部分进一步分析管理者组织自主权、环境自主权和制度自主权对两个关系的调节作用。

3.4.2.1 组织自主权的调节效应

表 3－4 模型(3)分析了管理者的组织自主权对历史经营期望差距（$\lvert I_1(P_{i,t-1}-A_{i,t-1})<0\rvert$）与战略变革响应行为之间关系的调节效应，检验结果表明组织自主权起到了显著的调节作用。结果显示：组织惯性与低于历史经营期望落差的交互项（$\lvert I_1(P_{i,t-1}-A_{i,t-1})<0\rvert * G_{i,t}$）的系数显著为负（beta＝−0.102，$p<0.01$），且在后续模型（6）中该结果依然稳健。这说明，组织惯性程度越小，随着历史经营期望落差的增大而实施战略变革响应行为的程度被强化，反之则被弱化，由此本章假设 H2a 得到验证。组织冗余资源与低于历史经营期望落差的交互项（$\lvert I_1(P_{i,t-1}-A_{i,t-1})<0\rvert * S_{i,t}$）的系数显著为正（beta＝0.293，$p<0.01$），且在后续模型（6）中该结果依然稳健。这说明，组织冗余资源越多，

管理者拥有的组织内部可支配资源越多，其决策制定和战略实施的能力基础和自由度更强，所以当企业的实际绩效低于历史期望水平时，管理者随着历史经营期望落差的增大而实施战略变革响应行为的程度也将会被增强，由此本章假设 H2b 得到验证。表 3-5 模型(3)分析了管理者的组织自主权对行业经营期望差距（$|I_2(P_{i,t-1}-IE_{i,t-1})<0|$）与战略变革关系的调节效应，检验结果同样支持了本章假设 H2a 和 H2b。

3.4.2.2 环境自主权的调节效应

表 3-4 模型(4)分析了管理者的环境自主权对历史经营期望差距与战略变革关系的调节效应。结果显示：资本密集型行业与低于历史经营期望的交互项（$|I_1(P_{i,t-1}-A_{i,t-1})<0| *C_{i,t}$）的系数显著为负，但不显著（beta=−0.067，*n.s.*），由此本章假设 H3b 并未得到验证。市场丰腴程度与低于历史经营期望落差的交互项（$|I_1(P_{i,t-1}-A_{i,t-1})<0| *M_{i,t}$）的系数显著为正（beta=0.135，$p<0.01$），且在后续模型(6)中该结果依然稳健（beta=0.098，$p<0.01$）。这说明，市场丰腴性程度越大，管理者所拥有的市场外部可支配资源越多，其决策制定和战略实施的能力基础更强，所以当企业的实际绩效低于历史经营期望水平时，管理者随着历史经营期望落差的增大而实施战略变革响应行为的程度将被增强，由此本章假设 H3b 得到验证。表 3-5 模型(4)分析了管理者的环境自主权对行业经营期望差距（$|I_2(P_{i,t-1}-IE_{i,t-1})<0|$）与战略变革响应行为关系的调节效应，结果同样支持本章假设 H3b，但假设 H3a 并未得到验证。

3.4.2.3 制度自主权的调节效应

表 3-4 模型(5)分析了管理者的环境自主权对历史经营期望差距与战略变革响应行为关系的调节效应，检验结果表明管理者的制度自主权起到了显著的调节作用。结果显示：国企制度环境与低于历史经营期望落差的交互项（$|I_1(P_{i,t-1}-A_{i,t-1})<0| *Y_{i,t}$）的系数显著为负（beta=−0.034，$p<0.05$），且在后续模型(6)中该结果依然稳健（beta=−0.089，$p<0.05$）。这说明，相对于非国企制度环境（民营企业制度环境），处于国企制度环境下的管理者，由于国企制度背景的特殊性尤其是政府干预以及企业追求政治目标的动机，约束了国企制度背景下管理者的决策制定和实施的自主权，所以当企业的实际绩效低于历史经营期望水平时，管理者随着历史经营期望落差的增大而进行战略变革响应行为的程度将被削弱，由此本章假设 H4a 得到验证。区域制度环境与低于历史经营期望差距的交互项（$|I_1(P_{i,t-1}-A_{i,t-1})<0| *Q_{i,t}$）的系数则显著为正（beta=0.090，$p<0.01$），且在后续模型(6)中该结果依然稳健（beta=0.070，$p<0.01$）。这说明，相对于发达的区域制度环境而言，处于制度欠发达区域的管理

者，因缺乏完善的制度支撑，当企业绩效出现下滑时，随着历史经营期望落差的增大而实施战略变革响应行为的程度将被削弱，由此本章假设 H4b 得到验证。非商业关系与低于历史经营期望差距的交互项（$|I_1(P_{i,t-1}-A_{i,t-1})<0| * T_{i,t}$）的系数也显著为正（beta$=0.109$，$p<0.01$），且在后续模型(6)中该结果依然稳健（beta$=0.123$，$p<0.01$）。这说明，随着管理者所在企业非商业关系背景的增强，其所能获得的制度自主权会越大，更容易得到政府在制度、政策、资源配置等层面上的帮助，受这些制度自主权优越性的影响，相对于缺乏非商业关系背景的管理者而言，当企业经营期望未达到时，他们会具有更高程度的制度或资源支持来实施战略变革响应行为，由此本章假设 H4c 也得到验证。表 3－5 模型(5)分析了管理者的环境自主权对行业经营期望差距与战略变革响应行为关系的调节效应，检验结果同样支持本章假设 H4a(只是不够稳健)，H4b 和 H4c。

3.4.2.4 管理自主权调节效应的再分析

3.4.2.1 至 3.4.2.3 部分对管理自主权三个层面的七个单变量(组织惯性、组织资源充足性、行业资本密集度、市场环境丰腴度、国企制度背景、区域制度环境、非商业关系背景)进行了调节作用的检验，该部分将上述七个单指标分别组合为组织自主权、环境自主权和制度自主权三个综合指标[①]，进一步对三个层面的自主权的调节效应进行检验。表 3－6 分析了三种管理自主权对历史经营期望差距（$|I_1(P_{i,t-1}-A_{i,t-1})<0|$）与战略变革关系的调节效应。模型(1)中历史经营期望落差（$|I_1(P_{i,t-1}-A_{i,t-1})<0|$）的系数显著为正（beta$=9.310$，$p<0.01$），且在加入调节变量的模型(2)、模型(3)、模型(4)后以及在模型(6)中依旧显著为正，本章假设 H1 得到进一步验证。模型(2)中组织自主权与历史经营期望落差的交互项（$|I_1(P_{i,t-1}-A_{i,t-1})<0| * OD_{i,t}$）的系数显著为正（beta$=0.280$，$p<0.01$），且在后续模型(6)中依旧稳健（beta$=0.293$，$p<0.01$），这说明组织自主权越大，管理者随着历史经营期望落差的增大，实施战略变革响应行为的程度将被强化，由此本章假设 H2 得到验证。模型(3)中环境自主权与历史经营期望落差的交互项（$|I_1(P_{i,t-1}-A_{i,t-1})<0| * ED_{i,t}$）的系数显著为正（beta$=0.057$，$p<0.1$），且在后续模型(6)中依旧稳健（beta$=0.073$，$p<0.01$），这说明环境自主权越大，管理者随着历史经营期望落差的增大，

---

① 参照以往研究方法(Datta et al.，2003)，对管理者组织自主权、环境自主权和制度自主权的七个单指标进行标准化，将上述标准化后的七个指标按照它们分属的维度加总，分别得到管理者组织自主权、环境自主权和制度自主权因子。考虑到组织惯性、资本密集性和国企制度背景分别与组织自主权、环境自主权和制度自主权成负向关系，为确保这三个指标和冗余资源、行业丰腴度和区域制度完善性与三个自主权的关系是同方向关系，需要将三个数值进行相反数的转化然后相加。此外，本章还将上述指标分别进行主成分分析，以三个因子值作为组织自主权、环境自主权和制度自主权的衡量进行模型分析，检验结果无差异。

实施战略变革响应行为的程度将被强化，由此本章假设 H3 得到验证。模型(4)中制度自主权与历史经营期望落差的交互项（$|I_1(P_{i,t-1}-A_{i,t-1})<0| * ID_{i,t}$）的系数同样显著为正（beta＝0.312，$p<0.01$），且在后续模型(6)中也依旧稳健（beta=0.316，$p<0.05$），这说明制度自主权越大，管理者随着历史经营期望落差的增大，实施战略变革响应行为的程度也将被强化；反之则被削弱，由此本章假设 H4 得到验证。

表 3-6　　历史经营期望落差、管理自主权(综合维度)与战略变革响应行为

	(1)	(2)	(3)	(4)	(5)	(6)
$Lnasset_{i,t}$	−0.638***	−0.553***	−0.362***	−0.530***	−0.596***	−0.364***
	(0.051)	(0.037)	(0.018)	(0.054)	(0.029)	(0.016)
$Lnlist_{i,t}$	0.460***	0.460***	0.701***	0.438***	0.567***	0.755***
	(0.032)	(0.033)	(0.033)	(0.052)	(0.037)	(0.087)
$Mrkt_{i,t}$	1.693***	1.314***	1.879***	1.163***	1.702***	2.384***
	(0.152)	(0.135)	(0.152)	(0.180)	(0.268)	(0.223)
$Dceo_{i,t}$	0.246***	0.218***	0.230***	0.210**	0.233***	0.252**
	(0.062)	(0.061)	(0.069)	(0.089)	(0.080)	(0.126)
$Open_{i,t}$	0.038**	0.031	0.027	0.031	0.015	0.014
	(0.019)	(0.020)	(0.020)	(0.026)	(0.013)	(0.015)
$Ownr_{i,t}$	−0.306***	−0.232***	−0.197***	−0.240***	−0.291***	−0.265***
	(0.055)	(0.031)	(0.032)	(0.042)	(0.034)	(0.047)
$Bpwr_{i,t}$	0.091***	0.081***	0.056***	0.078***	0.147***	0.122***
	(0.022)	(0.019)	(0.015)	(0.020)	(0.026)	(0.028)
$Cchg_{i,t}$	0.464***	0.360***	0.345***	0.363***	0.413***	0.396***
	(0.039)	(0.031)	(0.030)	(0.034)	(0.040)	(0.043)
$Cshr_{i,t}$	−0.030	−0.033	−0.355***	−0.001	−0.842**	−0.879*
	(0.151)	(0.114)	(0.110)	(0.165)	(0.350)	(0.514)
$Shfd_{i,t}$	−0.411	−0.433*	−0.809***	−0.411	−0.382*	−0.805**
	(0.259)	(0.236)	(0.240)	(0.367)	(0.232)	(0.344)
$Bkpt_{i,t}$	−0.083***	−0.068***	−0.133***	−0.067**	−0.091***	−0.152***
	(0.029)	(0.024)	(0.032)	(0.029)	(0.021)	(0.042)
$\|I_1(P_{i,t-1}-A_{i,t-1})<0\|$		9.310***	6.834***	9.445***	9.578***	7.225***
		(0.546)	(0.383)	(0.713)	(0.684)	(0.565)
$\|I_1(P_{i,t-1}-A_{i,t-1})<0\| * OD$			0.280***			0.293***
			(0.017)			(0.021)

续表

	(1)	(2)	(3)	(4)	(5)	(6)
OD			0.425***			0.456***
			(0.040)			(0.070)
$\|I_1(P_{i,t-1}-A_{i,t-1})<0\| * ED$				0.057*		0.073***
				(0.031)		(0.021)
ED				0.117*		0.108*
				(0.064)		(0.056)
$\|I_1(P_{i,t-1}-A_{i,t-1})<0\| * ID$					0.312***	0.316**
					(0.035)	(0.045)
ID					0.105***	0.140***
					(0.007)	(0.009)
_cons	12.897***	10.697***	6.386***	10.241***	11.314***	6.230***
	(1.156)	(0.838)	(0.466)	(1.171)	(0.727)	(0.401)
F	1 629.237	2 456.607	2 383.768	785.929	897.022	207.162
Adj_R^2	0.109	0.141	0.164	0.144	0.161	0.190

注：*** 表示 $p<0.01$，** 表示 $p<0.05$，* 表示 $p<0.1$，$N=13\ 254$(观测值)；年度控制变量基于版面限制未加列示；括号内为标准误；上述模型为经过 Driscoll-Kraay 标准误调整后的结果，同时考虑了异方差、截面相关和序列相关。

此外，模型(6)检验结果表明管理者组织自主权的调节效应系数（beta＝0.293）和制度自主权的调节效应系数（beta＝0.316）显著大于环境自主权的调节效应系数（beta＝0.073），制度自主权的调节效应在三者中最大，T 检验的系数对比结果也支持该结论①。这说明，在组织绩效低于历史经营期望落差的情况下，管理者组织自主权尤其是制度自主权的增大，会更大程度上提升管理者行为的自由度和空间，从而更有利于管理者在组织问题出现时进行战略调整。表 3 - 7 分析了三种管理自主权对行业经营期望差距（$|I_2(P_{i,t-1}-IE_{i,t-1})<0|$）与战略变革关系的调节效应，检验结果同样支持本章的假设 H1、假设 H2、假设 H3 和假设 H4。此外，表 3 - 7 模型(6)检验结果同样表明，三种管理自主权中，制度自主权的调节效应最大，T 检验的系数对比结果也支持了该结论②。

① T 检验的系数对比结果显示，组织自主权的调节效应系数显著大于环境自主权的调节效应系数（F=4.85，$p<0.01$），制度自主权的调节效应系数显著大于环境自主权的调节效应系数（F=16.77，$p<0.01$），制度自主权的调节效应大于组织自主权的调节效应但不显著。

② T 检验的系数对比结果显示，制度自主权的调节效应系数显著大于组织自主权的调节效应系数（F=4.80，$p<0.01$），制度自主权的调节效应系数显著大于环境自主权的调节效应系数（F=18.90，$p<0.01$）。

表 3-7　行业经营期望落差、管理自主权(综合维度)与战略变革响应行为

	(1)	(2)	(3)	(4)	(5)	(6)
$Lnasset_{i,t}$	−0.638***	−0.479***	−0.289***	−0.451***	−0.462***	−0.245***
	(0.051)	(0.030)	(0.011)	(0.045)	(0.026)	(0.009)
$Lnlist_{i,t}$	0.460***	0.335***	0.606***	0.313***	0.313***	0.567***
	(0.032)	(0.033)	(0.028)	(0.045)	(0.031)	(0.048)
$Mrkt_{i,t}$	1.693***	0.701***	1.314***	0.517**	0.675***	1.140***
	(0.152)	(0.158)	(0.146)	(0.213)	(0.131)	(0.143)
$Dceo_{i,t}$	0.246***	0.195***	0.206***	0.187**	0.225***	0.244***
	(0.062)	(0.055)	(0.062)	(0.079)	(0.054)	(0.086)
$Open_{i,t}$	0.038**	0.033*	0.029	0.034	0.036***	0.036**
	(0.019)	(0.018)	(0.018)	(0.024)	(0.014)	(0.017)
$Ownr_{i,t}$	−0.306***	−0.196***	−0.161***	−0.203***	−0.203***	−0.173***
	(0.055)	(0.028)	(0.029)	(0.040)	(0.025)	(0.037)
$Bpwr_{i,t}$	0.091***	0.091***	0.060***	0.088***	0.109***	0.081***
	(0.022)	(0.020)	(0.016)	(0.021)	(0.022)	(0.019)
$Cchg_{i,t}$	0.464***	0.315***	0.301***	0.315***	0.296***	0.281***
	(0.039)	(0.029)	(0.028)	(0.034)	(0.034)	(0.036)
$Cshr_{i,t}$	−0.030	0.108	−0.323***	0.121	0.096	−0.333**
	(0.151)	(0.098)	(0.092)	(0.133)	(0.116)	(0.131)
$Shfd_{i,t}$	−0.411	−0.402*	−0.783***	−0.378	−0.387	−0.742**
	(0.259)	(0.239)	(0.243)	(0.360)	(0.237)	(0.350)
$Bkpt_{i,t}$	−0.083***	−0.056***	−0.124***	−0.055**	−0.055***	−0.122***
	(0.029)	(0.020)	(0.030)	(0.025)	(0.019)	(0.038)
$\|I_2(P_{i,t-1}-IE_{i,t-1})<0\|$		9.853***	7.731***	10.082***	10.544***	8.496***
		(0.551)	(0.348)	(0.679)	(0.600)	(0.460)
$\|I_2(P_{i,t-1}-IE_{i,t-1})<0\| * OD$			0.245***			0.256***
			(0.017)			(0.025)
OD			0.423***			0.427***
			(0.045)			(0.074)
$\|I_2(P_{i,t-1}-IE_{i,t-1})<0\| * ED$				0.110***		0.105***
				(0.010)		(0.011)
ED				0.130**		0.100*
				(0.062)		(0.056)

续表

	(1)	(2)	(3)	(4)	(5)	(6)
$\|I_2(P_{i,t-1}-IE_{i,t-1})<0\| * ID$					0.336***	0.334***
					(0.015)	(0.025)
ID					0.086***	0.111***
					(0.010)	(0.016)
_cons	12.897***	9.327***	4.980***	8.777***	8.916***	3.989***
	(1.156)	(0.690)	(0.317)	(0.992)	(0.592)	(0.274)
F	1 629.237	2 373.622	1 880.623	2 177.292	2 995.356	1 141.095
Adj_R^2	0.109	0.154	0.179	0.159	0.157	0.187

注：*** 表示 $p<0.01$，** 表示 $p<0.05$，* 表示 $p<0.1$，$N=13\ 254$(观测值)；年度控制变量基于版面限制未加列示；括号内为标准误；上述模型为经过 Driscoll-Kraay 标准误调整后的结果，同时考虑了异方差、截面相关和序列相关。

3.5 稳健性检验

3.5.1 经营期望落差的内生性

内生性问题是实证检验经营期望落差与战略行为关系中常见的问题。在解决内生性方面，首先，为了减少经营期望落差和战略变革交互影响(或同时受某些企业内外部因素共同影响)而对回归模型造成的影响，本章对经营期望落差使用滞后一期变量。其次，为了进一步控制模型的内生性问题，本章采用两阶段最小二乘法(2SLS)对模型进行内生性处理。具体检验过程如下：在第一阶段，选用滞后两期的经营期望落差作为滞后一期经营期望落差的工具变量，通过普通最小二乘法进行估计，求出滞后一期的经营期望落差的预测值 ($|I_1(P_{i,t-1}-A_{i,t-1})<0|^\wedge$ 或 $|I_1(P_{i,t-1}-A_{i,t-1})<0|^\wedge$)。在第二阶段，用第一阶段回归分析中得到的滞后一期的经营期望落差的预测值，来替代实际的滞后一期的经营期望落差，再检验其对后续战略变革的作用，以及组织自主权、环境自主权和制度自主权(单变量及综合维度)的调节效应。

具体检验结果如表 3-8 至表 3-11 所示。① 表 3-8 中，除了行业资本密集度 ($C_{i,t}$) 的调节效应在全模型中不稳健外，其余研究假设(H1, H2a, H2b, H3b, H4a, H4b, H4c)依然能得到支持。② 表 3-9 中，除了行业资本密集度 ($C_{i,t}$) 的调节效应未得到验证外，其余研究假设（H1，H2a，H2b，H3b，H4a，H4b，H4c）依然能得到支持。③ 表 3－10 中，行业环境自主权（$ED_{i,t}$）的调节效应不稳健（在全模型中显著），组织自主权和制度自主权的调节效应（H2，H4）依然能得到支持。④ 表 3－11 中，组织自主权、环境自主权和制度自主权的调节效应（H2，H3，H4）依然能得到支持。综上可知，在处理内生性后，除 H3a 在表 3－8 和表 3－9 以及 H3 在表 3－10 中不够稳健外，其余假设依然能得到验证，具有较强的稳健性。

表 3－8　历史经营期望落差、管理自主权（单变量）与战略变革响应行为（2*SLS* 检验）

	(1)	(2)	(3)	(4)	(5)	(6)
$\mid I_1(P_{i,t-1}-A_{i,t-1})<0\mid$^		16.753***	8.123***	18.983***	11.375***	6.874**
		(1.981)	(2.148)	(2.469)	(2.398)	(3.153)
$\mid I_1(P_{i,t-1}-A_{i,t-1})<0\mid$^ * $G_{i,t}$			−0.039*			−0.080***
			(0.022)			(0.025)
$\mid I_1(P_{i,t-1}-A_{i,t-1})<0\mid$^ * $S_{i,t}$			0.521***			0.416***
			(0.076)			(0.032)
$\mid I_1(P_{i,t-1}-A_{i,t-1})<0\mid$^ * $C_{i,t}$				−0.128***		−0.071
				(0.044)		(0.056)
$\mid I_1(P_{i,t-1}-A_{i,t-1})<0\mid$^ * $M_{i,t}$				0.077***		0.070***
				(0.024)		(0.013)
$\mid I_1(P_{i,t-1}-A_{i,t-1})<0\mid$^ * $Y_{i,t}$					−0.342***	−0.272***
					(0.043)	(0.025)
$\mid I_1(P_{i,t-1}-A_{i,t-1})<0\mid$^ * $Q_{i,t}$					0.166***	0.109***
					(0.033)	(0.020)
$\mid I_1(P_{i,t-1}-A_{i,t-1})<0\mid$^ * $T_{i,t}$					0.022**	0.023**
					(0.008)	(0.009)
_cons	12.897***	12.376***	6.216***	12.865***	10.636***	5.595***
	(1.156)	(1.048)	(0.588)	(1.050)	(0.738)	(0.195)
F	1 629.237	13 965.551	1 352.519	9 670.556	1 900.941	578.088
Adj R^2	0.109	0.118	0.156	0.130	0.139	0.178

注：*** 表示 $p<0.01$，** 表示 $p<0.05$，* 表示 $p<0.1$，$N=13\ 254$（观测值）；括号内为标准误；上述模型为经过 Driscoll-Kraay 标准误调整后的结果，同时考虑了异方差、截面相关和序列相关；基于版面限制，仅保留了自变量和调节变量的交互项，控制变量和调节变量单变量（同表 3－4）未加列示。

表 3-9　　行业经营期望落差、管理自主权(单变量)与战略变革响应行为(2SLS 检验)

	(1)	(2)	(3)	(4)	(5)	(6)
$\|I_2(P_{i,t-1}-IE_{i,t-1})<0\|$^		20.063***	13.006***	20.805***	16.385***	11.007***
		(1.009)	(1.753)	(1.295)	(0.956)	(2.340)
$\|I_2(P_{i,t-1}-IE_{i,t-1})<0\|$^ * $G_{i,t}$			−0.142***			−0.140***
			(0.040)			(0.039)
$\|I_2(P_{i,t-1}-IE_{i,t-1})<0\|$^ * $S_{i,t}$			0.522***			0.458***
			(0.083)			(0.056)
$\|I_2(P_{i,t-1}-IE_{i,t-1})<0\|$^ * $C_{i,t}$				0.015		0.060
				(0.070)		(0.066)
$\|I_2(P_{i,t-1}-IE_{i,t-1})<0\|$^ * $M_{i,t}$				−0.101***		−0.090***
				(0.011)		(0.011)
$\|I_2(P_{i,t-1}-IE_{i,t-1})<0\|$^ * $Y_{i,t}$					−0.303***	−0.226***
					(0.020)	(0.014)
$\|I_2(P_{i,t-1}-IE_{i,t-1})<0\|$^ * $Q_{i,t}$					0.151***	0.083***
					(0.033)	(0.017)
$\|I_2(P_{i,t-1}-IE_{i,t-1})<0\|$^ * $T_{i,t}$					0.151***	0.125***
					(0.040)	(0.025)
_cons	12.897***	10.288***	3.696***	10.711***	8.519***	3.272***
	(1.156)	(0.830)	(0.475)	(0.825)	(0.566)	(0.216)
F	1 629.237	2 465.705	10 761.940	8 433.479	4 482.432	773.789
Adj_R^2	0.109	0.131	0.179	0.145	0.154	0.202

注：*** 表示 $p<0.01$，** 表示 $p<0.05$，* 表示 $p<0.1$，$N=13\ 254$(观测值)；括号内为标准误；上述模型为经过 Driscoll-Kraay 标准误调整后的结果，同时考虑了异方差、截面相关和序列相关；基于版面限制，仅保留了自变量和调节变量的交互项，控制变量和调节变量单变量(同表 3-4)未加列示。

表 3-10　　历史经营期望落差、管理自主权(综合维度)与战略变革响应行为(2SLS 检验)

	(1)	(2)	(3)	(4)	(5)	(6)
$\|I_1(P_{i,t-1}-A_{i,t-1})<0\|$^		16.753***	9.208***	16.934***	14.803***	8.641***
		(1.981)	(2.047)	(2.072)	(2.308)	(2.394)

续表

	(1)	(2)	(3)	(4)	(5)	(6)
$\|I_1(P_{i,t-1}-A_{i,t-1})<0\|^\wedge*OD$			0.518***			0.480***
			(0.076)			(0.049)
OD			0.425***			0.410***
			(0.039)			(0.048)
$\|I_1(P_{i,t-1}-A_{i,t-1})<0\|^\wedge*ED$				0.005		0.045**
				(0.037)		(0.022)
ED				0.122***		0.091**
				(0.041)		(0.038)
$\|I_1(P_{i,t-1}-A_{i,t-1})<0\|^\wedge*ID$					0.237***	0.159***
					(0.054)	(0.029)
ID					0.016	0.004
					(0.025)	(0.025)
_cons	12.897***	12.376***	7.381***	11.954***	12.281***	7.239***
	(1.156)	(1.048)	(0.488)	(1.146)	(0.899)	(0.424)
F	1 629.237	13 965.551	13 378.994	20 895.755	5 761.483	3 375.997
Adj_R^2	0.109	0.118	0.155	0.121	0.124	0.160

注：*** 表示 $p<0.01$，** 表示 $p<0.05$，* 表示 $p<0.1$，$N=13\ 254$（观测值）；括号内为标准误；上述模型为经过 Driscoll-Kraay 标准误调整后的结果，同时考虑了异方差、截面相关和序列相关；基于版面限制，仅保留了自变量、调节变量和调节变量的交互项，控制变量（同表 3－4）未加列示。

表 3－11　行业经营期望落差、管理自主权（综合维度）与战略变革响应行为（2SLS 检验）

	(1)	(2)	(3)	(4)	(5)	(6)
$\|I_2(P_{i,t-1}-IE_{i,t-1})<0\|^\wedge$		20.063***	15.633***	20.682***	18.926***	15.840***
		(1.009)	(0.818)	(1.004)	(0.997)	(1.037)
$\|I_2(P_{i,t-1}-IE_{i,t-1})<0\|^\wedge*OD$			0.500***			0.478***
			(0.088)			(0.067)
OD			0.399***			0.368***
			(0.036)			(0.041)

续表

	(1)	(2)	(3)	(4)	(5)	(6)
$\|I_2(P_{i,t-1}-IE_{i,t-1})<0\|$^ * ED				0.064***		0.089***
				(0.017)		(0.008)
ED				0.142***		0.109***
				(0.041)		(0.038)
$\|I_2(P_{i,t-1}-IE_{i,t-1})<0\|$^ * ID					0.214***	0.132***
					(0.051)	(0.026)
ID					0.033	0.017
					(0.020)	(0.022)
_cons	12.897***	10.288***	5.020***	9.730***	10.040***	4.799***
	(1.156)	(0.830)	(0.283)	(0.942)	(0.670)	(0.215)
F	1 629.237	2 465.705	36 248.688	3 546.961	6 148.876	15 248.650
Adj_R^2	0.109	0.131	0.174	0.136	0.139	0.178

注：*** 表示 $p<0.01$，** 表示 $p<0.05$，* 表示 $p<0.1$，$N=13\ 254$（观测值）；括号内为标准误；上述模型为经过 Driscoll-Kraay 标准误调整后的结果，同时考虑了异方差、截面相关和序列相关；基于版面限制，仅保留了自变量、调节变量和调节变量的交互项，控制变量（同表 3-4）未加列示。

3.5.2 战略变革响应行为的稳健性检验

3.5.2.1 战略变革的替代性测量：基于商业覆盖区域变动的测量

企业的战略变革往往表现为经营涉及区域的变化。为更好揭示企业的战略变革行为，该部分以企业的"商业覆盖区域的变动率①"作为战略变革的替代性测量，重新对模型进行检验。具体检验结果如表 3-12 至表 3-15 所示。① 表 3-12 中，除了行业资本密集度（$C_{i,t}$）和国有背景体制（$Y_{i,t}$）的调节效应（H3a，H4a）不稳健外，其余研究假设（H1，H2a，H2b，H3b，H4b，H4c）依然能得到支持。② 表 3-13 中，组织惯性（$G_{i,t}$）的调节效应没有得到验证，其余研究假设（H1，H2b，H3a，H3b，H4a，H4c）依然能得到支持。③ 表 3-14 和表

① 商业覆盖区域的变动率依然参考 Finkelstein 和 Hambrick（1990）的计算方法，以 T−1 年的企业商业覆盖区域数目为基准，测算出五年内（T−1，T+3）的方差（$\sum[t_i-\text{'T}-1\text{'}]^2/[n-1]$），即后续 T，T+1，T+2，T+3 期的商业覆盖区域数目相对于 T−1 期（经营期望落差出现当期）的商业覆盖区域数目的变化情况。

3－15 中，组织自主权、环境自主权和制度自主权的调节效应(H2，H3，H4)依然均能得到支持。

表 3－12　历史经营期望落差、管理自主权(单变量)与战略调整的稳健性检验(商业覆盖范围的变动率)

	(1)	(2)	(3)	(4)	(5)	(6)
$\lvert I_1(P_{i,t-1}-A_{i,t-1})<0\rvert$		6.681***	4.018***	9.475***	7.999***	9.004***
		(0.737)	(1.263)	(2.206)	(0.978)	(2.415)
$\lvert I_1(P_{i,t-1}-A_{i,t-1})<0\rvert * G_{i,t}$			−0.224***			−0.115***
			(0.064)			(0.039)
$\lvert I_1(P_{i,t-1}-A_{i,t-1})<0\rvert * S_{i,t}$			0.153***			0.187***
			(0.050)			(0.069)
$\lvert I_1(P_{i,t-1}-A_{i,t-1})<0\rvert * C_{i,t}$				−0.495***		−0.251
				(0.140)		(0.171)
$\lvert I_1(P_{i,t-1}-A_{i,t-1})<0\rvert * M_{i,t}$				0.383**		0.356**
				(0.164)		(0.155)
$\lvert I_1(P_{i,t-1}-A_{i,t-1})<0\rvert * Y_{i,t}$					−0.176	−0.180*
					(0.112)	(0.105)
$\lvert I_1(P_{i,t-1}-A_{i,t-1})<0\rvert * Q_{i,t}$					0.273**	0.500***
					(0.138)	(0.146)
$\lvert I_1(P_{i,t-1}-A_{i,t-1})<0\rvert * T_{i,t}$					0.230**	0.469***
					(0.101)	(0.029)
_cons	4.405**	3.117	4.243	0.332	4.463*	0.991
	(2.103)	(2.047)	(5.378)	(1.986)	(2.310)	(2.761)
F	893.041	1 158.883	200.470	377.665	444.192	57.066
Adj_R^2	0.010	0.011	0.015	0.020	0.017	0.031

注：*** 表示 $p<0.01$，** 表示 $p<0.05$，* 表示 $p<0.1$，$N=3\ 291$(观测值)；括号内为标准误；上述模型为经过 Driscoll-Kraay 标准误调整后的结果，同时考虑了异方差、截面相关和序列相关；基于版面限制，仅保留了自变量和调节变量的交互项，控制变量和调节变量单变量(同表 3－4)未加列示。

表 3－13　行业经营期望落差、管理自主权(单变量)与战略调整的稳健性检验(商业覆盖范围的变动率)

	(1)	(2)	(3)	(4)	(5)	(6)
$\|I_2(P_{i,t-1}-IE_{i,t-1})<0\|$		7.697***	5.098***	10.472***	12.163***	13.919***
		(1.073)	(0.977)	(2.391)	(1.254)	(2.767)
$\|I_2(P_{i,t-1}-IE_{i,t-1})<0\| * G_{i,t}$			−0.226			−0.048
			(0.139)			(0.037)
$\|I_2(P_{i,t-1}-IE_{i,t-1})<0\| * S_{i,t}$			0.169***			0.113***
			(0.044)			(0.028)
$\|I_2(P_{i,t-1}-IE_{i,t-1})<0\| * C_{i,t}$				−0.765***		−0.569**
				(0.223)		(0.284)
$\|I_2(P_{i,t-1}-IE_{i,t-1})<0\| * M_{i,t}$				0.306**		0.345**
				(0.154)		(0.138)
$\|I_2(P_{i,t-1}-IE_{i,t-1})<0\| * Y_{i,t}$					−0.470***	−0.506***
					(0.143)	(0.195)
$\|I_2(P_{i,t-1}-IE_{i,t-1})<0\| * Q_{i,t}$					0.250**	0.342***
					(0.110)	(0.115)
$\|I_2(P_{i,t-1}-IE_{i,t-1})<0\| * T_{i,t}$					0.155***	0.350***
					(0.059)	(0.062)
_cons	4.659**	2.351	1.347	0.125	2.954	−1.443
	(2.124)	(1.975)	(3.637)	(3.037)	(2.343)	(3.290)
F	3 871.184	252.307	1 222.147	71.973	139.739	54.737
Adj_R^2	0.010	0.012	0.013	0.016	0.015	0.024

注：*** 表示 $p<0.01$，** 表示 $p<0.05$，* 表示 $p<0.1$，$N=3\ 291$(观测值)；括号内为标准误；上述模型为经过 Driscoll-Kraay 标准误调整后的结果，同时考虑了异方差、截面相关和序列相关；基于版面限制，仅保留了自变量和调节变量的交互项，控制变量和调节变量单变量(同表 3－4)未加列示。

表 3-14　历史经营期望落差、管理自主权(综合维度)与战略调整的稳健性检验(商业覆盖范围的变动率)

	(1)	(2)	(3)	(4)	(5)	(6)
$\|I_1(P_{i,t-1}-A_{i,t-1})<0\|$		6.681***	5.442***	7.891***	6.923***	7.304***
		(0.737)	(0.987)	(1.855)	(1.134)	(2.706)
$\|I_1(P_{i,t-1}-A_{i,t-1})<0\| * OD$			0.143***			0.127**
			(0.044)			(0.058)
OD			0.156			0.218
			(0.220)			(0.178)
$\|I_1(P_{i,t-1}-A_{i,t-1})<0\| * ED$				0.390**		0.340**
				(0.162)		(0.146)
ED				0.061		0.018
				(0.059)		(0.051)
$\|I_1(P_{i,t-1}-A_{i,t-1})<0\| * ID$					0.424***	0.487***
					(0.158)	(0.107)
ID					0.025	0.013
					(0.057)	(0.039)
_cons	4.405**	3.117	1.511	0.717	4.414	2.282
	(2.103)	(2.047)	(3.496)	(1.849)	(2.778)	(1.724)
F	893.041	1 158.883	110.404	791.425	259.995	920.068
Adj_R^2	0.010	0.011	0.012	0.020	0.015	0.023

注：*** 表示 $p<0.01$，** 表示 $p<0.05$，* 表示 $p<0.1$，$N=3\,291$(观测值)；括号内为标准误；上述模型为经过 Driscoll-Kraay 标准误调整后的结果，同时考虑了异方差、截面相关和序列相关；基于版面限制，仅保留了自变量、调节变量和调节变量的交互项，控制变量(同表 3-4)未加列示。

表 3-15　行业经营期望落差、管理自主权(综合维度)与战略调整的稳健性检验(商业覆盖范围的变动率)

	(1)	(2)	(3)	(4)	(5)	(6)
$\|I_2(P_{i,t-1}-IE_{i,t-1})<0\|$		7.699***	6.425***	8.147***	7.251***	6.761***
		(1.079)	(0.919)	(1.718)	(1.103)	(1.765)

续表

	(1)	(2)	(3)	(4)	(5)	(6)
$\vert I_2(P_{i,t-1}-IE_{i,t-1})<0\vert * OD$			0.158***			0.126***
			(0.039)			(0.030)
OD			0.148			0.375***
			(0.219)			(0.070)
$\vert I_2(P_{i,t-1}-IE_{i,t-1})<0\vert * ED$				0.283*		0.309**
				(0.153)		(0.156)
ED				0.082		0.039
				(0.058)		(0.053)
$\vert I_2(P_{i,t-1}-IE_{i,t-1})<0\vert * ID$					0.212**	0.397***
					(0.094)	(0.050)
ID					0.063	0.080
					(0.051)	(0.054)
_cons	4.405**	2.080	0.509	0.914	2.019	3.821
	(2.103)	(1.972)	(3.250)	(3.117)	(1.954)	(3.159)
F	893.041	378.088	159.634	165.615	136.077	20.947
Adj_R^2	0.010	0.012	0.013	0.015	0.012	0.018

注：*** 表示 $p<0.01$，** 表示 $p<0.05$，* 表示 $p<0.1$，$N=3\,291$(观测值)；括号内为标准误；上述模型为经过 Driscoll-Kraay 标准误调整后的结果，同时考虑了异方差、截面相关和序列相关；基于版面限制，仅保留了自变量、调节变量和调节变量的交互项，控制变量(同表 3-4)未加列示。

3.5.2.2　战略变革的替代性测量：基于行业、产品多元化变动的测量

企业的战略变革除体现在关键性资源配置在年度区间上的变动外，还体现在企业所处行业或所拥有的产品种类(或多元化程度)的波动，该部分基于行业或产品多元化(熵指数)在年度区间的变动情况，对战略变革程度进行重新衡量①，在此基础上对模型进行稳健性检验。

---

① 基于行业和产品多元化的战略变革的测量，具体计算步骤如下：首先，计算基于行业和产品销售收入的多元化熵指数；然后，以 T－1 年的行业或产品多元化熵指数为基准，测算出五年内 (T－1，T＋3) 的方差 ($\sum[t_i-\text{'T}-1\text{'}]^2/[n-1]$)，即后续 T，T＋1，T＋2，T＋3 期的行业或产品多元化熵指数，相对于 T－1 期(经营期望落差出现当期)的行业或产品多元化的熵指数的变动情况。

(1) 基于行业多元化变动的战略变革测量

具体检验结果如表 3-16 至表 3-19 所示。① 表 3-16 中，除了组织惯性（$G_{i,t}$）的调节效应（H2a）不稳健外（在全模型中不稳健），其余假设（H1，H2b，H3a，H3b，H4a，H4b，H4c）依然得到支持。② 表 3-17 中，除了行业资本密集度（$C_{i,t}$）的调节效应（H3a）没有得到验证外，其余假设（H1，H2a，H2b，H3b，H4a，H4c）依然得到支持。③ 表 3-18 和 3-19 中，组织自主权、环境自主权和制度自主权的调节效应（H2，H3，H4）依然得到支持。

表 3-16　历史经营期望落差、管理自主权(单变量)与战略调整的稳健性检验(行业多元化的变动率)

	(1)	(2)	(3)	(4)	(5)	(6)
$\lvert I_1(P_{i,t-1}-A_{i,t-1})<0\rvert$		0.445***	0.398***	0.583***	0.358***	0.210**
		(0.130)	(0.100)	(0.088)	(0.078)	(0.103)
$\lvert I_1(P_{i,t-1}-A_{i,t-1})<0\rvert * G_{i,t}$			−0.008***			−0.000
			(0.002)			(0.003)
$\lvert I_1(P_{i,t-1}-A_{i,t-1})<0\rvert * S_{i,t}$			0.009**			0.019***
			(0.004)			(0.003)
$\lvert I_1(P_{i,t-1}-A_{i,t-1})<0\rvert * C_{i,t}$				−0.024**		−0.025**
				(0.012)		(0.010)
$\lvert I_1(P_{i,t-1}-A_{i,t-1})<0\rvert * M_{i,t}$				0.008***		0.008***
				(0.001)		(0.002)
$\lvert I_1(P_{i,t-1}-A_{i,t-1})<0\rvert * Y_{i,t}$					−0.018***	−0.027***
					(0.006)	(0.007)
$\lvert I_1(P_{i,t-1}-A_{i,t-1})<0\rvert * Q_{i,t}$					0.010***	0.004*
					(0.002)	(0.002)
$\lvert I_1(P_{i,t-1}-A_{i,t-1})<0\rvert * T_{i,t}$					0.006*	0.013***
					(0.004)	(0.003)
_cons	0.216***	0.122**	−0.235**	0.101***	0.006	−0.366***
	(0.040)	(0.051)	(0.112)	(0.036)	(0.070)	(0.088)

续表

	(1)	(2)	(3)	(4)	(5)	(6)
F	208.396	318.357	140.512	97.975	522.606	81.537
$Adj.R^2$	0.009	0.012	0.020	0.014	0.020	0.023

注：*** 表示 $p<0.01$，** 表示 $p<0.05$，* 表示 $p<0.1$，$N=10\ 593$（观测值）；括号内为标准误；上述模型为经过 Driscoll-Kraay 标准误调整后的结果，同时考虑了异方差、截面相关和序列相关；基于版面限制，仅保留了自变量和调节变量的交互项，控制变量和调节变量单变量（同表 3－4）未加列示。

表 3－17　　行业经营期望落差、管理自主权（单变量）与战略调整的稳健性检验（行业多元化的变动率）

	(1)	(2)	(3)	(4)	(5)	(6)
$\|I_2(P_{i,t-1}-IE_{i,t-1})<0\|$		0.399***	0.383***	0.560***	0.351***	0.260***
		(0.109)	(0.097)	(0.069)	(0.045)	(0.092)
$\|I_2(P_{i,t-1}-IE_{i,t-1})<0\| * G_{i,t}$			−0.007***			−0.008***
			(0.002)			(0.002)
$\|I_2(P_{i,t-1}-IE_{i,t-1})<0\| * S_{i,t}$			0.006***			0.008***
			(0.002)			(0.002)
$\|I_2(P_{i,t-1}-IE_{i,t-1})<0\| * C_{i,t}$				−0.011		−0.011
				(0.011)		(0.010)
$\|I_2(P_{i,t-1}-IE_{i,t-1})<0\| * M_{i,t}$				0.009***		0.009***
				(0.002)		(0.002)
$\|I_2(P_{i,t-1}-IE_{i,t-1})<0\| * Y_{i,t}$					−0.029***	−0.032***
					(0.008)	(0.012)
$\|I_2(P_{i,t-1}-IE_{i,t-1})<0\| * Q_{i,t}$					0.009***	0.010***
					(0.003)	(0.002)
$\|I_2(P_{i,t-1}-IE_{i,t-1})<0\| * T_{i,t}$					0.016**	0.031***
					(0.007)	(0.007)
_cons	0.216***	0.085	−0.232**	0.042	0.102*	−0.305***
	(0.040)	(0.057)	(0.095)	(0.037)	(0.061)	(0.060)

续表

	(1)	(2)	(3)	(4)	(5)	(6)
F	208.396	119.319	97.645	104.101	301.883	77.481
$Adj.R^2$	0.009	0.012	0.015	0.014	0.015	0.021

注：*** 表示 $p<0.01$，** 表示 $p<0.05$，* 表示 $p<0.1$，$N=10\ 593$(观测值)；括号内为标准误；上述模型为经过 Driscoll-Kraay 标准误调整后的结果，同时考虑了异方差、截面相关和序列相关；基于版面限制，仅保留了自变量和调节变量的交互项，控制变量和调节变量单变量(同表 3-4)未加列示。

表 3-18　　历史经营期望落差、管理自主权(综合维度)与战略调整的稳健性检验(行业多元化的变动率)

	(1)	(2)	(3)	(4)	(5)	(6)
$\lvert I_1(P_{i,t-1}-A_{i,t-1})<0\rvert$		0.445***	0.370***	0.679***	0.506***	0.565***
		(0.130)	(0.120)	(0.069)	(0.097)	(0.059)
$\lvert I_1(P_{i,t-1}-A_{i,t-1})<0\rvert * OD$			0.007*			0.016***
			(0.004)			(0.004)
OD			0.024***			0.018***
			(0.005)			(0.001)
$\lvert I_1(P_{i,t-1}-A_{i,t-1})<0\rvert * ED$				0.008***		0.009***
				(0.001)		(0.001)
ED				0.018***		0.012***
				(0.002)		(0.002)
$\lvert I_1(P_{i,t-1}-A_{i,t-1})<0\rvert * ID$					0.010***	0.006**
					(0.002)	(0.003)
ID					0.001	0.002
					(0.002)	(0.002)
$\_cons$	0.216***	0.122**	−0.116	0.049	0.083	−0.131
	(0.040)	(0.051)	(0.090)	(0.041)	(0.081)	(0.099)
F	208.396	318.357	68.728	365.257	314.278	143.004
$Adj.R^2$	0.009	0.012	0.015	0.016	0.017	0.019

注：*** 表示 $p<0.01$，** 表示 $p<0.05$，* 表示 $p<0.1$，$N=10\ 593$(观测值)；括号内为标准误；上述模型为经过 Driscoll-Kraay 标准误调整后的结果，同时考虑了异方差、截面相关和序列相关；基于版面限制，仅保留了自变量、调节变量和调节变量的交互项，控制变量(同表 3-4)未加列示。

表 3-19　行业经营期望落差、管理自主权(综合维度)与战略调整的稳健性检验(行业多元化的变动率)

	(1)	(2)	(3)	(4)	(5)	(6)
$\|I_2(P_{i,t-1}-IE_{i,t-1})<0\|$		0.399***	0.412***	0.617***	0.423***	0.642***
		(0.109)	(0.100)	(0.059)	(0.114)	(0.053)
$\|I_2(P_{i,t-1}-IE_{i,t-1})<0\| * OD$			0.004**			0.002*
			(0.002)			(0.001)
OD			0.025***			0.027***
			(0.005)			(0.001)
$\|I_2(P_{i,t-1}-IE_{i,t-1})<0\| * ED$				0.009***		0.011***
				(0.002)		(0.002)
ED				0.018***		0.015***
				(0.002)		(0.001)
$\|I_2(P_{i,t-1}-IE_{i,t-1})<0\| * ID$					0.028***	0.038***
					(0.006)	(0.010)
ID					0.003	0.003
					(0.003)	(0.003)
_cons	0.216***	0.085	−0.157*	−0.009	0.089	−0.239***
	(0.040)	(0.057)	(0.094)	(0.043)	(0.059)	(0.048)
F	208.396	119.319	84.355	277.623	98.463	92.605
$Adj.R^2$	0.009	0.012	0.015	0.017	0.013	0.020

注：*** 表示 $p<0.01$，** 表示 $p<0.05$，* 表示 $p<0.1$，N=10 593(观测值)；括号内为标准误；上述模型为经过 Driscoll-Kraay 标准误调整后的结果，同时考虑了异方差、截面相关和序列相关；基于版面限制，仅保留了自变量、调节变量和调节变量的交互项，控制变量(同表 3-4)未加列示。

(2) 基于产品多元化变动的战略变革测量

具体检验结果如表 3-20 至表 3-23 所示。① 表 3-20 中，组织惯性 ($G_{i,t}$)、组织冗余资源 ($S_{i,t}$) 和国企制度约束 ($Y_{i,t}$) 的调节效应存在但不稳健[即假设 H2a，H2b 和 H4a 仅在模型(6)中得到验证]，区域制度环境 ($Q_{i,t}$) 的调节效应没有得到验证，其余假设(H1，H3a，H3b，H4c)依然能得到支持且稳健。② 表 3-21 中，除了国企背景体制 ($Y_{i,t}$) 和区域制度环境 ($Q_{i,t}$) 的调节效应没有得到验证外，其余假设(H1，H2a，H2b，H3a，H3b，H4c)依然得到支持且稳健。③ 表 3-22 中，除了组织自主权 ($OD_{i,t}$) 的调节效应不稳健外(仅在全模型中显著)，环境自主权和制度自主权的调节效应(H2，H3)依然得到支持且稳健。④ 表 3-23 中，除了制度自主权 ($ID_{i,t}$) 的调节效应不稳健外(在全模型中显著)，组织自主权和环境自主权的调节效应(H2，H3)依然得到支持且稳健。

表 3-20 历史经营期望落差、管理自主权(单变量)与战略调整的稳健性检验(产品多元化的变动率)

	(1)	(2)	(3)	(4)	(5)	(6)
$\lvert I_1(P_{i,t-1}-A_{i,t-1})<0\rvert$		0.412***	0.392***	0.384***	0.413***	0.283**
		(0.036)	(0.081)	(0.026)	(0.102)	(0.120)
$\lvert I_1(P_{i,t-1}-A_{i,t-1})<0\rvert * G_{i,t}$			−0.004			−0.006**
			(0.003)			(0.003)
$\lvert I_1(P_{i,t-1}-A_{i,t-1})<0\rvert * S_{i,t}$			0.004			0.013***
			(0.008)			(0.003)
$\lvert I_1(P_{i,t-1}-A_{i,t-1})<0\rvert * C_{i,t}$				−0.026***		−0.036***
				(0.008)		(0.012)
$\lvert I_1(P_{i,t-1}-A_{i,t-1})<0\rvert * M_{i,t}$				0.014***		0.008***
				(0.001)		(0.002)
$\lvert I_1(P_{i,t-1}-A_{i,t-1})<0\rvert * Y_{i,t}$					−0.010	−0.011*
					(0.012)	(0.006)
$\lvert I_1(P_{i,t-1}-A_{i,t-1})<0\rvert * Q_{i,t}$					0.002	0.004
					(0.006)	(0.005)
$\lvert I_1(P_{i,t-1}-A_{i,t-1})<0\rvert * T_{i,t}$					0.008***	0.006*
					(0.002)	(0.004)
_cons	0.079	0.003	−0.430***	0.043	−0.223***	−0.518***
	(0.048)	(0.052)	(0.068)	(0.036)	(0.056)	(0.053)

续表

	(1)	(2)	(3)	(4)	(5)	(6)
F	59.093	75.455	298.402	158.166	173.392	211.990
$Adj.R^2$	0.015	0.020	0.030	0.033	0.029	0.047

注：*** 表示 $p<0.01$，** 表示 $p<0.05$，* 表示 $p<0.1$，$N=4\,556$（观测值）；括号内为标准误；上述模型为经过 Driscoll-Kraay 标准误调整后的结果，同时考虑了异方差、截面相关和序列相关；基于版面限制，仅保留了自变量和调节变量的交互项，控制变量和调节变量单变量（同表 3－4）未加列示。

表 3－21　行业经营期望落差、管理自主权（单变量）与战略调整的稳健性检验（产品多元化的变动率）

	(1)	(2)	(3)	(4)	(5)	(6)
$\lvert I_2(P_{i,t-1}-IE_{i,t-1})<0\rvert$		0.417***	0.400***	0.411***	0.418***	0.346***
		(0.049)	(0.055)	(0.046)	(0.061)	(0.049)
$\lvert I_2(P_{i,t-1}-IE_{i,t-1})<0\rvert * G_{i,t}$			−0.005**			−0.007***
			(0.002)			(0.002)
$\lvert I_2(P_{i,t-1}-IE_{i,t-1})<0\rvert * S_{i,t}$			0.004***			0.005***
			(0.001)			(0.001)
$\lvert I_2(P_{i,t-1}-IE_{i,t-1})<0\rvert * C_{i,t}$				−0.021***		−0.026***
				(0.006)		(0.009)
$\lvert I_2(P_{i,t-1}-IE_{i,t-1})<0\rvert * M_{i,t}$				0.013***		0.012***
				(0.001)		(0.002)
$\lvert I_2(P_{i,t-1}-IE_{i,t-1})<0\rvert * Y_{i,t}$					−0.001	−0.002
					(0.006)	(0.005)
$\lvert I_2(P_{i,t-1}-IE_{i,t-1})<0\rvert * Q_{i,t}$					0.001	0.003
					(0.004)	(0.004)
$\lvert I_2(P_{i,t-1}-IE_{i,t-1})<0\rvert * T_{i,t}$					0.003***	0.004*
					(0.001)	(0.002)
_cons	0.079	−0.049	−0.396***	−0.011	−0.167***	−0.418***
	(0.048)	(0.048)	(0.040)	(0.027)	(0.045)	(0.044)

续表

	(1)	(2)	(3)	(4)	(5)	(6)
F	59.093	245.105	436.218	97.546	119.875	314.587
$Adj.R^2$	0.015	0.021	0.026	0.034	0.025	0.042

注：*** 表示 $p<0.01$，** 表示 $p<0.05$，* 表示 $p<0.1$，$N=4\,556$（观测值）；括号内为标准误；上述模型为经过 Driscoll-Kraay 标准误调整后的结果，同时考虑了异方差、截面相关和序列相关；基于版面限制，仅保留了自变量和调节变量的交互项，控制变量和调节变量单变量（同表 3-4）未加列示。

表 3-22 历史经营期望落差、管理自主权（综合维度）与战略调整的稳健性检验（产品多元化的变动率）

	(1)	(2)	(3)	(4)	(5)	(6)
$\lvert I_1(P_{i,t-1}-A_{i,t-1})<0\rvert$		0.412***	0.408***	0.454***	0.347***	0.481***
		(0.036)	(0.061)	(0.036)	(0.060)	(0.079)
$\lvert I_1(P_{i,t-1}-A_{i,t-1})<0\rvert * OD$			0.004			0.012***
			(0.008)			(0.003)
OD			0.027***			0.023***
			(0.003)			(0.002)
$\lvert I_1(P_{i,t-1}-A_{i,t-1})<0\rvert * ED$				0.014***		0.010***
				(0.002)		(0.002)
ED				0.016***		0.015***
				(0.002)		(0.002)
$\lvert I_1(P_{i,t-1}-A_{i,t-1})<0\rvert * ID$					0.004**	0.008*
					(0.002)	(0.004)
ID					0.004***	0.002**
					(0.001)	(0.001)
_cons	0.079	0.003	−0.331***	−0.012	−0.072	−0.423***
	(0.048)	(0.052)	(0.065)	(0.051)	(0.054)	(0.065)
F	59.093	75.455	1 882.671	56.026	19.302	40.405
$Adj.R^2$	0.015	0.020	0.028	0.029	0.020	0.040

注：*** 表示 $p<0.01$，** 表示 $p<0.05$，* 表示 $p<0.1$，$N=4\,556$（观测值）；括号内为标准误；上述模型为经过 Driscoll-Kraay 标准误调整后的结果，同时考虑了异方差、截面相关和序列相关；基于版面限制，仅保留了自变量、调节变量和调节变量的交互项，控制变量（同表 3-4）未加列示。

表 3-23　行业经营期望落差、管理自主权(综合维度)与战略调整的稳健性检验(产品多元化的变动率)

	(1)	(2)	(3)	(4)	(5)	(6)
$\lvert I_2(P_{i,t-1}-IE_{i,t-1})<0\rvert$		0.417***	0.403***	0.467***	0.394***	0.486***
		(0.049)	(0.047)	(0.059)	(0.056)	(0.075)
$\lvert I_2(P_{i,t-1}-IE_{i,t-1})<0\rvert * OD$			0.004***			0.005***
			(0.000)			(0.001)
OD			0.023***			0.022***
			(0.002)			(0.003)
$\lvert I_2(P_{i,t-1}-IE_{i,t-1})<0\rvert * ED$				0.014***		0.013***
				(0.001)		(0.001)
ED				0.017***		0.016***
				(0.002)		(0.002)
$\lvert I_2(P_{i,t-1}-IE_{i,t-1})<0\rvert * ID$					0.001	0.004*
					(0.001)	(0.002)
ID					0.005***	0.003***
					(0.001)	(0.001)
_cons	0.079	−0.049	−0.290***	−0.076**	−0.127***	−0.373***
	(0.048)	(0.048)	(0.050)	(0.037)	(0.045)	(0.035)
F	59.093	245.105	22.580	60.652	77.759	26.634
$Adj.R^2$	0.015	0.021	0.025	0.031	0.022	0.037

注：*** 表示 $p<0.01$，** 表示 $p<0.05$，* 表示 $p<0.1$，$N=4\,556$（观测值）；括号内为标准误；上述模型为经过 Driscoll-Kraay 标准误调整后的结果，同时考虑了异方差、截面相关和序列相关；基于版面限制，仅保留了自变量、调节变量和调节变量的交互项，控制变量(同表 3-4)未加列示。

3.5.2.3　战略变革的替代性测量：基于治理结构变革的测量

从更广义的视角来分析，企业战略变革的内容相对比较广，除基于关键性资源配置的战略变革外，还涉及组织内管理体制、治理结构以及股权结构等方面的变革。为更好揭示经营期望落差下企业的决策行为，结合上市公司数据的可获得性，该部分构建了“治理结构变革①”这一变量作为因变量，对模型进行稳健性

① 借鉴上述战略变革的概念和测量方法，本章通过测量组织关键治理结构维度上的治理配置情况在年度区间上的波动来测量组织实施治理结构调整的程度，如果组织关键治理维度上的结构配置在年度区间上变动较大，则认为结构调整的力度较大；反之，则认为结构调整的力度较小。治理结构变革的具体测量方法也是参考 Finkelstein 和 Hambrick(1990)的过程，首先，选取以下六个基础指标：(1) 董事人数；(2) 独立董事人数；(3) 监事会人数；(4) 高管总人数；(5) 委员会设立总数；(6) 股东总数。然后，以 T−1 年的企业治理结构为基准，测算出五年内 (T−1, T+3) 的方差 $\left(\sum[t_i-\text{‘T}-1\text{’}]^2/[n-1]\right)$，即后续 T, T+1, T+2, T+3 期的上述六个单指标，相对于 T−1 期(经营期望落差当期)上述单指标的变化情况。

检验。具体检验结果如表 3 - 24 至表 3 - 27 所示。① 表 3 - 24 中，假设 H1 在模型(2)中能验证[但在模型(6)中不稳健]，同样假设 H2a 和 H2b 在模型(2)中也能验证[但在模型(6)中不稳健]，行业资本密集度（$C_{i,t}$）和国有背景体制（$Y_{i,t}$）的调节效应未得到验证，其余假设(H3b，H4b，H4c)依然得到支持且稳健。② 表 3 - 25 中，组织惯性（$G_{i,t}$）的调节效应(H2a)在模型(3)中能得到验证，在全模型(6)中不稳健；行业资本密集度（$C_{i,t}$）和国有背景体制（$Y_{i,t}$）的调节效应未得到验证，其余假设(H1，H2b，H3b，H4b，H4c)依然得到支持且稳健。③ 表 3 - 26 和表 3 - 27 中，组织自主权、环境自主权和制度自主权的调节效应(H2，H3，H4)依然得到支持且稳健。

表 3 - 24　历史经营期望落差、管理自主权(单变量)与治理结构调整的稳健性检验

	(1)	(2)	(3)	(4)	(5)	(6)
$\|I_1(P_{i,t-1}-A_{i,t-1})<0\|$		0.557***	0.685***	0.734***	0.396***	0.337
		(0.077)	(0.070)	(0.028)	(0.080)	(0.257)
$\|I_1(P_{i,t-1}-A_{i,t-1})<0\| * G_{i,t}$			−0.007***			−0.002
			(0.002)			(0.006)
$\|I_1(P_{i,t-1}-A_{i,t-1})<0\| * S_{i,t}$			0.009**			0.005
			(0.004)			(0.010)
$\|I_1(P_{i,t-1}-A_{i,t-1})<0\| * C_{i,t}$				−0.003		−0.001
				(0.015)		(0.015)
$\|I_1(P_{i,t-1}-A_{i,t-1})<0\| * M_{i,t}$				0.022***		0.025***
				(0.008)		(0.007)
$\|I_1(P_{i,t-1}-A_{i,t-1})<0\| * Y_{i,t}$					0.008	0.020
					(0.008)	(0.013)
$\|I_1(P_{i,t-1}-A_{i,t-1})<0\| * Q_{i,t}$					0.009***	0.015*
					(0.003)	(0.008)
$\|I_1(P_{i,t-1}-A_{i,t-1})<0\| * T_{i,t}$					0.017***	0.016***
					(0.006)	(0.006)

续表

	(1)	(2)	(3)	(4)	(5)	(6)
_cons	−0.192	−0.351**	−0.465**	−0.911***	−0.366**	−1.048***
	(0.161)	(0.167)	(0.216)	(0.015)	(0.150)	(0.068)
F	584.232	250.981	367.830	91.518	87.285	29.892
Adj_R^2	0.109	0.104	0.105	0.050	0.104	0.054

注：*** 表示 $p<0.01$，** 表示 $p<0.05$，* 表示 $p<0.1$，$N=15\,710$（观测值）；括号内为标准误；上述模型为经过 Driscoll-Kraay 标准误调整后的结果，同时考虑了异方差、截面相关和序列相关；基于版面限制，仅保留了自变量和调节变量的交互项，控制变量和调节变量单变量（同表 3－4）未加列示。

表 3－25　行业经营期望落差、管理自主权（单变量）与治理结构调整的稳健性检验

	(1)	(2)	(3)	(4)	(5)	(6)
$\lvert I_2(P_{i,t-1}-IE_{i,t-1})<0\rvert$		0.742***	1.005***	0.921***	0.627***	1.133***
		(0.102)	(0.078)	(0.070)	(0.118)	(0.199)
$\lvert I_2(P_{i,t-1}-IE_{i,t-1})<0\rvert * G_{i,t}$			−0.009***			−0.007
			(0.002)			(0.007)
$\lvert I_2(P_{i,t-1}-IE_{i,t-1})<0\rvert * S_{i,t}$			0.022***			0.024***
			(0.003)			(0.006)
$\lvert I_2(P_{i,t-1}-IE_{i,t-1})<0\rvert * C_{i,t}$				0.006		0.012
				(0.008)		(0.009)
$\lvert I_2(P_{i,t-1}-IE_{i,t-1})<0\rvert * M_{i,t}$				0.016***		0.017***
				(0.003)		(0.003)
$\lvert I_2(P_{i,t-1}-IE_{i,t-1})<0\rvert * Y_{i,t}$					−0.010	−0.001
					(0.006)	(0.012)
$\lvert I_2(P_{i,t-1}-IE_{i,t-1})<0\rvert * Q_{i,t}$					0.007**	0.011***
					(0.003)	(0.004)
$\lvert I_2(P_{i,t-1}-IE_{i,t-1})<0\rvert * T_{i,t}$					0.018***	0.012**
					(0.003)	(0.005)

续表

	(1)	(2)	(3)	(4)	(5)	(6)
_cons	−0.192	−0.464***	−0.561***	−0.980***	−0.487***	−1.046***
	(0.161)	(0.159)	(0.181)	(0.037)	(0.145)	(0.041)
F	584.232	390.785	423.747	72.950	222.435	360.479
Adj_R^2	0.109	0.119	0.121	0.061	0.121	0.066

注：*** 表示 $p<0.01$，** 表示 $p<0.05$，* 表示 $p<0.1$，$N=15\ 710$（观测值）；括号内为标准误；上述模型为经过 Driscoll-Kraay 标准误调整后的结果，同时考虑了异方差、截面相关和序列相关；基于版面限制，仅保留了自变量和调节变量的交互项，控制变量和调节变量单变量（同表 3-4）未加列示。

表 3-26　历史经营期望落差、管理自主权（综合维度）与治理结构调整的稳健性检验

	(1)	(2)	(3)	(4)	(5)	(6)
$\lvert I_1(P_{i,t-1}-A_{i,t-1})<0\rvert$		0.557***	0.635***	0.720***	0.601***	0.726***
		(0.077)	(0.077)	(0.032)	(0.046)	(0.057)
$\lvert I_1(P_{i,t-1}-A_{i,t-1})<0\rvert * OD$			0.010***			0.008**
			(0.004)			(0.004)
OD			0.010***			0.019***
			(0.004)			(0.003)
$\lvert I_1(P_{i,t-1}-A_{i,t-1})<0\rvert * ED$				0.020***		0.022***
				(0.007)		(0.007)
ED				0.010**		0.009**
				(0.004)		(0.004)
$\lvert I_1(P_{i,t-1}-A_{i,t-1})<0\rvert * ID$					0.013**	0.011*
					(0.006)	(0.006)
ID					0.005***	0.006**
					(0.002)	(0.003)
_cons	−0.192	−0.351**	−0.449**	−0.963***	−0.339**	−1.088***
	(0.161)	(0.167)	(0.194)	(0.028)	(0.161)	(0.052)
F	584.232	250.981	460.368	180.503	149.876	123.621
Adj_R^2	0.109	0.104	0.105	0.049	0.103	0.051

注：*** 表示 $p<0.01$，** 表示 $p<0.05$，* 表示 $p<0.1$，$N=15\ 710$（观测值）；括号内为标准误；上述模型为经过 Driscoll-Kraay 标准误调整后的结果，同时考虑了异方差、截面相关和序列相关；基于版面限制，仅保留了自变量、调节变量和调节变量的交互项，控制变量（同表 3-4）未加列示。

表 3-27　行业经营期望落差、管理自主权(综合维度)与治理结构调整的稳健性检验

	(1)	(2)	(3)	(4)	(5)	(6)
$\|I_2(P_{i,t-1}-IE_{i,t-1})<0\|$		0.742***	0.917***	0.936***	0.796***	1.072***
		(0.102)	(0.081)	(0.057)	(0.074)	(0.047)
$\|I_2(P_{i,t-1}-IE_{i,t-1})<0\| * OD$			0.021***			0.019***
			(0.003)			(0.004)
OD			0.010***			0.012***
			(0.003)			(0.005)
$\|I_2(P_{i,t-1}-IE_{i,t-1})<0\| * ED$				0.014***		0.015***
				(0.003)		(0.003)
ED				0.011***		0.011***
				(0.004)		(0.003)
$\|I_2(P_{i,t-1}-IE_{i,t-1})<0\| * ID$					0.014***	0.016***
					(0.004)	(0.005)
ID					0.004***	0.005*
					(0.001)	(0.003)
_cons	−0.192	−0.464***	−0.556***	−1.027***	−0.463***	−1.097***
	(0.161)	(0.159)	(0.168)	(0.037)	(0.154)	(0.032)
F	58 420.232	39 091.785	42 813.917	9 877.462	13 570.239	11 469.541
Adj_R^2	0.109	0.119	0.121	0.060	0.119	0.062

注：*** 表示 $p<0.01$，** 表示 $p<0.05$，* 表示 $p<0.1$，$N=15\ 710$（观测值）；括号内为标准误；上述模型为经过 Driscoll-Kraay 标准误调整后的结果，同时考虑了异方差、截面相关和序列相关；基于版面限制，仅保留了自变量、调节变量和调节变量的交互项，控制变量(同表 3-4)未加列示。

3.5.3　考虑政策冲击与外部环境冲击的稳健性检验

本章样本期限为 2003—2014 年，此期间涉及 2005 年股权分置改革，以及 2008 年外部经济危机的发生，考虑到政策冲击和外部环境冲击会对企业的业绩表现和决策行为产生较大影响，3.4 部分模型检验中，主要采用加入年度虚拟变量的方式，来控制随年份变动的外部宏观经济状况或政策状况等带来的影响

效应。鉴于这种方法会忽略 2005 年和 2008 年这样一些关键性的年度冲击对研究结果的影响，该部分进一步利用样本分拆的方法对研究模型进行了稳健性检验。

3.5.3.1　基于 2005 年股权分置改革的政策冲击对样本进行分拆

该部分以 2005 年为时间分界点，将样本分为两个期间：政策冲击前[2003，2005]和政策冲击后[2006，2014]，重新对假设进行稳健性检验。具体检验结果如表 3－28 至表 3－31 所示。

① 表 3－28 中，除国有背景体制 ($Y_{i,t}$) 的调节效应存在但不够稳健(不论在政策冲击前还是冲击后)，以及区域制度环境 ($Q_{i,t}$) 的调节效应仅体现在政策冲击后外，其余研究假设(H1，H2a，H2b，H3a，H3b，H4c)不论在政策冲击前还是冲击后依然能得到支持且稳健。此外，从主效应 $|I_1(P_{i,t-1}-A_{i,t-1})<0|$ (H1)的检验结果和模型(1)至模型(12)系数平均值对比看，政策冲击前经营期望落差对战略调整的影响效应(平均系数为 6.716 6)，要略低于政策冲击后的影响效应(平均系数为 8.236 4)。这可以说明，股权分置改革的实施，使得上市公司突破了制度性限制而拥有了更多自主权，从而使得政策冲击后的影响效应更高，这也从另外一方面，进一步分析了政策冲击带给管理者自主权扩大的影响效应。

② 表 3－29 中，除国有背景体制 ($Y_{i,t}$) 的调节效应存在但不够稳健(不论在政策冲击前还是冲击后)，以及组织冗余资源 ($S_{i,t}$) 和资本密集程度 ($C_{i,t}$) 的调节效应仅体现在政策冲击后外，其余研究假设(H1，H2a，H3b，H4b，H4c)不论在政策冲击前还是冲击后依然能得到支持且稳健。此外，从主效应 $|I_1(P_{i,t-1}-A_{i,t-1})<0|$ (H1)在模型(1)至模型(12)回归系数的平均值对比看，政策冲击前经营期望落差对战略调整的影响效应(平均系数为 8.153)，要略低于政策冲击后的影响效应(平均系数为 8.922 2)。

③ 表 3－30 和表 3－31 中，组织自主权，制度自主权 ($ID_{i,t}$) 和环境自主权的调节效应(H2，H3，H4)，不论在政策冲击前还是冲击后，依然能得到支持。

3.5.3.2　基于 2008 年外部宏观环境的危机冲击进行样本分析

考虑到外部环境冲击对企业业绩和决策行为的潜在影响，该部分将样本进行两部分分拆：将(2008—2009 年)定义为外部宏观经济环境动荡期，将其余年份(2003—2007 年，2010　2014 年)定义为外部宏观经济环境稳定期，重新在两个样本间对假设进行再检验，具体检验结果如表 3－32 至表 3－35 所示。

表 3-28　历史经营期望落差、管理自主权与战略变革响应行为：股权分置改革前后分样本分析

	股权分置改革前(2003—2005年)						股权分置改革后(2006—2014年)					
	(1)	(2)	(3)	(4)	(5)	(6)	(7)	(8)	(9)	(10)	(11)	(12)
$\|I_1(P_{i,t-1}-A_{i,t-1})<0\|$		8.125***	4.327***	8.587***	8.752***	3.792***		9.235***	6.232***	10.476***	9.305***	5.934***
		(1.074)	(0.329)	(0.767)	(1.159)	(0.750)		(1.074)	(0.548)	(1.156)	(0.532)	(0.551)
$\|I_1(P_{i,t-1}-A_{i,t-1})<0\| * G_{i,t}$			−0.151***			−0.151**			−0.083**			−0.087**
			(0.050)			(0.074)			(0.037)			(0.038)
$\|I_1(P_{i,t-1}-A_{i,t-1})<0\| * S_{i,t}$			0.107*			0.112*			0.289***			0.306***
			(0.058)			(0.064)			(0.029)			(0.029)
$\|I_1(P_{i,t-1}-A_{i,t-1})<0\| * C_{i,t}$				0.307***		0.328***				−0.289***		−0.257***
				(0.060)		(0.082)				(0.069)		(0.059)
$\|I_1(P_{i,t-1}-A_{i,t-1})<0\| * M_{i,t}$				0.410***		0.347***				0.136***		0.109***
				(0.056)		(0.033)				(0.021)		(0.016)
$\|I_1(P_{i,t-1}-A_{i,t-1})<0\| * Y_{i,t}$					−0.024	−0.176***					−0.058**	−0.106
					(0.042)	(0.056)					(0.028)	(0.073)
$\|I_1(P_{i,t-1}-A_{i,t-1})<0\| * Q_{i,t}$					0.030	0.032					0.114***	0.084***
					(0.026)	(0.020)					(0.028)	(0.023)

续表

	股权分置改革前(2003—2005年)						股权分置改革后(2006—2014年)					
	(1)	(2)	(3)	(4)	(5)	(6)	(7)	(8)	(9)	(10)	(11)	(12)
$\|I_1(P_{i,t-1}-A_{i,t-1})<0\| * T_{i,t}$					0.264***	0.336***					0.071***	0.078***
					(0.093)	(0.107)					(0.007)	(0.008)
_cons	15.796***	13.512***	7.220***	15.825***	12.807***	8.197***	12.376***	10.306***	5.221***	10.730***	9.927***	6.367***
	(0.580)	(0.341)	(0.234)	(0.253)	(0.378)	(0.223)	(1.139)	(0.657)	(0.177)	(0.566)	(0.557)	(0.312)
N	3 690.000	3 690.000	3 690.000	3 690.000	3 690.000	3 690.000	9 564.000	9 564.000	9 564.000	9 564.000	9 564.000	9 564.000
F	84.576	92.905	61.445	182.178	76.590	75.738	145.154	3 835.775	4 657.032	5 317.413	706.155	309.042
Adj_R^2	0.163	0.187	0.240	0.220	0.202	0.280	0.104	0.135	0.161	0.154	0.145	0.181

注：*** 表示 $p<0.01$，** 表示 $p<0.05$，* 表示 $p<0.1$；括号内为标准误；上述模型为经过 Driscoll-Kraay 标准误调整后的结果，同时考虑了异方差、截面相关和序列相关；基于版面限制，仅保留了自变量和调节变量的交互项，控制变量和调节变量单变量(同表 3-4)未加列示。

表 3-29　行业经营期望落差、管理自主权与战略变革响应行为：股权分置改革前后分样本分析

	股权分置改革前(2003—2005年)						股权分置改革后(2006—2014年)					
	(1)	(2)	(3)	(4)	(5)	(6)	(7)	(8)	(9)	(10)	(11)	(12)
$\|I_2(P_{i,t-1}-IE_{i,t-1})<0\|$		8.692***	5.269***	9.246***	10.793***	6.765***		9.760***	6.701***	10.597***	10.407***	7.146***
		(0.964)	(0.383)	(1.052)	(0.432)	(0.425)		(1.051)	(0.548)	(0.974)	(0.696)	(1.537)
$\|I_2(P_{i,t-1}-IE_{i,t-1})<0\| * G_{i,t}$			−0.133***			−0.129**			−0.088***			−0.085***
			(0.047)			(0.059)			(0.024)			(0.029)

续表

	股权分置改革前(2003—2005年)						股权分置改革后(2006—2014年)					
	(1)	(2)	(3)	(4)	(5)	(6)	(7)	(8)	(9)	(10)	(11)	(12)
$\|I_2(P_{i,t-1}-IE_{i,t-1})<0\| * S_{i,t}$			0.077			0.024			0.284***			0.292***
			(0.087)			(0.093)			(0.031)			(0.035)
$\|I_2(P_{i,t-1}-IE_{i,t-1})<0\| * C_{i,t}$				0.336***		0.336***				−0.176***		−0.136***
				(0.030)		(0.043)				(0.022)		(0.023)
$\|I_2(P_{i,t-1}-IE_{i,t-1})<0\| * M_{i,t}$				0.361***		0.289***				0.148***		0.129***
				(0.067)		(0.073)				(0.013)		(0.014)
$\|I_2(P_{i,t-1}-IE_{i,t-1})<0\| * Y_{i,t}$					−0.163***	−0.048					−0.095**	−0.061
					(0.047)	(0.079)					(0.044)	(0.048)
$\|I_2(P_{i,t-1}-IE_{i,t-1})<0\| * Q_{i,t}$					0.039*	0.036**					0.069***	0.042**
					(0.022)	(0.018)					(0.018)	(0.017)
$\|I_2(P_{i,t-1}-IE_{i,t-1})<0\| * T_{i,t}$					0.205***	0.267***					0.118***	0.104***
					(0.031)	(0.037)					(0.038)	(0.039)
_cons	15.796***	12.127***	6.004***	12.091***	11.373***	5.623***	12.341***	8.971***	3.797***	9.389***	8.498***	4.849***
	(0.580)	(0.264)	(0.197)	(0.297)	(0.343)	(0.262)	(1.242)	(0.505)	(0.184)	(0.463)	(0.374)	(0.479)
N	3 690.000	3 690.000	3 690.000	3 690.000	3 690.000	3 690.000	9 564.000	9 564.000	9 564.000	9 564.000	9 564.000	9 564.000

续表

	股权分置改革前(2003—2005年)						股权分置改革后(2006—2014年)					
	(1)	(2)	(3)	(4)	(5)	(6)	(7)	(8)	(9)	(10)	(11)	(12)
F	84.576	131.921	117.008	93.696	358.553	12.316	68.081	5 575.877	490.149	1 007.681	679.292	200.612
Adj_R^2	0.163	0.196	0.246	0.212	0.214	0.275	0.102	0.147	0.175	0.167	0.158	0.196

注：*** 表示 $p<0.01$，** 表示 $p<0.05$，* 表示 $p<0.1$；括号内为标准误；上述模型为经过 Driscoll-Kraay 标准误调整后的结果，同时考虑了异方差、截面相关和序列相关；基于版面限制，仅保留了自变量和调节变量的交互项，控制变量和调节变量单变量(同表 3-4)未加列示。

表 3-30　历史经营期望落差、管理自主权(综合维度)与战略变革响应行为：股权分置改革前后分样本分析

	股权分置改革前(2003—2005年)						股权分置改革后(2006—2014年)					
	(1)	(2)	(3)	(4)	(5)	(6)	(1)	(2)	(3)	(4)	(5)	(6)
$\|I_1(P_{i,t-1}-A_{i,t-1})<0\|$		8.125***	5.932***	9.492***	10.094***	7.109***		9.235***	6.876***	9.515***	9.153***	9.373***
		(1.074)	(0.593)	(0.777)	(1.127)	(0.685)		(0.981)	(0.740)	(0.906)	(0.946)	(0.662)
$\|I_1(P_{i,t-1}-A_{i,t-1})<0\| * OD$			0.179**			0.208***			0.272***			0.279***
			(0.075)			(0.058)			(0.022)			(0.021)
OD			0.659***			0.719***			0.415***			0.418***
			(0.007)			(0.009)			(0.049)			(0.054)
$\|I_1(P_{i,t-1}-A_{i,t-1})<0\| * ED$				0.439***		0.389***				0.070***		0.082***
				(0.053)		(0.065)				(0.022)		(0.018)
ED				0.197***		0.145***				0.174***		0.156***
				(0.015)		(0.014)				(0.016)		(0.018)

续表

	股权分置改革前(2003—2005年)						股权分置改革后(2006—2014年)					
	(1)	(2)	(3)	(4)	(5)	(6)	(1)	(2)	(3)	(4)	(5)	(6)
$\|I_1(P_{i,t-1}-A_{i,t-1})<0\| * ID$					0.333***	0.367***					0.072***	0.070***
					(0.064)	(0.070)					(0.015)	(0.013)
ID					0.065**	0.125***					0.110***	0.144***
					(0.026)	(0.033)					(0.011)	(0.013)
_cons	15.796***	13.512***	6.680***	16.281***	14.540***	7.230***	12.376***	10.306***	6.124***	9.686***	10.970***	6.173***
	(0.580)	(0.341)	(0.212)	(0.222)	(0.176)	(0.204)	(1.040)	(0.599)	(0.190)	(0.588)	(0.351)	(0.350)
N	3 690.000	3 690.000	3 690.000	3 690.000	3 690.000	3 690.000	9 564.000	9 564.000	9 564.000	9 564.000	9 564.000	9 564.000
F	84.576	92.905	57.833	92.134	289.768	97.479	174.185	4 602.930	1 063.774	3 897.070	2 857.786	264.287
Adj_R^2	0.163	0.187	0.227	0.211	0.210	0.260	0.104	0.135	0.159	0.143	0.152	0.185

注：*** 表示 $p<0.01$，** 表示 $p<0.05$，* 表示 $p<0.1$；括号内为标准误；上述模型为经过 Driscoll-Kraay 标准误调整后的结果，同时考虑了异方差、截面相关和序列相关；基于版面限制，仅保留了自变量、调节变量和调节变量的交互项，控制变量(同表3-4)未加列示。

表 3-31　行业经营期望落差、管理自主权(综合维度)与战略变革响应行为：股权分置改革前后分样本分析

	股权分置改革前(2003—2005年)						股权分置改革后(2006—2014年)					
	(1)	(2)	(3)	(4)	(5)	(6)	(1)	(2)	(3)	(4)	(5)	(6)
$\|I_2(P_{i,t-1}-IE_{i,t-1})<0\|$		8.692***	6.776***	10.185***	10.366***	8.302***		9.689***	7.659***	10.194***	10.402***	9.914***
		(0.964)	(0.128)	(1.045)	(0.765)	(0.227)		(0.954)	(0.706)	(0.869)	(0.855)	(0.653)
$\|I_2(P_{i,t-1}-IE_{i,t-1})<0\| * OD$			0.157***			0.161**			0.238***			0.244***
			(0.009)			(0.071)			(0.021)			(0.020)

续表

	股权分置改革前(2003—2005年)						股权分置改革后(2006—2014年)					
	(1)	(2)	(3)	(4)	(5)	(6)	(1)	(2)	(3)	(4)	(5)	(6)
OD			0.653***			0.689***			0.407***			0.383***
			(0.010)			(0.012)			(0.052)			(0.062)
$\|I_2(P_{i,t-1}-IE_{i,t-1})<0\|*ED$				0.404***		0.382***				0.113***		0.107***
				(0.075)		(0.106)				(0.009)		(0.014)
ED				0.162***		0.125***				0.184***		0.148***
				(0.014)		(0.013)				(0.016)		(0.020)
$\|I_2(P_{i,t-1}-IE_{i,t-1})<0\|*ID$					0.256***	0.291***					0.107***	0.101***
					(0.018)	(0.018)					(0.030)	(0.035)
ID					0.088***	0.136***					0.082***	0.106***
					(0.027)	(0.028)					(0.011)	(0.017)
_cons	15.796***	12.127***	5.36[illegible]***	12.708***	11.420***	4.643***	12.376***	9.012***	4.832***	8.289***	8.728***	4.090***
	(0.580)	(0.264)	(0.158)	(0.293)	(0.174)	(0.249)	(1.040)	(0.437)	(0.250)	(0.438)	(0.364)	(0.355)
N	3 690.000	3 690.000	3 690.000	3 690.000	3 690.000	3 690.000	9 564.000	9 564.000	9 564.000	9 564.000	9 564.000	9 564.000
F	84.576	131.921	46.834	150.756	112.087	32.979	174.185	16 888.369	1 574.907	8 285.441	3 549.200	785.055
Adj_R^2	0.163	0.196	0.236	0.203	0.204	0.253	0.104	0.148	0.172	0.158	0.148	0.181

注：*** 表示 $p<0.01$，** 表示 $p<0.05$，* 表示 $p<0.1$；括号内为标准误；上述模型为经过 Driscoll-Kraay 标准误调整后的结果，同时考虑了异方差、截面相关和序列相关；基于版面限制，仅保留了自变量、调节变量和调节变量的交互项，控制变量(同表 3－4)未加列示。

表 3－32 历史经营期望落差、管理自主权与战略变革响应行为：外部宏观经济环境稳定与外部宏观经济环境动荡的分样本分析

	外部宏观经济环境稳定(2003—2007 年,2010—2014 年)						外部宏观经济环境动荡(2008—2009 年)					
	(1)	(2)	(3)	(4)	(5)	(6)	(7)	(8)	(9)	(10)	(11)	(12)
$\|I_1(P_{i,t-1}-A_{i,t-1})<0\|$		9.963***	6.381***	10.425***	10.192***	5.623***		6.199***	3.672***	6.972***	5.425***	2.945***
		(0.615)	(0.565)	(0.963)	(0.530)	(1.036)		(0.648)	(0.401)	(1.094)	(0.314)	(0.100)
$\|I_1(P_{i,t-1}-A_{i,t-1})<0\| * G_{i,t}$			−0.131***			−0.144***			0.012			0.022
			(0.025)			(0.026)			(0.046)			(0.036)
$\|I_1(P_{i,t-1}-A_{i,t-1})<0\| * S_{i,t}$			0.288***			0.308***			0.347***			0.323***
			(0.013)			(0.017)			(0.086)			(0.101)
$\|I_1(P_{i,t-1}-A_{i,t-1})<0\| * C_{i,t}$				−0.065		−0.039				−0.109		−0.162
				(0.150)		(0.141)				(0.085)		(0.162)
$\|I_1(P_{i,t-1}-A_{i,t-1})<0\| * M_{i,t}$				0.129***		0.096**				0.138***		0.126***
				(0.043)		(0.043)				(0.039)		(0.039)
$\|I_1(P_{i,t-1}-A_{i,t-1})<0\| * Y_{i,t}$					−0.056	−0.072*					−0.074	−0.148*
					(0.054)	(0.040)					(0.078)	(0.085)
$\|I_1(P_{i,t-1}-A_{i,t-1})<0\| * Q_{i,t}$					0.064**	0.058**					0.134***	0.069***
					(0.027)	(0.027)					(0.011)	(0.002)

续表

	外部宏观经济环境稳定(2003—2007 年,2010—2014 年)						外部宏观经济环境动荡(2008—2009 年)					
	(1)	(2)	(3)	(4)	(5)	(6)	(7)	(8)	(9)	(10)	(11)	(12)
$\|I_1(P_{i,t-1}-A_{i,t-1})<0\| * T_{i,t}$					0.112***	0.143***					0.075*	0.041***
					(0.036)	(0.027)					(0.043)	(0.016)
_cons	12.999***	10.517***	5.446***	10.386***	9.723***	5.588***	11.218***	10.350***	5.080***	10.829***	10.308***	6.702***
	(1.150)	(0.881)	(0.587)	(0.897)	(0.774)	(0.213)	(0.198)	(0.126)	(0.027)	(0.012)	(0.236)	(0.186)
N	10 183.000	10 183.000	10 183.000	10 183.000	10 183.000	10 183.000	3 071.000	3 071.000	3 071.000	3 071.000	3 071.000	3 071.000
F	1 498.405	439.764	1 437.555	1 818.401	454.367	399.748	6.601	91.420	83.645	40.633	299.296	2.679
Adj_R^2	0.107	0.144	0.159	0.153	0.157	0.187	0.109	0.123	0.151	0.150	0.133	0.175

注：*** 表示 $p<0.01$，** 表示 $p<0.05$，* 表示 $p<0.1$；括号内为标准误；上述模型为经过 Driscoll-Kraay 标准误调整后的结果，同时考虑了异方差、截面相关和序列相关；基于版面限制，仅保留了自变量和调节变量的交互项，控制变量和调节变量单变量(同表 3－4)未加列示。

表 3－33　行业经营期望落差、管理自主权与战略变革响应行为：外部宏观经济环境稳定与外部宏观经济环境动荡的分样本分析

	外部宏观经济环境稳定(2003—2007 年,2010—2014 年)						外部宏观经济环境动荡(2008—2009 年)					
	(1)	(2)	(3)	(4)	(5)	(6)	(1)	(2)	(3)	(4)	(5)	(6)
$\|I_2(P_{i,t-1}-IE_{i,t-1})<0\|$		10.608***	7.014***	10.862***	11.775***	7.419***		7.026***	4.974***	7.700***	6.818***	4.040***
		(0.466)	(0.273)	(0.730)	(0.290)	(0.449)		(0.697)	(0.276)	(1.132)	(0.000)	(0.233)
$\|I_2(P_{i,t-1}-IE_{i,t-1})<0\| * G_{i,t}$			−0.122***			−0.115***			−0.022			−0.018
			(0.014)			(0.016)			(0.033)			(0.038)
$\|I_2(P_{i,t-1}-IE_{i,t-1})<0\| * S_{i,t}$			0.284***			0.276***			0.250***			0.269***
			(0.025)			(0.032)			(0.083)			(0.080)

续表

	外部宏观经济环境稳定(2003—2007 年,2010—2014 年)						外部宏观经济环境动荡(2008—2009 年)					
	(1)	(2)	(3)	(4)	(5)	(6)	(1)	(2)	(3)	(4)	(5)	(6)
$\|I_2(P_{i,t-1}-IE_{i,t-1})<0\| * C_{i,t}$				0.051		0.085				−0.188**		−0.178
				(0.098)		(0.092)				(0.074)		(0.134)
$\|I_2(P_{i,t-1}-IE_{i,t-1})<0\| * M_{i,t}$				0.190***		0.175***				0.136***		0.112***
				(0.022)		(0.028)				(0.006)		(0.000)
$\|I_2(P_{i,t-1}-IE_{i,t-1})<0\| * Y_{i,t}$					−0.157***	−0.043					−0.074	−0.175***
					(0.031)	(0.036)					(0.056)	(0.053)
$\|I_2(P_{i,t-1}-IE_{i,t-1})<0\| * Q_{i,t}$					0.052***	0.052***					0.098***	0.033**
					(0.014)	(0.016)					(0.011)	(0.012)
$\|I_2(P_{i,t-1}-IE_{i,t-1})<0\| * T_{i,t}$					0.119***	0.132***					0.232***	0.109**
					(0.016)	(0.019)					(0.075)	(0.049)
_cons	13.891***	9.835***	4.873***	10.267***	9.088***	5.044***	11.292***	9.110***	3.699***	9.567***	8.983***	5.303***
	(1.391)	(0.962)	(0.723)	(0.970)	(0.807)	(0.290)	(0.226)	(0.164)	(0.097)	(0.042)	(0.192)	(0.242)
N	10 183.000	10 183.000	10 183.000	10 183.000	10 183.000	10 183.000	3 071.000	3 071.000	3 071.000	3 071.000	3 071.000	3 071.000
F	1 468.894	1 933.404	1 204.450	1 927.592	780.187	311.637	6.648	101.727	4.080	46.256	234.093	301.883
Adj_R^2	0.110	0.161	0.189	0.172	0.175	0.209	0.109	0.135	0.163	0.166	0.146	0.189

注：*** 表示 $p<0.01$，** 表示 $p<0.05$，* 表示 $p<0.1$；括号内为标准误；上述模型为经过 Driscoll-Kraay 标准误调整后的结果，同时考虑了异方差、截面相关和序列相关；基于版面限制，仅保留了自变量和调节变量的交互项，控制变量和调节变量单变量(同表 3－4)未加列示。

表 3 - 34　历史经营期望落差、管理自主权(综合维度)与战略变革响应行为：外部宏观经济环境稳定与外部宏观经济环境动荡的分样本分析

	外部宏观经济环境稳定(2003—2007 年,2010—2014 年)						外部宏观经济环境动荡(2008—2009 年)					
	(1)	(2)	(3)	(4)	(5)	(6)	(1)	(2)	(3)	(4)	(5)	(6)
$\|I_1(P_{i,t-1}-A_{i,t-1})<0\|$		9.960***	7.475***	9.979***	10.129***	7.787***		6.245***	4.048***	6.721***	6.553***	4.420***
		(0.537)	(0.499)	(0.575)	(0.489)	(0.397)		(0.651)	(0.408)	(0.745)	(0.408)	(0.483)
$\|I_1(P_{i,t-1}-A_{i,t-1})<0\| * OD$			0.270***			0.279***			0.289***			0.288***
			(0.012)			(0.013)			(0.056)			(0.080)
OD			0.433***			0.481***			0.400***			0.371***
			(0.049)			(0.063)			(0.006)			(0.010)
$\|I_1(P_{i,t-1}-A_{i,t-1})<0\| * ED$				0.000		0.078**				0.104*		0.098*
				(0.042)		(0.038)				(0.056)		(0.055)
ED				0.059		0.060				0.210***		0.192***
				(0.073)		(0.063)				(0.002)		(0.002)
$\|I_1(P_{i,t-1}-A_{i,t-1})<0\| * ID$					0.113***	0.127***					0.065	0.035
					(0.041)	(0.036)					(0.049)	(0.028)
ID					0.099***	0.134***					0.132***	0.175***
					(0.007)	(0.009)					(0.032)	(0.026)
_cons	13.891***	11.322***	7.080***	11.095***	0.000	7.161***	11.292***	10.284***	6.415***	9.590***	10.480***	6.236***
	(1.502)	(1.206)	(0.772)	(1.459)	(0.000)	(0.768)	(0.226)	(0.119)	(0.019)	(0.046)	(0.195)	(0.220)

续表

	外部宏观经济环境稳定(2003—2007年,2010—2014年)						外部宏观经济环境动荡(2008—2009年)					
	(1)	(2)	(3)	(4)	(5)	(6)	(1)	(2)	(3)	(4)	(5)	(6)
N	10 183.000	10 183.000	10 183.000	10 183.000	10 183.000	10 183.000	3 071.000	3 071.000	3 071.000	3 071.000	3 071.000	3 071.000
F	1 259.052	2 479.398	776.315	1 321.425	1 811.284	304.691	6.648	91.942	98.401	81.385	2.630	83.774
Adj_R^2	0.110	0.147	0.170	0.147	0.172	0.199	0.109	0.123	0.146	0.142	0.126	0.167

注：*** 表示 $p<0.01$，** 表示 $p<0.05$，* 表示 $p<0.1$；括号内为标准误；上述模型为经过 Driscoll-Kraay 标准误调整后的结果，同时考虑了异方差、截面相关和序列相关；基于版面限制，仅保留了自变量、调节变量和调节变量的交互项，控制变量(同表 3-4)未加列示。

表 3-35　行业经营期望落差、管理自主权(综合维度)与战略变革响应行为：外部宏观经济环境稳定与外部宏观经济环境动荡的分样本分析

	外部宏观经济环境稳定(2003—2007年,2010—2014年)						外部宏观经济环境动荡(2008—2009年)					
	(1)	(2)	(3)	(4)	(5)	(6)	(1)	(2)	(3)	(4)	(5)	(6)
$\lvert I_2(P_{i,t-1}-IE_{i,t-1})<0\rvert$		10.608***	8.346***	10.787***	11.241***	9.127***		7.026***	5.586***	7.553***	8.006***	6.416***
		(0.503)	(0.364)	(0.573)	(0.433)	(0.313)		(0.697)	(0.344)	(0.871)	(0.585)	(0.459)
$\lvert I_2(P_{i,t-1}-IE_{i,t-1})<0\rvert * OD$			0.255***			0.265***			0.181***			0.203***
			(0.017)			(0.016)			(0.053)			(0.062)
OD			0.430***			0.450***			0.403***			0.344***
			(0.054)			(0.068)			(0.007)			(0.006)
$\lvert I_2(P_{i,t-1}-IE_{i,t-1})<0\rvert * ED$				0.093***		0.137***				0.179***		0.147***
				(0.027)		(0.021)				(0.042)		(0.027)
ED				0.079		0.059				0.206***		0.172***
				(0.074)		(0.064)				(0.005)		(0.009)

续表

	外部宏观经济环境稳定(2003—2007 年,2010—2014 年)						外部宏观经济环境动荡(2008—2009 年)					
	(1)	(2)	(3)	(4)	(5)	(6)	(1)	(2)	(3)	(4)	(5)	(6)
$\|I_2(P_{i,t-1}-IE_{i,t-1})<0\| * ID$					0.121 ***	0.135 ***					0.194 ***	0.101 ***
					(0.023)	(0.021)					(0.074)	(0.034)
ID					0.087 ***	0.111 ***					0.082 ***	0.119 ***
					(0.010)	(0.017)					(0.030)	(0.028)
_cons	13.891 ***	9.835 ***	5.566 ***	9.473 ***	9.507 ***	0.000	11.292 ***	9.110 ***	5.125 ***	8.571 ***	8.692 ***	4.753 ***
	(1.502)	(1.039)	(0.591)	(1.325)	(0.916)	(0.000)	(0.226)	(0.164)	(0.017)	(0.007)	(0.179)	(0.436)
N	10 183.000	10 183.000	10 183.000	10 183.000	10 183.000	10 183.000	3 071.000	3 071.000	3 071.000	3 071.000	3 071.000	3 071.000
F	1 259.052	1 657.204	493.040	498.230	986.911	1 514.792	6.648	101.727	263.335	75.155	186.991	195.642
Adj_R^2	0.110	0.161	0.186	0.162	0.165	0.193	0.109	0.135	0.157	0.157	0.135	0.174

注：*** 表示 $p<0.01$，** 表示 $p<0.05$，* 表示 $p<0.1$；括号内为标准误；上述模型为经过 Driscoll-Kraay 标准误调整后的结果，同时考虑了异方差、截面相关和序列相关；基于版面限制，仅保留了自变量、调节变量和调节变量的交互项，控制变量(同表 3－4)未加列示。

① 在表 3－32 中，除了行业资本密集度 ($C_{i,t}$) 的调节效应得不到验证（不论在稳定期还是动荡期），国企制度体制 ($Y_{i,t}$) 的调节效应存在但不够稳健（不论在稳定期还是动荡期），组织惯性 ($G_{i,t}$) 的调节效应仅体现在稳定期外，其余研究假设（H1，H2b，H3b，H4b，H4c）不论在稳定期还是动荡期均能得到支持且稳健。此外，从主效应 $| I_1(P_{i,t-1} - A_{i,t-1}) < 0 |$（H1）的检验结果和模型(1)至模型(12)系数平均值对比看，在外部宏观经济较为稳定情况下，历史经营期望落差对战略调整的影响效应（平均系数为 8.516 8），要略高于外部宏观经济较为动荡情况下的影响效应（平均系数为 5.042 6）。结合对管理自主权的探讨，本章认为 2008—2009 年经济危机，导致了企业所处的外部宏观经济环境的不稳定性和不确定性增大，所面临的宏观环境的困境程度提高，以至于宏观环境的敌对性增强，最终这种外部环境的冲击进一步约束了企业的环境自主权（Covin and Slevin，1989；Baucus and Near，1991；Staw and Szwajkowski，1975）①。所以，在敌对性和动荡性环境约束下，当企业经营期望落差出现后，虽然企业依然会为了应对外部冲击或内部经营落差的出现而实施战略变革，但相对于稳定性的外部宏观经济环境，企业的战略变革程度将受到更多约束而被降低。这从外部宏观环境冲击方面，进一步验证了管理自主权对经营期望落差与战略变革之间关系的调节作用。

② 在表 3－33 中，行业资本密集度($C_{i,t}$)的调节效应在动荡期下的模型(4)中得到验证，国有背景体制 ($Y_{i,t}$) 的调节效应存在但不够稳健（不论在稳定期还是动荡期），组织惯性 ($G_{i,t}$) 的调节效应仅体现在稳定期，其余研究假设（H1，H2b，H3b，H4b，H4c）不论在稳定期还是动荡期均能得到支持且稳健。此外，从主效应 $| I_2(P_{i,t-1} - IE_{i,t-1}) < 0 |$（H1）的检验结果和模型(1)至模型(12)系数平均值对比看，在外部宏观经济较为稳定情况下，行业经营期望落差对战略调整的影响效应（平均系数为 9.535 6），要略高于外部宏观经济较为动荡情况下的影响效应（平均系数为 6.111 6）。与上述分析一致，源自外部环境冲击进一步约束了组织的外部环境自主权，从而导致实施战略变革的程度被削弱。

③ 在表 3－34 中，组织自主权 ($OD_{i,t}$) 的调节效应不论在稳定期和动荡期均存在且稳健，环境自主权 ($EO_{i,t}$) 的调节效应不论在稳定期和动荡期也均存在（但在稳定期不够稳健），制度自主权 ($ID_{i,t}$) 的调节效应在稳定性环境下更

① 本章认为外部危机冲击表示了企业所运行的外部宏观经济环境的敌对性增强，可以作为外部宏观层面上的企业环境自主权的一个限制因素，本章主要探讨的是从行业层面上的任务环境的丰腴度（非敌对性）和资本密集度来分析环境自主权高低问题，未来研究应该更加注意将外部宏观经济环境的约束因素考虑进来，研究宏观、中观（区域、行业层面）、微观（组织内部）环境自主权的问题。

显著且稳健。然而，从表 3－35 检验结果看，组织自主权（$OD_{i,t}$）、环境自主权（$EO_{i,t}$）和制度自主权（$ID_{i,t}$）的调节效应不论在环境稳定期和动荡期均显著且稳健，所以假设 H2，H3，H4 在表 3－35 中是依然得到验证支持的。

3.5.4 制度自主权调节效应的再讨论

表 3－4 和表 3－5 结果表明国企制度约束（$Y_{i,t}$）和非商业关系（$T_{i,t}$）对经营期望落差和战略变革之间的关系起到调节效应，该部分将进一步探讨以下内容：① 非商业关系的调节效应，在不同所有制背景下（国有与私营）是否具有显著的差异性？② 对于国有企业而言，国企制度约束（$Y_{i,t}$）和非商业关系（$T_{i,t}$），两者哪种调节效应更占主导？是国企体制的制度约束性（弱化管理自主权）更高，还是国企非商业关系所体现的资源优越性（强化管理自主权）更高？

表 3－36 检验了非商业关系的调节效应在国有企业和私营企业的差异性。从模型(2)与模型(3)的对比检验结果可以看出，$|I_1(P_{i,t-1}-A_{i,t-1})<0| * T_{i,t}$ 在国有企业样本下的回归系数（beta＝0.046），显著小于在私营企业样本下的回归系数（beta＝0.240），即对于私营企业而言，非商业关系所起到的调节效应更大，非商业关系背景更能提升私企管理者的制度自主权，进而在经营期望落差的情况下，更能强化其战略变革的程度。同样，模型(5)与模型(6)的对比检验结果依然支持这个结论。

表 3－36　非商业关系的调节效应对比：国有企业与私营企业

	自变量：历史经营期望落差			自变量：行业经营期望落差		
	(1)	(2)	(3)	(4)	(5)	(6)
	全样本	国　有	私　营	全样本	国　有	私　营
$\|I_1(P_{i,t-1}-A_{i,t-1})<0\|$	9.536***	9.786***	7.958***			
	(0.639)	(0.899)	(0.511)			
$\|I_1(P_{i,t-1}-A_{i,t-1})<0\| * T_{i,t}$	0.108***	0.046***	0.240***			
	(0.028)	(0.015)	(0.076)			
$\|I_2(P_{i,t-1}-IE_{i,t-1})<0\|$				10.193***	9.021***	10.176***
				(0.552)	(0.480)	(0.665)
$\|I_2(P_{i,t-1}-IE_{i,t-1})<0\| * T_{i,t}$				0.133***	0.073***	0.226***
				(0.017)	(0.018)	(0.029)
_cons	6.945***	3.619***	12.376***	5.401***	2.219***	10.420***
	(0.270)	(0.616)	(1.505)	(0.224)	(0.653)	(1.020)
N	13 254.000	8 499.000	4 755.000	13 254.000	8 499.000	4 755.000

续表

	自变量：历史经营期望落差			自变量：行业经营期望落差		
	(1)	(2)	(3)	(4)	(5)	(6)
	全样本	国　有	私　营	全样本	国　有	私　营
F	1 604.588	293.728	1 740.398	1 434.789	1 579.544	226.393
Adj_R^2	0.172	0.135	0.223	0.187	0.148	0.236

注：*** 表示 $p<0.01$，** 表示 $p<0.05$，* 表示 $p<0.1$；括号内为标准误；上述模型为经过 Driscoll-Kraay 标准误调整后的结果，同时考虑了异方差、截面相关和序列相关；基于版面限制，仅保留了自变量和调节变量的交互项，控制变量和调节变量单变量(同表 3－4)未加列示。

表 3－37 对国企制度体制($Y_{i,t}$)与国企非商业关系($T_{i,t}$)的调节效应进行了对比。从模型(1)中 $|I_1(P_{i,t-1}-A_{i,t-1})<0|*Y_{i,t}$ 的系数(beta＝－0.142)与模型(2)中 $|I_1(P_{i,t-1}-A_{i,t-1})<0|*T_{i,t}$ 的系数(beta＝0.046)对比可以看出，国企制度体制的调节效应(绝对值)显著大于国企非商业关系的调节效应：对于国有企业而言，自身制度体制的制度约束性(因非市场化目标等的存在，弱化管理者的制度自主权，进而弱化经营期望落差背景下的战略变革程度的效应)，要强于自身非商业关系的制度优越性(因资源或政策倾向性的存在，强化管理者的制度自主权，进而强化经营期望落差背景下的战略变革程度的效应)。同样，模型(3)中 $|I_2(P_{i,t-1}-IE_{i,t-1})<0|*Y_{i,t}$ 系数(beta＝－0.102)，与模型(4)中 $|I_2(P_{i,t-1}-IE_{i,t-1})<0|*T_{i,t}$ 系数(beta＝0.073)的对比结果依然支持这个结论。

表 3－37　国企制度体制($Y_{i,t}$)与国企非商业关系($T_{i,t}$)调节效应的对比分析

	自变量：历史经营期望落差		自变量：行业经营期望落差	
	(1)	(2)	(3)	(4)
	国企制度体制的调节效应	国企非商业关系资本的调节效应	国企制度体制的调节效应	国企非商业关系资本的调节效应
$\|I_1(P_{i,t-1}-A_{i,t-1})<0\|$	7.896***	9.786***		
	(0.540)	(0.899)		
$\|I_1(P_{i,t-1}-A_{i,t-1})<0\|*Y_{i,t}$	－0.142***			
	(0.024)			
$\|I_1(P_{i,t-1}-A_{i,t-1})<0\|*T_{i,t}$		0.046***		
		(0.015)		
$\|I_2(P_{i,t-1}-IE_{i,t-1})<0\|$			10.653***	9.021***
			(0.604)	(0.480)

续表

	自变量：历史经营期望落差		自变量：行业经营期望落差	
	(1)	(2)	(3)	(4)
	国企制度体制的调节效应	国企非商业关系资本的调节效应	国企制度体制的调节效应	国企非商业关系资本的调节效应
$\|I_2(P_{i,t-1}-IE_{i,t-1})<0\| * Y_{i,t}$			-0.102^{***}	
			(0.027)	
$\|I_2(P_{i,t-1}-IE_{i,t-1})<0\| * T_{i,t}$				0.073^{***}
				(0.018)
_cons	6.791^{***}	3.619^{***}	5.349^{***}	2.219^{***}
	(0.283)	(0.616)	(0.214)	(0.653)
N	13 254.000	8 499.000	13 254.000	8 499.000
F	995.342	293.728	1 314.206	1 579.544
Adj_R^2	0.173	0.135	0.186	0.148

注：*** 表示 $p<0.01$，** 表示 $p<0.05$，* 表示 $p<0.1$；括号内为标准误；上述模型为经过 Driscoll-Kraay 标准误调整后的结果，同时考虑了异方差、截面相关和序列相关；基于版面限制，仅保留了自变量和调节变量的交互项，控制变量和调节变量单变量(同表 3-4)未加列示。

表 3-38 根据国企制度约束($Y_{i,t}$)和非商业关系($T_{i,t}$)两个指标，对总样本按照"是否为国有企业"和"是否具有非商业关系"进行分类，划分为四种样本类型：国企制度背景且具有非商业关系(YT)，国企制度背景但无非商业关系(YNT)，私营企业且具有非商业关系(PT)，以及私营企业但无非商业关系(PNT)。根据 3.2 部分对国企体制约束和非商业关系背景两个假设提出的理论分析，处于"私营企业且具有非商业关系(PT)"背景下的管理者，在上述四种情境机制下所拥有的制度自主权是相对较高的，而处于"国企制度背景但无非商业关系(YNT)"背景下的管理者，所拥有的制度自主权是相对较低的。该部分对上述四类样本分别进行回归，分析不同制度自主权背景下经营期望落差对战略变革的影响效应是否存在显著差异，表 3-38 列示了四类样本对比结果。

Pannel A 模型(1)—模型(4)以历史经营期望差距($|I_1(P_{i,t-1}-A_{i,t-1})<0|$)为自变量对战略变革进行回归，检验结果显示，模型(1)—模型(4)中历史经营期望差距($|I_1(P_{i,t-1}-A_{i,t-1})<0|$)的系数均显著为正($p<0.01$)，且系数分别为 7.708、6.378、10.110、7.860，即模型(3)中系数最大，其次为模型(4)、模型(1)，而模型(2)中系数最小。这说明，处于"私营企业且具有非商业关系(PT)"背景时，即较高制度自主权背景下经营期望落差对战略变革的影响效应最大；而处于"国企制度背景但无非商业关系(YNT)"即较低制度自主权背景时，经营期望

表 3-38 制度自主权对历史经营期望落差与战略变革响应行为之间关系的影响效应(分样本分析)

	(1)	(2)	(3)	(4)
Panel A：历史经营期望落差	国企+具有非商业关系 *YT*	国企+不具有非商业关系 *YNT*	私营+具有非商业关系 *PT*	私营+不具有非商业关系 *PNT*
$\lvert I_1(P_{i,t-1}-A_{i,t-1})<0\rvert$	7.708***	6.378***	10.110***	7.860***
	(1.472)	(0.508)	(1.295)	(1.186)
Control V	*Control*	*Control*	*Control*	*Control*
_cons	4.571***	3.481***	8.334**	13.261***
	(1.648)	(0.720)	(3.315)	(1.467)
N	1 159.000	7 340.000	901.000	3 854.000
F	213.511	1 343.384	42.723	113.829
Adj_R^2	0.146	0.136	0.204	0.228
	(1)	(2)	(3)	(4)
Panel B：行业经营期望落差	国企+具有非商业关系 *YT*	国企+不具有非商业关系 *YNT*	民营+具有非商业关系 *PT*	民营+不具有非商业关系 *PNT*
$\lvert I_2(P_{i,t-1}-IE_{i,t-1})<0\rvert$	10.103***	9.886***	12.554***	10.403***
	(1.421)	(1.132)	(1.267)	(0.669)
Control V	*Control*	*Control*	*Control*	*Control*
_cons	3.354**	2.049**	6.480**	11.253***
	(1.465)	(0.846)	(3.219)	(0.868)
N	1 159.000	7 340.000	901.000	3 854.000
F	231.206	613.256	34.455	385.777
Adj_R^2	0.185	0.146	0.235	0.237

注：*** 表示 $p<0.01$，** 表示 $p<0.05$，* 表示 $p<0.1$；控制变量同表 3-4 至表 3-7 所列示的一致，基于版面限制未加列示；括号内为标准误；上述模型为经过 Driscoll-Kraay 标准误调整后的结果，同时考虑了异方差、截面相关和序列相关。

落差对战略变革的影响效应最小，T 检验同样支持该结论（T = 16.00，$p<0.01$）。Pannel B 模型（1）—模型（4）以行业经营期望差距（$\lvert I_2(P_{i,t-1}-IE_{i,t-1})<0\rvert$）为自变量对战略变革进行回归，结果依然表明，高制度自主权（*PT*）样本下的回归系数显著为正（beta=12.554，$p<0.01$），且同样显著大于低制度自主权(*YNT*)样本下的回归系数（beta=9.886，$p<0.01$），T 检验同样支持该结论（T = 65.86，$p<0.01$）。由此，上述结果进一步支持了本章假设 H4，制度自主权的缺失(受国企制度体制约束，且不具有非商业关系背景)导致

了管理者在经营期望落差出现时，实施战略变革的程度被弱化，相反拥有较高制度自主权的情况下（私营企业且拥有非商业关系）管理者在经营期望落差出现时，实施战略变革的程度被强化。

从 Pannel A 模型(1)与模型(2)中（$|I_1(P_{i,t-1}-A_{i,t-1})<0|$）的系数对比来看，对国有企业而言，若从不具备非商业关系的情境[模型(2)]过渡到有非商业关系情境[模型(1)]，那么非商业关系会给国企带来的强化效应为 1.330 (7.708−6.378)；而从 Pannel A 模型(3)与模型(4)中（$|I_1(P_{i,t-1}-A_{i,t-1})<0|$）的系数对比来看，对私营企业而言，若从不具备非商业关系的情境[模型(4)]过渡到有非商业关系情境[模型(3)]，那么非商业关系会给私营企业带来的强化效应为 2.250(10.110−7.860)，所以非商业关系在私营企业中的强化效应要大于在国有企业中的强化效应，即相对于国有企业而言，非商业关系将会更大程度上影响私营企业管理者的制度自主权，进而会更大程度上影响私营企业经营期望落差下的战略变革程度。同样，从 Pannel B 模型(1)与模型(2)中（$|I_2(P_{i,t-1}-IE_{i,t-1})<0|$）的系数对比，以及模型(3)与模型(4)中的系数对比中依然能得出该结论，这与上述表 3-37 的研究结论也是一致的。

从 Pannel A 模型(3)与模型(1)中（$|I_1(P_{i,t-1}-A_{i,t-1})<0|$）的系数对比来看，同样处于具备非商业关系情境下，若从私营体制转变为国有体制，那么国企体制所带来的制度自主权的约束效应为 2.402(10.110−7.708)；从 Pannel A 模型(4)与模型(2)中（$|I_1(P_{i,t-1}-A_{i,t-1})<0|$）的系数对比来看，同样处于不具备非商业关系情境下，若从私营体制转变为国有体制，那么国企体制所带来的制度自主权的约束效应为 1.482(7.860−6.378)。若从私营体制过渡为国企体制，所带来的国企体制的制度自主权的约束效应大约为 3.884。同时，若过渡到国企体制，国有企业非商业关系的存在，又会带来非商业关系资本对经营期望落差下战略变革的强化效应，从 Pannel A 模型(1)与模型(2)中（$|I_1(P_{i,t-1}-A_{i,t-1})<0|$）的系数对比看，这种国企制度体制下的非商业关系的强化效应为 1.330。综上，会得出以下结论：国有企业内含着两种作用效应，一是国企本身体制的制度自主权的约束效应，以及国企非商业关系所带来的制度自主权的扩大效应。但从上述检验结果看，制度体制带来的约束效应(3.884)，远远大于国企非商业关系带来的扩大效应(1.330)，即国企制度体制的制度自主权的约束效应(对战略变革的削弱效应)，大于国企非商业关系对战略变革的强化效应，Pannel B 模型中的检验结果也依然支持这个结论，这与上述表 3-37 的研究结论也是一致的。

3.5.5 稳健性检验总结

该部分从处理内生性、更换战略变革响应行为的各种测量方法到考虑外部政策或危机冲击等，进行了多种稳健性检验。从各部分检验结果看（见表 3－39），除个别假设在某些稳健性模型下没有得到支持外（比如 H3a 得不到支持的频率较高），大部分研究假设在各种稳健性检验中是依然得到支持的（当然还存在某些假设得到支持，但不够稳健的情况）。考虑到变量测量的权威性、科学性、数据的完整性以及样本的可代表性，虽然设定了上述多种稳健性检验模型，但 3.4 部分的主模型（表 3－4～表 3－7）的检验过程和实证结果更具有代表性，所以该专著的主要研究结论依然是基于表 3－4～表 3－7 的检验结果来进行阐述。

表 3－39　　研究假设的验证汇总表

研究假设	4	5	6	7	8	9	10	11	12	13	14	15	16	17	18	19
H1	S	S	S	S	S	S	S	S	S	S	S	S	S	S	S	S
H2a	S	S			S	S			S	N			S^	S		
H2b	S	S			S	S			S	S			S	S		
H3a	N	N			S^	N			S^	S			S	N		
H3b	S	S			S	S			S	S			S	S		
H4a	S	S^			S	S			S^	S			S	S		
H4b	S	S			S	S			S	S			S	S		
H4c	S	S			S	S			S	S			S	S		
H2			S	S			S	S			S	S			S	S
H3			S	S			S^	S			S	S			S	S
H4			S	S			S	S			S	S			S	S
	20	21	22	23	24	25	26	27	28	29	30	31	32	33	34	35
H1	S	S	S	S	S^	S	S	S	S	S	S	S	S	S	S	S
H2a	S^	S			S^	S^			S	S			S^	S^		
H2b	S^	S			S^	S			S	S^			S	S		
H3a	S	S			N	N			S	S			N	S^		
H3b	S	S			S	S			S	S			S	S		
H4a	S^	N			N	N			S^	S^			S^	S^		
H4b	N	N			S	S			S^	S			S	S		
H4c	S	S			S	S			S	S			S	S		
H2			S^	S			S	S			S	S			S	S
H3			S	S			S	S			S	S			S^	S
H4			S	S^			S	S			S	S			S	S

注：S 表示支持（且稳健），S^ 表示支持（但不稳健），N 表示不支持。表头数值 4～35 表示本章中的表 4 至表 35。

3.6 结论与讨论

组织的战略调整是管理者的重要决策行为，本章基于企业行为理论对战略变革产生的动机以及发生的情境机制进行了理论分析与实证检验，即具体分析了经营期望落差与组织战略变革响应行为之间的关系，以及管理者所拥有的组织自主权、环境自主权和制度自主权对两者关系的调节机制。基于对2003—2014年2 098家沪、深上市公司面板数据的实证检验，得出以下研究结论：

第一，经营期望落差(包括基于时间维度的历史经营期望差距和基于社会比较的行业经营期望差距)对管理者的战略变革行为起显著影响：当实际绩效低于组织历史和行业期望、经营期望落差增大时，管理者为应对组织问题的出现和规避利益损失，其实施战略变革响应行为的程度随之增大。

第二，组织自主权对经营期望落差与战略变革之间的关系起显著调节作用。管理者因拥有较高组织自主权，即受组织惯性约束相对较少，或拥有较高的可支配性资源，在经营期望落差增大时，实施战略变革响应行为的程度被强化。

第三，环境自主权对经营期望落差与战略变革之间的关系同样起显著调节作用。管理者因拥有较高的环境自主权，即拥有较为丰腴的外部市场环境，在经营期望落差增大时，实施战略变革响应行为的程度同样会被强化。

第四，国企制度背景或欠发达区域制度环境约束了管理者行为决策的自由度，从而导致在经营期望落差增大时，实施战略变革响应行为的程度反而被削弱，然而，组织所拥有的非商业关系网络则扩大了管理者的制度自主权，从而强化了他们在经营期望落差下的战略变革程度。

第五，管理者的制度自主权的调节作用要大于组织自主权和环境自主权的调节作用，充分说明了制度自主权是影响管理者行为决策的重要情境机制。

本章的研究贡献体现在以下几个方面：

第一，从经营期望的新视角切入，分析了管理者实施战略变革响应行为的动机问题，同时基于管理自主权视角分析了影响变革实施的情境机制，将企业行为理论和高阶梯队理论方面的研究进行了充分结合，完善了战略变革理论方面的研究。

第二，完善了企业行为理论方面的研究。以往基于企业行为理论探讨组织决策行为的研究，更多的重视经营期望落差对决策行为的直接(主)效应的研究

(Greve, 1998; Greve, 2003a; Miller and Chen, 2004),却很少关注影响经营期望与决策行为之间关系的情境机制的分析,尤其忽略了组织、外部任务环境以及制度环境等情境条件对管理者决策行为的影响效应。本章基于高阶梯队理论,将管理者自主权理论纳入经营期望落差与战略变革响应行为的关系模型中,分析其对两者之间关系的调节机制,对于完善和构建企业行为理论和业绩反馈理论的边界条件也是极为重要的。

第三,完善了管理自主权理论的研究。以往关于管理自主权的实证研究主要是使用西方国家的数据(Finkelstein and Hambrick, 1990; Haleblian and Finkelstein, 1993),但管理自主权在集体主义情境下和个体主义情境的作用效应是存在差异的(Crossland and Hambrick, 2007),且在一国不同的区域制度环境下也是存在差异的(张三保和张志学,2012)。本章重点分析了中国背景下影响管理者自主权的各种因素,并将管理自主权分为组织层面、环境层面和制度层面三种自主权,完善了以往研究过于强调组织内部和市场环境层面的自主权,而忽略了制度方面的因素对管理者的决策能力和行为自由度的影响,结合中国情境下的数据,拓展了管理自主权在转型经济背景下的研究。

第四,分析了在中国转型经济和区域制度发展不平衡的情境下制度自主权的缺失以及非商业关系对管理者决策行为的影响。由于在我国国有股在一些上市公司仍占绝对比例,在国企制度背景下的管理者多处于非市场化目标来任命或者具有非商业关系背景,由于国有控股企业本身的制度特殊性——受非市场化和社会目标的约束程度较高,导致管理者制度自主权存在缺失。此外,国有企业和私营企业各自又拥有较为广泛的非商业关系网络,能得到政府在政策和资源等方面上的倾斜和支持,非商业关系在一定程度上又强化了组织的制度层面上的行为自主权。基于中国情境下的数据,本章详细分析了制度自主权对管理者在经营期望落差出现时,对其实施战略变革响应行为的影响,并且初步对比了制度自主权与其他两种自主权(组织自主权和环境自主权)在影响管理者实施战略变革上的作用差异性,尤其还深入分析了制度自主权中的重要维度——非商业关系,对两种不同体制(国企和私营企业)的战略决策影响的差异性问题。

综上,本章的研究从企业行为理论出发,将经营期望落差引入战略变革的研究框架中,充分考虑了中国情境下的管理者自主权,尤其是制度自主权对两者关系的调节机制,将企业行为理论和高阶梯队理论进行了相互结合,完善了战略变革方面的研究。通过结合高阶梯队理论而将决策者因素纳入基于业绩反馈的决策模型中,进一步完善了企业行为理论的研究。

但本章研究目前仍旧存在需要改进和完善的地方:

第一，本章的研究主要是基于二手数据来分析的，所以在管理者的三种自主权程度等指标的测量上，主要采用的是代理指标的方法，未来的研究可以着重通过更为详细的社会调研等一手数据的方式来对管理自主权进行直接测量，这样有利于更为直接地刻画出管理自主权高低程度的差异性。

第二，由于无法直接对管理者的制度自主权进行衡量，所以在所有制体制和非商业关系如何影响管理者的制度自主权这个问题上，还有较多内部潜在的影响机制有待于进一步解释和论证，比如暂时无法确切地分析和验证非商业关系，在国企和私营企业中，到底对管理者制度自主权分别起到了何种作用？具有何种差异性？影响效应是一致的，还是相反的？

第三，本章鉴于战略变革测量以及数据的局限性，主要关注组织战略性资源在配置量上的改变可能导致的战略行为的调整，并未具体分析在经营期望落差不断扩大的情况下管理者到底在哪些方面以及以怎样的方式或意图对组织的战略重新实施了调整，所以未来的研究应更加关注经营期望落差对企业内部战略方向、方式和意图等方面改变的影响。

4　组织经营期望与市场导向响应行为：基于战略背离的视角分析

第三章探讨了组织通过市场化导向的战略变革响应行为来应对经营期望落差困境，发现在面临组织经营期望落差增大时管理者实施战略变革响应行为的程度随之增大，且拥有更高管理自主权会强化管理者在经营期望落差扩大时实施战略变革响应行为的程度。第四章继续从组织期望理论和企业行为理论出发，着重探讨组织在行业经营期望落差下如何通过另外一种市场化导向、创新主导的冒险性响应行为——战略背离来应对竞争困境，并分析组织外部环境（经济政策不确定性和产业竞争性）与内部资源（团队社会资本和组织冗余）对行业经营期望落差与市场导向的战略响应行为（战略背离）关系的调节作用。第四章有助于从行业竞争期望落差的视角透析战略背离响应行为的决策动机及影响机制，扩展了组织战略背离的微观机制分析；同时有助于从战略背离这一视角理解经营期望落差下组织战略响应行为特点、产生与作用机制。

4.1　引　言

对处于转型期的中国而言，制度环境的逐步完善与市场经济的快速发展共同构成了企业衍生的复杂环境（Guthrie，1998；Peng and Heath.，1996；Peng and Luo，2000；李新春等，2017），在应对制度压力的趋同与市场竞争的差异化中，组织如何进行战略选择一直是研究者关注的焦点，尤其是“不谋于众”的战略背离(Tang et al., 2011; Miller et al., 2013; 李新春等,2016)。战略背离作为组织偏离既有行业标准或惯例、寻求构建组织竞争优势的一种战略行为(Tang et al., 2011),Oliver(1992)开创性地提出组织应对制度化过程中各种差异化的战略选择,但对于组织选择战略背离的根本性动机缺乏必要分析,后续的研究一直致力于从不同视角剖析导致组织战略背离的根本原因。

围绕这一主题,早期组织理论学派主要延续 Oliver 战略选择理论的分析框架,从组织对外部资源依赖程度和自身资源来探讨影响组织战略背离的要素,如组织合法性(Deephouse, 1996)、组织声誉(Philippe and Durand, 2011)以及外部利益相关者对组织的评价(Holmstrom, 1982),其核心观点认为偏离行业惯例的新战略潜在的风险可能导致组织失去外部资源支持,而组织自身资源是其战略背离的关键。聚焦于微观战略决策过程的研究者则强调从管理者特质视角透析企业战略背离的动因,主要关注竞争对手 CEO 的领导力(Gupta and Misangyi, 2018)、CEO 的权力(Tang et al., 2011)、CEO 的报酬(Carpenter, 2000)、家族继任及代际背景差异(Zhao et al., 2018)等因素对战略背离的影响。Tang 等(2011)则指出,CEO 权力越大,可以有效削弱行业标准对高管战略决策制定的影响,从而更容易使企业制定偏离行业标准的战略决策。Gupta 和 Misangyi(2018)的最新研究指出,竞争对手 CEO 的领导力越高,会导致企业的战略趋同,相反则会导致企业的战略背离。Zhao 等(2018)的最新研究指出家族继任与战略偏离正相关,代际背景差异发挥着正向调节作用。此外,少数最新研究对战略背离的后果效应进行了探讨(Ye et al., 2018; Haans, 2019; Lee, 2017)。

上述研究在一定程度上启发了国内学者对转型经济背景下企业战略"趋同背离"这一研究主题的关注,但现有研究主要存在以下两方面不足:一是,主要聚焦于独特的"非市场化"战略背离,忽视了更具普遍性的"市场化"战略背离。已有研究分析了企业关系战略(李新春等,2016)等非市场化战略的背离,而忽视了组织更具有一般性的市场化战略背离。诚然非市场化战略在一定程度上具有凸显转型经济背景的独特意义,但正是因为这一特殊性可能降低研究结论的普适性。从转型经济制度变迁的进程来看,企业逐渐背离非市场化战略是一个普遍化的过程(Peng, 2003)。二是,过度强调外部要素驱动的组织战略背离,而忽视了组织绩效的反馈驱动。现有对中国情境下企业战略背离的研究虽然都肇始于对新制度理论中"制度同形"的批判,但对企业战略"趋同 背离"的分析大多强调外部环境要素的被动驱动,如强调制度环境和文化习俗的影响等(李新春等,2016),而忽视了企业内部要素驱动的主动选择,尤其是企业业绩反馈,这在一定程度上限制了现有研究结论的解释力。

基于此，本章尝试从组织经营目标或期望视角来考察对企业一般性的市场化导向的战略背离行为的影响。组织的经营目标或经营期望是组织实施何种战略决策的出发点(Cyert and March, 1963; Greve, 1998; Lant, 1992)，组织期望理论和企业行为理论认为，组织通过设定预期的期望水平来反映组织的经营目标，预期的期望水平影响企业对实际绩效的评估，继而作为指导后续企业战略决策制定的参考点(Cyert and March, 1963; Gavetti, 2012)，当实际绩效低于经营期望水平后，将会诱导组织实施冒险性的战略响应行为，战略背离行为也成为组织应对社会竞争期望落差的响应策略(Goll et al., 2007)。Porter(1991)提出，企业的模仿行为将会导致竞争优势的缺失以及业绩平平甚至是下滑，然而当实际绩效低于预期的行业竞争期望水平时，决策者往往会对现有的行业战略惯例产生质疑，他们会倾向于偏离行业主流趋势以期获得意外的惊喜(Chen and MacMillan, 1992)，这说明实际绩效与行业竞争期望的差距是影响组织背离行业战略惯例的重要动机之一，组织选择通过背离行业战略惯例来应对组织行业竞争劣势。进一步，本章考察了中国转型经济背景下经济政策不确定性和产业环境竞争性两个外部因素，以及组织内部两个因素，即高管团队社会资本和组织资源冗余度对组织行业经营期望落差与市场导向的战略响应行为(战略背离)关系的调节作用，借此考察组织实施战略背离这一市场导向的、创新主导的冒险性响应行为的动机因素，以及影响战略背离程度的内外部情境因素。

4.2 理论分析与假设

4.2.1 战略背离响应行为的产生动机：组织行业竞争期望落差

企业行为理论以组织期望为考察单位，重点研究组织的期望目标对决策行为及过程的影响(Cyert and March, 1963)。当企业偏离其预期设定的期望目标时，企业决策者会持续地搜寻和评估不同的解决方案以校正偏差(Cyert and March, 1963)。期望水平是该理论的核心概念，当代心理学理论将其解释为“能够使决策者感到满意的最小产出水平”(Schneider, 1992)，在组织行为研究中，管理者往往将其看作一种竞争期望(Cyert and March, 1963)。期望水平为企业战略决策提供了一个重要参照点(Lant, 1992)。企业通过评估当前实际绩效与期望水平间的差距来决定后续的战略行为（Cyert and March，1963；Greve，1998，2003a，b）。

当实际绩效低于期望水平时，有限理性的决策者将低于期望的状态界定为组织的“损失”状态，而将高于期望水平的状态界定为“获益”状态，在“损”“益”两种不同的经营状态下决策者会采取完全不同的决策行为（Cyert and March，1963；连燕玲等，2014，2015）：当组织处于获益状态时，为了维持当前的绩效水平将更倾向于采取保守决策（Bromiley，1991）；当组织处于损失状态时，会促使决策者实施问题导向的搜寻行为，直至找到满意的解决方案。在此过程中，组织将更倾向于采取高风险决策，以使组织绩效回到目标期望水平上（Cyert and March，1963），即低于期望水平的业绩落差状态，将引导决策者突破原有战略束缚，打破惯例，采取更大的冒险行为和激烈的战略变革以寻求新的发展（连燕玲等，2014，2015；李新春等，2016；贺小刚等，2017）。

组织期望理论根据期望对比的参照组的不同，将组织的竞争期望分为两种类型：历史竞争期望和行业竞争期望。历史竞争期望是企业对当前实际绩效与企业自身历史绩效进行对比；行业竞争期望则是与同行业竞争对手绩效期望进行对比（Cyert and March，1963）。但当企业的历史经验积累不足时，使用历史期望水平指导企业行为会存在偏差（Levinthal and March，1993），而同行业企业具有相似的竞争行为，研究行业竞争期望水平更有利于促进组织提高自身竞争优势（Kim and Miner，2009）。相比于历史竞争期望差距，行业竞争期望差距为难以获取公司内部管理细节的投资者、债权人等外部利益相关者提供了一个更为直接的参照标准（巩键等，2016），更有利于组织自身和外部利益相关者审查和评估组织当期经营现状和战略执行的有效性，也更能给组织和决策者造成巨大的外部经营压力。加之，不同于以往研究，本章聚焦于组织是否会背离行业的战略惯例，对比历史竞争期望，行业竞争期望更适合该情境，由此，本章主要以行业竞争期望落差作为研究出发点，分析组织处于行业竞争期望落差困境下的战略决策行为。

根据上述理论逻辑，本章认为组织实际绩效低于行业竞争期望水平的程度越大（即行业竞争期望落差越大），组织的行业竞争地位越低，组织处于损失状态的程度和相应的利益损失越严重，组织越有可能采取激进和冒险性的战略决策，即以战略背离行为来寻求差异化经营以改变所处的行业竞争困境，这是因为：

一方面，组织绩效低于行业竞争期望水平意味着组织现有的战略失去了在行业竞争中的优势，企业必须从它的竞争对手中找到一个截然不同的竞争位置，战略顺从或模仿将会导致竞争优势的缺失以及企业的业绩平平(Porter, 1991)。与行业主流趋势保持一致虽能使企业获得合法性,但也只能获得与行业平均水平相近的绩效(Tang et al., 2011),然而,企业不按惯例行事反而有可能获得意外的惊喜(Chen and MacMillan, 1992),尤其当企业处于行业竞争劣势地位时,背离行业惯例寻求战略差异性将有利于提高企业绩效和获取行业竞争优势(Goll et al., 2007),比如,通过开辟新的细分市场,调整资源投资方向,制定新产品和研发策略(Greve, 2003),寻找新的目标客户群体等行为,即不再墨守成规,而是打破行业规范,积极寻求新的差异化战略,重新构建自身的行业竞争优势(Grinyer and Mckierman, 1990; 巩键等,2016)。战略偏离还能够使组织重新构建起让竞争对手难以预料、模仿和报复的能力(Prahalad and Hamel, 1990; Chen and MacMillan, 1992),还会扰乱行业竞争,并使竞争规则向有利于自身的方向转变,从而提升竞争地位和绩效。

另一方面,当企业实际绩效高于行业期望水平时,行业竞争期望顺差证明了企业当前战略的有效性,较好的业绩表现也会提高企业决策者对前期战略选择的自信(Audia et al., 2000; Sitkin, 1992),坚守当前战略不变则成为最优选择,此时组织更多的是顺从当前的战略模式,这有助于构建组织外部合法性(Oliver, 1992)。反之,当组织经营绩效低于行业竞争期望的落差增大、组织处于行业竞争劣势地位时,会影响股东及其他利益相关者对组织的信心,会引发外部利益相关者的质疑,导致外部利益相关者提高对企业的关注与监督力度(Tushman and Romanelli, 1985),他们会通过施压来迫使组织对战略做出调整(连燕玲等,2014)。此时,积极寻求有别于行业惯例的新战略,反映了组织和决策者大胆的冒险精神和创新的战略选择,某种程度上成为一种"利好信号",让股东及其他利益相关者意识到决策者正在积极地采取应对措施来改进竞争绩效,从而有利于重构股东及利益相关者对组织有能力恢复行业竞争地位的信心。综上分析,在行业竞争期望落差状态下,组织通过战略背离扭转竞争困境的动机增强。由此,本章提出以下假设:

H1:行业竞争期望落差越大,组织实施战略背离响应行为的程度越强。

4.2.2 战略背离响应行为的情境机制分析:动机、资源和能力

基于上述分析,行业竞争期望落差是组织实施战略背离响应行为的重要动机,本章进一步认为行业竞争期望落差对战略背离响应行为的影响并非是同质性的,因为组织自身特征是存在差异性的,所处的外部政策环境也在发生变化,

以及嵌入的产业环境也不同①，即组织自身特征和内外部环境等因素的不同决定了即使在同等行业竞争期望落差背景下，组织实施战略背离的程度也会有所不同。基于此，该部分进一步探讨影响行业竞争期望落差状态下企业实施背离战略响应行为的情境机制，主要从组织外部环境因素（宏观经济政策不确定性和产业竞争性）和组织内部环境因素（高管团队社会资本和组织资源冗余）等方面进行分析。

4.2.2.1 经济政策不确定性的调节作用：高度不确定性弱化战略背离的动机

在转型经济背景下，企业战略选择往往会受到外部环境要素的影响，尤其是经济政策与产业环境的影响（Bradley et al., 2016；靳光辉等，2016）。经济政策的不确定性主要强调经济主体无法确切预知政府是否、何时以及将如何改变现行的经济政策（Gulen and Ion, 2015）。对于企业组织而言，经济政策的不确定性会提高企业经营环境的复杂程度，进而影响组织战略决策（Baker et al., 2016）。现有研究表明经济政策的不确定性会对企业研发决策（Bhattacharya et al., 2014；Wang et al., 2017）、投资行为（Kang et al., 2014；Gulen and Ion, 2015）、出口决策（Handley and Limão, 2015）、现金持有（李凤羽和史永东，2016）以及高管变更（饶品贵和徐子慧，2017）等均产生不同程度的影响。

经济政策不确定性对企业行业竞争期望落差与战略背离响应行为之间的关系存在两方面的影响：

一方面，经济政策的不确定性提高了企业实施战略背离响应行为的风险。企业采用背离行业的竞争战略虽然在一定程度上因为战略差异化而获得竞争优势（Porter, 1991），但同时面临"合法性不足"（Baum and Powell, 1995）和"失去利益相关者支持"（李新春等，2016）等风险，尤其当外部经济政策不确定性较高的情况下，企业原本又处于行业竞争落差境况时，选择背离型战略的风险将进一步扩大，作为理想的组织决策者而言，会降低实施企业战略背离响应行为的程度。

另一方面，经济政策的不确定性影响了企业业绩期望落差的归因。虽然企业行为理论的观点认为企业经营业绩落差会影响组织的战略选择，尤其在企业业绩低于期望的情况下（Cyert and March, 1963；连燕玲等，2014，2015）。诚然当企业业绩低于期望落差的情况下，管理者会选择通过战略调整来缓解企业业

① 中国转型经济背景下，资源配置方式和经济增长方式的改变，使得社会环境发生着重大变化（赵曙明，2009），企业所处的经营环境也体现着更大的动态性和不确定性特征（张映红，2005），外部宏观经济和产业环境对企业的战略决策和行为产生着重大影响。

绩压力，提升组织绩效（连燕玲等，2015），但一个不可忽视的问题是企业是否进行战略调整还取决于管理者对业绩落差的归因。归因理论认为当个体或组织将失败归因于外部因素时，更倾向于被动地接受失败的现实，而归因于内部因素时，会做出主动积极的策略改变现实困境（Weiner，1979；杨学儒等，2018）。经济政策不确定性是企业面临的不可避免的系统性风险，当经济政策不确定程度越高时，企业管理者往往会将企业业绩不佳归结于外部环境因素，同时为了避免承担战略决策制定失误的责任，往往会保守地选择维护既定的战略决策，降低选择战略背离的动机。由此，本章提出以下假设：

H2：经济政策不确定性程度越高，会弱化行业竞争期望落差与组织战略背离响应行为的正相关关系。

4.2.2.2　产业竞争程度的调节作用：高度竞争性强化实施战略背离的动机

除了外部宏观经济政策因素，组织所处的产业环境特征（如产业竞争性程度）同样影响到落差状态下组织和管理者实施战略背离的动机。

首先，从组织层面，产业竞争性的强化往往将组织置于高压的状态下（Baucus，1994），要求组织必须具有灵活性、革新性和创造性以快速适应高度竞争和不断变化的竞争规则（Biedenbach and Söderholm，2008）。随着产业竞争性的提升，因组织具有相似的渠道、顾客和供应商等（贺小刚等，2017），组织争夺有限的市场与资源的竞争压力更强，加之，组织在高度竞争状态下面临市场需求下降的长期威胁，导致组织面临落差下的经营危机也更具有长期效应，所以需要长期的解决方案，比如改变战略或环境（贺小刚等，2017），此时寻求不同于行业规范的背离战略则是一种恰当的选择。因为在高度竞争且同质化的行业竞争结构中，组织的战略顺从已很难再发现新的市场空白。快速激烈的竞争环境要求组织必须不断革新，创造新的竞争优势，变革的制度化成为组织长期生存和发展的需要（Ilinitch et al.，1996）。在这种情况下，对任何组织而言，选择差异化的战略往往能够在更大程度上为企业获取竞争优势（Porter，1980）。所以，对于处于同等行业竞争期望落差状态下的企业而言，面临行业竞争程度越高的组织，期望通过战略背离寻求新的发展机会和重构竞争优势的动机则更强。

其次，从管理者层面，激烈的行业竞争也强化了高管进行冒险变革的动机。行业竞争性提高了市场信息透明程度，降低了代理成本，能在最大程度上激励管理者的管理动机和能力（Schmidt，1997；陈信元等，2014；肖土盛等，2016）。在激烈竞争的产业环境下，市场竞争的清算威胁会导致那些经营不善或业绩较差的组织被兼并或破产，这将直接威胁到管理者的利益损失，例如，管理者的职位风险增强，导致管理层被集体辞退，损害管理者在未来劳动力市场上的声誉和就业机会等。竞争市场存在的破产威胁降低了管理者松弛（Labianca et al.，2009），为规避自身利益损失，尤其维持自身在劳动力上的市场声望，管理者通过探索性行为和战略调整来拯救企业的动机随之增强（Bromiley，1991；Singh，1986；Greve，1998；Baum and Dahlin，2007）。另外，在行业竞争期望落差背景下，充分有效的市场竞争更能检验管理者先前战略的有效性，从而促使他们去重新审视当前战略所存在的问题，刺激他们去寻求更多信息，调整自身的战略方向（Bandura，1977）。由此，本章提出以下假设：

H3：产业竞争程度越高，会强化行业竞争期望落差与组织战略背离响应行为的正相关关系。

4.2.2.3 高管团队社会资本的调节作用：增强实施战略背离的资源和能力基础（无形资源）

战略背离策略能否取得预期成效，还有赖于高管团队和组织是否拥有成功制定和实施战略转型的知识、经验、能力和资源基础等（Murray，1989）。高管团队是企业战略决策的主要制定者与推动者（Katzenbach，1997），作为在组织中承担主要战略决策职责的核心群体，最终影响着战略的实施和企业绩效的改善（Hambrick and Mason，1984），因为高管团队始终掌握着企业战略决策和实施的关键性资源（Murray，1989）。尤其在组织经营和战略实施过程中，高管团队成员可以为组织提供不同类型的资本：一方面是拥有丰富工作经验的人力资本，另一方面是他们带来的广泛的社会资本（Shane and Cable，2002）。高管团队社会资本体现着不同知识、经验和能力的积累，甚至是关系到高管团队所拥有的信息量以及信息的质量高低（Casson，1982），作为组织的一种极为重要的无形资源，对战略决策和组织绩效起到重要的影响作用（Makadok，2003）。高管团队社会资本能够帮助组织获得更多不同来源的新知识和新经验，有利于突破现有行业惯例和主流经验的认知束缚，产生新的战略思路，有效削弱行业标准对组织战略决策的约束效应，从而使组织更容易制定出偏离行业标准的竞争战略。尤其在不确定性条件或经营困境下，高管社会资本的积累往往会有助于组织迅速做出战略调整决策（Casson，1982）。

高管的社会资本是先天素质与后天实践的结合，它来源于高管所受的教育、经历、天赋，尤其是后天所构建的人际关系（Schultz，1961），高管社会资本被定义为"网络+资源"的结合体，认为是从个人拥有的社会关系网络中获得并衍生出来的现实和潜在的资源总和（Nahapiet and Ghoshal，1998）。高管团队的社会关系网络体现了高管团队的社会资本的拥有程度，社会关系网络越密集，能为组织累积的社会资源以及新的知识、经验和认知基础越丰富。这样，在企业处于困境状态时高管能够迅速做出反应，及时调整战略，使组织扭亏为盈。基于以上“网络关系”的视角，本章主要从高管团队的海外关系背景、学术关系背景和金融关系背景三个方面分析高管团队的社会资本情况，进而分析三种社会关系资本如何影响高管在行业竞争期望落差下的战略背离响应行为，具体分析如下：

(1) 海外关系资本

在知识经济时代，建立和培育组织自身的知识库，提高组织管理能力成为企业战略发展的核心内容，局限于国内相关产业的深度知识可能存在认知框架僵化，限制了高管团队的思维创造性（杨俊等，2010），而具有海外关系背景的高管无论是对于所在企业还是同行业内的其他企业而言都存在知识溢出效应（Liu et al., 2010）。高管团队的海外背景多元化程度越高，意味着企业所拥有的海外先进管理知识越丰富，收集和处理复杂信息的能力也越高（陈传明等，2008），这为组织的战略创新提供了重要的经验和知识积累。有海外背景的高管具备国际化的思维理念和先进的管理技能，在面对复杂的经营环境和管理问题时，能够对企业经营发展的机遇和挑战做出精准的战略判断，从而提高组织进行战略重新选择和调整的空间和能力（Sambharya, 1996）。此外，在企业处于低绩效水平时，海外经历则会进一步激发高管的冒险精神和创新精神，这类高管更不会墨守成规遵从行业规范（陈守明和唐滨琪，2012），因此在制定战略时更倾向于采取高风险行为，从而加剧了战略背离的程度。

(2) 学术关系资本

在高校、科研机构或协会任过职的企业高管可以通过自己的专业知识起到良好的咨询作用，他们能够接触到企业管理最前沿的研究成果，有利于帮助企业准确清晰地认知当前的市场情形，预测未来的发展趋势（Hambrick, 1987），为组织实施战略创新提供发展方向。此外，学术型高管往往具备求实、理性、严谨、认真等个人特质，这些特质会帮助高管发现组织在战略背离行为中发生的不易察觉的细节问题，从而及时纠正错误（Hannu, 2000），有利于保证战略背离顺利实施。在技术方面，拥有学术关系背景的高管，理论能力的强化使得这类高管还可以实现技术开发，将理论成果产业化，为组织创造更多更新的商业机会（Miller and Garnsey, 2000），从而拓展了组织实施战略背离的空间自由度。尤其在低于行业竞争期望水平下，他们往往更有能力和基础来突破行业惯例，勇于打破常规，大胆应用最新研究成果，将理论与实践相结合，为组织提供前沿性的理论支持，促进组织实施战略。

(3) 金融关系资本

组织发展和战略实施均需要依赖充足的资金基础，而资金的来源不外乎各类金融机构。然而在金融市场上，信息往往是非对称的，资金的使用者比资金的提供者拥有更多企业经营方面的信息(陈爽英等，2010)，金融机构因担心企业采取机会主义行为，往往降低给企业贷款的意愿。在这种信息非对称情况下，"关系"可以提供灵活的资源配置方式(Guner et al.，2008)，通过高管的金融关系网络，银行不仅有利于获得企业财务经营状况等的"硬信息"，还可以获得非公开性的"软信息"(苏灵等，2011)。当非市场化的银企关系在企业不具备硬性的贷款条件时，银企之间的信息互换使得资金提供方对企业的信任程度提高，从而企业受到的融资约束也会降低。企业通过高管的金融关联向银行贷款，还可以获得更低的贷款利率以及更高的贷款额度(Engelberg，Gao and Parsons，2012)，这不仅能为企业节约融资成本从而降低战略调整的风险，也为组织实施战略背离提供了充足的资金基础，相对于在行业竞争期望落差状况下，那么对无法获得足够资金基础的高管而言，拥有较高金融关系资本的高管团队，则更有可能为组织实施战略调整提供充足的资源基础，从而有利于组织战略创新行为的实施。由此，本章提出以下假设：

H4：高管团队的社会资本越多，即海外关系资本(H4a)、学术关系资本(H4b)和金融关系资本(H4c)越多，会强化行业竞争期望落差与组织战略背离响应行为的正相关关系。

4.2.2.4 组织内部冗余的调节作用：增强实施战略背离的资源和能力基础(有形资源)

自 March 和 Simon(1958)对组织分析中创造性地提出"冗余"观点以来，组织的资源冗余被视为超出组织实际需求而保存在组织内部的资源，作为一种现实或潜在的资源缓冲器，其作用在于促进组织为应对外部环境突变而进行战略变化的可行性(Bourgeois，1981)。从组织层面来看，相比于趋同化的战略而言，差异化的战略强调组织需要进行更大程度的资源投入和战略探索(李新春等，2016)，拥有更多可支配性资源有利于提升组织的资源运作能力(Hambrick and Finlekelstein，1987)，而组织的冗余资源能够为组织背离战略提供更多的资源支持。尤其随着冗余资源可支配度的提高，组织实施探索性行为的能力和行为自由度也随之提高(Cyert and March，1963)。Gruber(2010)的研究表明，组织冗余资源程度越高，越有利于组织尝试更多的不确定性事件，支持组织在更大范围内搜索机会和寻找问题解决的途径。

从管理者层面来看，组织冗余资源提高了管理者决策的风险感知。对管理决策者而言，风险感知程度是其战略选择的一个重要参考点，虽然前景理论认为业绩落差会导致决策者表现出风险偏好（Levinthal and March，1981），但管理者战略决策的偏好取决于同样的决策风险对不同组织的冲击力（贺小刚等，2017）。当组织冗余资源程度较高时，组织对外部风险的抵御程度更强，此时会导致管理者进行战略选择时候风险偏好更强，而当组织冗余资源程度较低时，组织对外部风险的抵御程度较低，此时管理者进行决策更趋于保守（Audia and Greve，2006）。贺小刚等（2017）的研究表明，组织冗余资源程度的提高会提高企业从事风险性程度更大的战略决策。对于组织而言，战略背离响应行为往往被视为一种高风险的战略行为。由此，本章提出以下假设：

H5：组织冗余资源程度越高，会强化行业竞争期望落差与组织战略背离响应行为的正相关关系。

根据以上理论逻辑和假设推导，图 4－1 列示了本章的总体假设模型，该模型的基本假设为不同程度的行业竞争期望落差是导致组织实施战略背离的主导因素，其深层次的机理在于行业经营期望落差背景下的损失规避和冒险决策的动机分析。而这一影响路径受到经济政策不确定性和产业竞争性的调节，分别降低和强化了行业竞争期望落差下进行背离的动机，进而削弱和增强了行业竞争期望落差与战略背离关系之间的正相关关系。进一步，高管团队社会资本和组织冗余资源则增强了组织实施战略背离响应行为的无形资源（知识、经验、认知及能力等）和有形资源基础，进而提升了组织制定和实施战略背离响应行为的自由度和能力，从而也成为影响竞争困境下组织选择背离战略的一个重要调节因素。

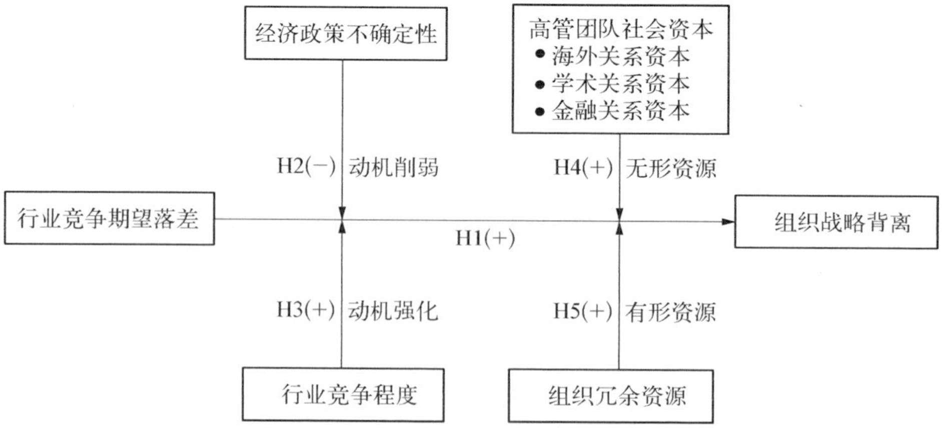

图 4－1 本章的研究框架及假设图

4.3 研究设计

4.3.1 研究样本和数据来源

本章以 2003—2016 年在沪、深交易所上市且发行 A 股的所有上市公司为基础数据库，为确保样本选择的合理性，剔除了金融类（以及银行、证券公司、保险公司等金融类受管制样本）①、公司性质无法判定、ST 或 PT、数据缺失严重的公司样本。数据主要来源于国内较为权威的成型数据库——CSMAR 数据库，主要包括企业业绩指标（ROA、ROE、ROS）、企业基本特征（寿命、资产规模、市场份额、所在行业地区等）、资源配置（广告支出、开发支出、固定资产净利润、非生产性支出以及存货等）和高管个体特征（年龄、性别、海外背景、金融背景及学术背景等）基础数据，最终获得 2 899 个上市公司样本，总计 20 218 个观测值。

4.3.2 模型设计

基于本章研究假设，设定以下待检验模型：

$$\begin{aligned} Sp_{i,t} = {} & \alpha_0 + \alpha_1 I(P_{i,t-1} - CE_{i,t-1}) + \alpha_2 EP_{i,t} I(P_{i,t-1} - CE_{i,t-1}) \\ & + \alpha_3 IH_{i,t} I(P_{i,t-1} - CE_{i,t-1}) + \alpha_4 SC_{i,t} I(P_{i,t-1} - CE_{i,t-1}) \\ & + \alpha_5 OR_{i,t} I(P_{i,t-1} - CE_{i,t-1}) + \alpha_6 CV_{i,t} + \alpha_7 Yr_{i,t} \\ & + \alpha_8 Re_{i,t} + \alpha_8 Inc_{i,t} + \varepsilon \end{aligned} \tag{4-1}$$

其中，$Sp_{i,t}$是被解释变量，表示组织战略背离的程度。I 代表低于行业竞争期望的企业，如果企业实际绩效水平（$P_{i,t-1}$）低于行业竞争期望（$CE_{i,t-1}$），那么 $I=1$，否则为 0。$P_{i,t-1}$表示企业 i 第 $t-1$ 期的实际绩效，$CE_{i,t-1}$表示企业 i 第 $t-1$ 期的行业竞争期望。$EP_{i,t}$表示中国宏观经济政策不确定性水平；$IH_{i,t}$表示企业所处的行业竞争性水平（用 HHI 指数衡量）；$SC_{i,t}$代表高管团队的社会资本，包括高管团队海外关系资本（$S_{i,t}$）、高管团队金融关系资本（$F_{i,t}$）、高管团队学术关系资本（$A_{i,t}$）以及高管团队综合社会资本（$TC_{i,t}$）；$OR_{i,t}$代表组织冗余资源水平。$CV_{i,t}$表示企业层面的控制变量，如企业寿命、规模、市场份额、实际控制人类型、破产指数等，此外还控制了治理机制等因素对竞争期望差

① 这是因为金融类公司所采用的会计制度与其他行业存在差异，这些因素会对本章研究结果产生干扰。

距和战略背离关系的影响，如独立董事比例、股权集中度以及 CEO 两职兼任等相关变量。$Yr_{i,t}$代表年度虚拟变量，$Re_{i,t}$代表地区虚拟变量，$Inc_{i,t}$表示行业虚拟变量，用来控制年份，地区和行业差异性对组织战略背离的潜在影响，所有上述变量的测量和解释详见以下 4.3.3 部分介绍。

4.3.3 定义变量

4.3.3.1 自变量：行业竞争期望落差（$|I(P_{i,t-1}-CE_{i,t-1})<0|$）

行业竞争期望落差界定为企业实际绩效（$P_{i,t-1}$）低于行业竞争期望水平（$CE_{i,t-1}$）的差距的绝对值。根据企业行为理论和业绩反馈模型的相关文献，行业竞争期望水平（$CE_{i,t-1}$）的测量方法如下（Chen，2008）：

$$\boldsymbol{CE_{i,t-1}=(1-\beta_1)IP_{i,t-2}+\beta_1 CE_{i,t-2}} \tag{4-2}$$

其中，β_1 代表权重，介于[0，1]之间，考虑到不同的权重设定会影响 $CE_{i,t-1}$ 的结果，我们将 β_1 从 0 开始，每增加 0.1 进行权重设定，然后利用不同的 $CE_{i,t-1}$ 结果进行稳健性检验，研究结论一致。但基于版面限制，本章借鉴 Chen（2008）的方法，仅汇报了 $\beta_1=0.4$ 时的检验结果。企业 i 在 $t-1$ 期的行业竞争期望值（$CE_{i,t-1}$）等于企业 i 在 $t-2$ 期所在行业内企业实际绩效的中位数 $IP_{i,t-2}$（权重为 0.6）和 $t-2$ 期的行业竞争期望 $CE_{i,t-2}$（权重为 0.4）的加权组合。那么，企业 i 在 $t-1$ 期的行业竞争期望差距（$P_{i,t-1}-CE_{i,t-1}$）即为实际绩效（$P_{i,t-1}$）与行业竞争期望水平（$CE_{i,t-1}$）之差。进一步，定义 I 代表低于行业竞争期望水平的企业，如果企业的实际绩效水平（$P_{i,t-1}$）低于行业竞争期望水平（$CE_{i,t-1}$），那么 $I=1$，否则为 0，结合对 I 的定义，将 I 与行业竞争期望差距（$P_{i,t-1}-CE_{i,t-1}$）相乘，得到以下截尾的负值变量，即低于行业竞争期望的落差 $I(P_{i,t-1}-CE_{i,t-1})<0$，将该负值结尾的变量取绝对值得到 $|I(P_{i,t-1}-CE_{i,t-1})<0|$，即为行业竞争期望落差（$|I(P_{i,t-1}-CE_{i,t-1})<0|$），该数值越大则表示实际绩效低于行业竞争期望的落差越大。

4.3.3.2 因变量：战略背离程度（$Sp_{i,t}$）

本章根据 Ndofor，Sirmon 和 He 等（2015）的研究，通过分析组织战略资源配置较之本行业平均水平的波动程度来测量组织的战略背离程度：如果组织资源的配置相对于本行业平均水平而言波动较大，则认为企业实施战略背离的程度较大；反之，则认为组织遵从行业惯例（战略遵从）的程度较大。具体测量过程如下：首先，获取衡量企业战略资源六个维度指标，包括三个基本资源配置指标以及三个费用结构指标，六个维度分别为：① 广告支出与销售收入比率；② 研发支出与销售收入比率；③ 固定资产净值与固定资产总值比率；④ 非生产性支出与销售收入比率；⑤ 存货与销售收入比率；⑥ 财务杠杆系数。其次，分别计算每年每个行业上述指标的平均值$\bar{P_i}$，此后计算企业上述各项指标实际数据与行业平均水平的差距的平方和，最后计算上述各指标平方和的平均值$\frac{1}{n}\sum_i(P_i-\bar{P_i})^2$，即得到企业每年度的战略背离指数$Sp_{i,t}$。

4.3.3.3 调节变量

(1) 宏观经济政策不确定性

本章采用Baker等(2016)构建的中国宏观经济政策不确定性指数进行衡量①，该指数由斯坦福大学和芝加哥大学联合发布，涵盖了全球主要经济体。Baker等(2016)选取了中国香港《南华早报》(*South China Morning Post*)作为新闻报道检索平台，基于文本检索和过滤方法统计了每个月中符合要求的《南华早报》的报道数目，然后除以该月内《南华早报》所有的报道数目，最后把1995年1月的指数标准化为100，计算出经济政策不确定性指数月度数据。参考以往文献核算方式(饶品贵和徐子慧，2017；顾夏铭等，2018)，基于该指数每年公布的12个月度数据，本章采取提取年度算术平均值的方式，将月度经济政策不确定性转化成年度经济政策不确定性指数($EP_{i,t}$)。

(2) 行业竞争性

本章借鉴Haveman等(2017)、Luo等(2015)、Hill等(2013)以及Jia等(2018)的测量方法，采用各行业当年的Herfindahl-Hirschman指数(简称"HHI指数")来衡量行业的竞争性程度。首先按照证监会(2012版)行业代码(2位)对各行业进行分类，随后按各行业内所有企业的营业收入计算出每个企业所占的市场份额，最后计算出行业内所有企业市场份额的平方和，即得到该行业当年的HHI指数，该HHI指数越大代表着行业竞争性越弱。为更直观地进行后续实证结果的解释，本章对该指数进行了负向处理(HHI指数基础上乘以负1)，之后得到本章中进入模型检验的行业竞争性指标($IH_{i,t}$)，经过转化后的$IH_{i,t}$指数越大，则代表着行业竞争性越强，便于对后续检验结果的解释。

(3) 高管团队社会资本

本章将高管团队的社会资本分为高管团队海外社会资本、金融社会资本和

---

① 该测量方法目前得到学者们的广泛使用，饶品贵和徐子慧(2017)将2000—2013年的经济政策不确定性走势与我国重要的历史事件进行匹配，发现依照上述方法构建的经济政策不确定性指数与我国的重要事件基本吻合，表明该指数能够较好地反映我国的经济政策不确定性，该变量在王红建等(2014)、李凤羽和杨墨竹(2015)、饶品贵等(2016)、顾夏铭、陈勇民和潘士远(2018)、张慧、江民星和彭璧玉(2018)的研究也得到应用。

学术社会资本三部分。变量的具体测量方法如下：① 海外社会资本($S_{i,t}$)。分别统计每位高管的海外就职或求学经历的次数，得出每家公司不同年度的高管团队总人数以及具有海外关系背景的总职位数，最后计算高管人均海外就职数(高管海外关系就职岗位数/总高管人数)，具有海外关系背景的人均就职数越多，说明高管团队海外关系资本越多。② 金融社会资本($F_{i,t}$)。以具有金融关系背景(在金融机构担任职务)的高管人均就职数来衡量，具体计算过程同海外关系资本，具有金融关系背景的人均就职数越大，说明高管与银行等金融机构关系资源越多。③ 学术社会资本($A_{i,t}$)。具有学术关系背景(在高校或其他学术机构担任职务)的高管人均就职数，具体计算过程同海外关系资本，具有学术关系背景的人均就职数越大，说明高管的学术关系背景越强。高管团队总的社会资本($TC_{i,t}$)为以上三种背景的高管人均就职数总和。

(4) 组织冗余资源

本章采用流动资产比率来衡量(Bourgeois，1981；Malen，2015)，该比例越高，代表组织拥有的组织冗余资源越丰富。此外，本章也采用现金比率(Singh，1986；Kim and Bettis，2014；Vanacker et al.，2013)和权益债务比例(Bourgeois，1981；蒋春燕和赵曙明，2004；连燕玲等，2015)等来衡量，检验结果基本一致。

4.3.3.4 控制变量

根据已往研究文献，主要包括以下控制变量：① 企业寿命($Life_{i,t}$)，以企业成立之日至统计当年的年限长度(取自然对数)来测量；② 企业规模($Size_{i,t}$)，公司期末总资产取自然对数；③ CEO 两职兼任($Dceo_{i,t}$)，若 CEO 同时兼任了董事长，则设定为 1，否则为 0；④ 股权结构变更($Cownr_{i,t}$)，若股权结构发生变化，则设定为 1，否则为 0；⑤ 股权集中度($Shfd_{i,t}$)，通过前五位大股东持股比例的赫芬达尔指数来衡量；⑥ 企业市场份额($Mrkt_{i,t}$)，定义为企业主营业务收入占行业总主营业务收入的比例；⑦ 独立董事比例($Inbrd_{i,t}$)，定义为外部独立董事所占董事会总人数的比例；⑧ 实际控制人类型($Identy_{i,t}$)，如果是国企则设定为 1，民营企业则设定为 0；⑨ CEO 变更($Cchg_{i,t}$)，若 CEO 当年发生变更，则设定为 1，否则为 0；⑩ 市场化程度($Dum_{i,t}$)，根据樊纲市场化指数来测度；⑪ CEO 开放性($Copen_{i,t}$)，CEO 开放性程度将会影响其进行战略背离的程度，根据 Datta 等(2003)的测量过程和方法，采用 CEO 年龄，任职期限和教育水平三个人口特质指标，标准化处理后相加来测量；⑫ 破产倾向($Bkpt_{i,t}$)，企业破产倾向威胁到其战略行为(Chen and Miller，2007)，借鉴以往研究文献，采用 Altman'Z 指数来衡量企业的破产风险，该指数越大则破产风险越小(Gentry and Shen，2013)。

此外，考虑到区域投资环境和行业环境的差异性对组织战略决策的影响，根据世界银行(2006)对中国区域划分的标准以及中国证监会行业分类标准，设定地区和行业虚拟变量来控制这些因素对战略背离可能产生的影响。从表4-1可知，样本主要分布在东南地区、环渤海地区以及中部地区，样本所涉及的行业主要是制造业。考虑到年度趋势变化对组织经营和战略决策等方面的影响，也控制了年度虚拟变量。

表4-1　　样本的地区和行业分布情况

地区代码	所占比重	地区省份
Reg_1	43.86%	东南地区(江苏、上海、浙江、福建和广东)
Reg_2	16.63%	环渤海地区(山东、北京、天津和河北)
Reg_3	14.05%	中部地区(安徽、河南、湖北、湖南和江西)
Reg_4	6.25%	东北地区(黑龙江、吉林、辽宁)
Reg_5	10.58%	西南地区(云南、贵州、广西、四川、重庆和海南)
Reg_6	8.63%	西北地区(山西、陕西、内蒙古、青海、甘肃、新疆和西藏)
行业代码	所占比重	行业分类
Ind_a	1.94%	农、林、牧、渔业
Ind_b	2.48%	采矿业
Ind_c	66.84%	制造业
Ind_d	3.6%	电力、热力、燃气及水生产和供应业
Ind_e	2.66%	建筑业
Ind_f	6.29%	批发和零售业
Ind_g	3.52%	交通运输、仓储和邮政业
Ind_h	0.45%	住宿和餐饮业
Ind_i	0.84%	信息传输、软件和信息技术服务业
Ind_k	5.19%	房地产业
Ind_l	1.17%	租赁和商务服务业
Ind_m	0.51%	科学研究和技术服务业
Ind_n	0.98%	水利、环境和公共设施管理业
Ind_o	0.2%	居民服务、修理和其他服务业
Ind_p	0.03%	教育
Ind_q	0.12%	卫生和社会工作
Ind_r	0.93%	文化、体育和娱乐业
Ind_s	2.25%	综合

4.3.4 主要变量的描述性统计分析

表4－2列出了各主要变量的描述性统计结果，结果显示战略背离($Sp_{i,t}$)均值为0.213，标准差为0.408，最小值为0，最大值为5.743，表明样本的总体偏离幅度不大。行业竞争期望落差（$|I(P_{i,t-1}-CE_{i,t-1})<0|$）的均值为0.019，标准差为0.042，说明企业实际绩效低于行业竞争期望的平均差距为0.019。宏观经济政策不确定性指数($EP_{i,t}$)的均值为1.731，标准差为0.913，最小值为0.650，最大值为3.648。行业竞争性指数($IH_{i,t}$)的均值为−0.047，均值为0.075，最大值为−0.008。进一步，高管团队的海外关系资本($S_{i,t}$)的均值为0.037，学术关系资本($A_{i,t}$)的均值为0.070，金融关系资本($F_{i,t}$)的均值为0.073，这表明高管金融和学术社会资本相对海外资本更多。组织冗余资源($OR_{i,t}$)均值为0.550，说明企业的流动资产比率平均为0.550。从实际控制人类型($Identy_{i,t}$)的均值来看，样本中47.1%为国有企业，其余样本大部分为民营（或家族）企业样本。最后，依据企业实际绩效与行业竞争期望水平的对比，将样本分为"高于行业期望（$|I(P_{i,t-1}-CE_{i,t-1})>0)$"和"低于行业期望（$|I(P_{i,t-1}-CE_{i,t-1})<0)$"两类样本，通过均值对比的$T$检验可以看出，低于行业竞争期望下的战略偏离($Sp_{i,t}$)的均值显著大于高于行业竞争期望下的战略偏离($Sp_{i,t}$)程度（$0.271>0.152$，$p<0.01$），表明在行业竞争期望落差下战略偏离的程度更高。

表4－2　　各主要变量的描述性统计

主要变量	总样本				高于行业期望	低于行业期望	(2)－(1) T值
	均值	标准差	最小值	最大值	均值(1)	均值(2)	
$Sp_{i,t}$	0.213	0.408	0.000	5.743	0.152	0.271	0.119***
$\|I(P_{i,t-1}-CE_{i,t-1})<0\|$	0.019	0.042	0.000	0.341			
$EP_{i,t}$	1.731	0.913	0.650	3.648	1.715	1.746	0.031***
$IH_{i,t}$	−0.047	0.075	−0.969	−0.008	−0.046	−0.048	−0.002**
$S_{i,t}$	0.037	0.106	0.000	2.000	0.037	0.036	−0.001
$A_{i,t}$	0.070	0.146	0.000	1.800	0.074	0.066	−0.008***
$F_{i,t}$	0.073	0.184	0.000	2.500	0.073	0.074	0.001
$OR_{i,t}$	0.550	0.216	0.065	0.965	0.566	0.535	−0.031***
$Life_{i,t}$	2.563	0.454	0.693	3.332	2.513	2.610	0.097***
$Size_{i,t}$	21.822	1.313	18.834	26.240	21.778	21.862	0.084***

续表

主要变量	总样本				高于行业期望	低于行业期望	(2)—(1) T值
	均值	标准差	最小值	最大值	均值(1)	均值(2)	
$Dceo_{i,t}$	0.223	0.416	0.000	1.000	0.234	0.213	−0.021***
$Cownr_{i,t}$	0.316	0.465	0.000	1.000	0.248	0.379	0.131***
$Shfd_{i,t}$	0.175	0.121	0.014	0.566	0.187	0.165	−0.021***
$Mrkt_{i,t}$	0.007	0.024	0.000	0.199	0.007	0.006	−0.001
$Inbrd_{i,t}$	0.367	0.054	0.000	0.800	0.366	0.368	0.002***
$Identy_{i,t}$	0.471	0.499	0.000	1.000	0.416	0.522	0.105***
$Cchg_{i,t}$	0.244	0.429	0.000	1.000	0.256	0.232	−0.024***
$Dum_{i,t}$	6.637	1.688	1.360	9.880	6.626	6.647	0.021***
$Copen_{i,t}$	−0.047	1.458	−3.714	3.209	−0.047	−0.046	0.001
$Bkpt_{i,t}$	6.410	8.849	−0.591	52.288	7.955	4.972	−2.983***

注：*** 表示 $p<0.01$，** 表示 $p<0.05$，* 表示 $p<0.1$，$N=20\ 218$(观测值)。

4.4 实证检验与结果分析

在具体检验之前对数据做如下处理，以确保模型估计的一致性和有效性：① 为避免异常值对检验结果的影响，对主要连续变量在1%水平上进行缩尾处理(Flannery and Rangan, 2006)。② 为避免多重共线性的影响，对交互项测量的变量进行了中心化处理(Frazier et al., 2004; Barrick et al., 2005; Robinson, 2008)。此外，对进入模型的所有解释变量和控制变量进行了方差膨胀因子(*VIF*)诊断，结果显示 *VIF* 约为1.76，由此可以排除多重共线性问题。③ 为排除面板数据可能存在的异方差、横截面相关和序列相关等问题，本章采用Driscoll-Kraay标准差进行估计得到标准误差(Driscoll and Kraay, 1998)①。

本章检验思路如下：

首先，分析行业竞争期望落差对组织战略背离响应行为的影响程度。

① 使用通常的面板数据估计方法会低估标准误差，导致模型估计结果有偏，采用Driscoll-Kraay标准差进行估计得到的标准误差才具有无偏性、一致性和有效性(Driscoll and Kraay, 1998)。同时为确保检验结果的稳健性，本章对标准误差还进行了企业层面的Cluster群聚调整，Bootstrap自体抽样方法和Robust异方差稳健性方法等进行了稳健性检验，实证检验结果基本一致。

其次，分析影响行业竞争期望落差与战略背离响应行为两者关系的调节机制，即分析影响战略背离的“动机”（宏观经济政策不确定性和行业竞争性）和“能力”（高管团队资本和组织冗余资源）两方面的情境因素的调节机制。

4.4.1 战略背离响应行为的动机分析：行业竞争期望落差与战略背离响应行为的关系检验

表 4－3 列示了企业实际绩效低于行业竞争期望的落差（$|I(P_{i,t-1}-CE_{i,t-1})<0|$）与组织战略背离响应行为之间的关系，其中模型（1）为基准模型，仅包括所有控制变量的检验结果；在模型（2）中加入自变量进行检验，结果显示：组织实际绩效低于行业经营期望落差（$|I(P_{i,t-1}-CE_{i,t-1})<0|$）的回归系数显著为正（$coef.=1.226$，$p<0.01$），并且在加入调节变量后的模型（3）、模型（4）、模型（5）、模型（6）、模型（7）和模型（8）中依然稳健。这表明随着行业竞争期望落差的扩大，组织战略背离响应行为的程度越高，由此本章假设 H1 得到验证。

4.4.2 行业竞争期望落差与战略背离关系的调节机制分析

表 4－3 的模型（2）分析了行业竞争期望对组织实施战略背离响应行为的影响机制，该部分进一步分析宏观经济政策不确定性、行业竞争性、高管团队资本和组织资源四个变量对两者关系的调节效应。

（1）宏观经济政策不确定性的调节效应：削弱行业经营期望落差下战略背离的动机

表 4－3 模型（3）分析了宏观经济政策不确定性（$EP_{i,t}$）对行业竞争期望落差（$|I(P_{i,t-1}-CE_{i,t-1})<0|$）与战略背离（$Sp_{i,t}$）关系的调节效应。结果显示：宏观经济政策不确定性与低于行业竞争期望落差的交互项（$|I(P_{i,t-1}-CE_{i,t-1})<0|*EP_{i,t}$）的系数显著为负（$coef.=-0.519$，$p<0.01$），且在后续模型（8）中该结果依然稳健（$coef.=-0.469$，$p<0.01$）。这说明，随着宏观经济政策不稳定程度的加强，组织实施战略背离所面临的不确定性增强，组织为规避不确定性可能带来的更大程度的战略创新失败的损失，在行业竞争期望落差增大的情况下主动实施行业战略背离动机和程度将会削弱，由此本章假设 H2 得到验证。

（2）行业竞争性的调节效应：强化行业经营期望落差下战略背离的动机

表 4－3 模型（4）分析了行业竞争性（$IH_{i,t}$）对行业竞争期望落差（$|I(P_{i,t-1}-CE_{i,t-1})<0|$）与战略背离（$Sp_{i,t}$）关系的调节效应。结果显

表 4-3 行业竞争期望落差与战略背离响应行为的关系检验

	(1)	(2)	(3)	(4)	(5)	(6)	(7)	(8)
$\|I(P_{i,t-1}-CE_{i,t-1})<0\|$		1.226***	1.562***	1.223***	1.126***	1.275***	1.392***	1.854***
		(0.167)	(0.196)	(0.163)	(0.105)	(0.161)	(0.163)	(0.115)
$\|I(P_{i,t-1}-CE_{i,t-1})<0\| * EP_{i,t}$			−0.519***					−0.469***
			(0.167)					(0.147)
$EP_{i,t}$			−0.003					−0.016***
			(0.004)					(0.004)
$\|I(P_{i,t-1}-CE_{i,t-1})<0\| * IH_{i,t}$				1.996***				1.322***
				(0.396)				(0.319)
$IH_{i,t}$				0.166***				0.231***
				(0.017)				(0.024)
$\|I(P_{i,t-1}-CE_{i,t-1})<0\| * S_{i,t}$					3.868**			3.193*
					(1.762)			(1.738)
$S_{i,t}$					−0.096***			0.001
					(0.024)			(0.002)
$\|I(P_{i,t-1}-CE_{i,t-1})<0\| * A_{i,t}$					2.320*			0.565
					(1.344)			(1.338)
$A_{i,t}$					0.080**			−0.042
					(0.038)			(0.057)
$\|I(P_{i,t-1}-CE_{i,t-1})<0\| * F_{i,t}$					12.017***			8.618***
					(2.240)			(2.309)

续表

	(1)	(2)	(3)	(4)	(5)	(6)	(7)	(8)
$F_{i,t}$					0.109***			0.167***
					(0.032)			(0.036)
$\|I(P_{i,t-1}-CE_{i,t-1})<0\| * TC_{i,t}$						2.773***		
						(0.730)		
$TC_{i,t}$						0.028		
						(0.035)		
$\|I(P_{i,t-1}-CE_{i,t-1})<0\| * OR_{i,t}$							1.002***	0.873***
							(0.234)	(0.328)
$OR_{i,t}$							0.287***	0.293***
							(0.018)	(0.020)
$Life_{i,t}$	0.027**	0.000	0.008	−0.035***	−0.048***	0.008	0.004	0.025**
	(0.011)	(0.007)	(0.008)	(0.008)	(0.008)	(0.008)	(0.012)	(0.010)
$Size_{i,t}$	0.005	0.025***	0.017***	0.022***	0.036***	0.019***	0.018***	0.016***
	(0.004)	(0.003)	(0.004)	(0.003)	(0.003)	(0.004)	(0.005)	(0.006)
$Dceo_{i,t}$	0.019**	0.018***	0.018***	0.018***	0.023***	0.018***	0.011**	0.014***
	(0.008)	(0.006)	(0.006)	(0.006)	(0.003)	(0.006)	(0.005)	(0.004)
$Cownr_{i,t}$	0.059***	0.053***	0.052***	0.052***	0.048***	0.053***	0.054***	0.049***
	(0.003)	(0.004)	(0.005)	(0.004)	(0.004)	(0.005)	(0.004)	(0.006)
$Shfd_{i,t}$	−0.166***	−0.110***	−0.129***	−0.104***	−0.080**	−0.131***	−0.149***	−0.138***
	(0.019)	(0.019)	(0.019)	(0.023)	(0.039)	(0.020)	(0.026)	(0.019)
$Mrkt_{i,t}$	0.011	−0.020	0.154**	−0.223***	−0.304***	0.139**	0.030	−0.047
	(0.087)	(0.046)	(0.067)	(0.071)	(0.075)	(0.058)	(0.060)	(0.061)

续表

	(1)	(2)	(3)	(4)	(5)	(6)	(7)	(8)
$Inbrd_{i,t}$	−0.085**	−0.063	−0.069	−0.082*	−0.074*	−0.074	−0.104**	−0.058
	(0.039)	(0.051)	(0.051)	(0.049)	(0.041)	(0.048)	(0.041)	(0.044)
$Identy_{i,t}$	−0.014	−0.025	−0.027	−0.023	0.067***	−0.026	−0.021	−0.012
	(0.019)	(0.021)	(0.020)	(0.021)	(0.007)	(0.020)	(0.018)	(0.019)
$Cchg_{i,t}$	0.021***	0.019***	0.018***	0.020***	0.015***	0.018***	0.016***	0.015***
	(0.002)	(0.002)	(0.001)	(0.002)	(0.004)	(0.002)	(0.001)	(0.002)
$Dum_{i,t}$	−0.010**	−0.001	−0.002	−0.005	0.000	−0.003	−0.005	−0.005
	(0.004)	(0.003)	(0.005)	(0.003)	(0.003)	(0.004)	(0.004)	(0.004)
$Copen_{i,t}$	−0.004***	−0.004***	−0.004***	−0.003***	0.001	−0.004***	−0.004***	−0.004***
	(0.001)	(0.001)	(0.001)	(0.001)	(0.001)	(0.001)	(0.001)	(0.001)
$Bkpt_{i,t}$	−0.002***	−0.000	−0.001	−0.001	0.000	−0.001	−0.002***	−0.001***
	(0.001)	(0.001)	(0.000)	(0.000)	(0.001)	(0.000)	(0.000)	(0.000)
常数项	0.125	−0.323***	−0.155	−0.083	−0.482***	−0.191**	−0.298**	−0.315***
	(0.122)	(0.089)	(0.103)	(0.085)	(0.090)	(0.092)	(0.126)	(0.117)
F	299.928	484.025	838.448	484.041	329.277	647.122	814.444	662.413
$Adj.R^2$	0.404 3	0.416 7	0.418 7	0.419 0	0.516 6	0.418 1	0.425 3	0.427 8

注：*** 表示 $p<0.01$，** 表示 $p<0.05$，* 表示 $p<0.1$，$N=20\ 218$(观测值)；年份和行业控制变量未加列示；括号内为标准误；上述模型为经过 Driscoll-Kraay 标准误调整后的结果，同时考虑了异方差、截面相关和序列相关。

示：行业竞争性与低于行业竞争期望落差的交互项（$|I(P_{i,t-1}-CE_{i,t-1})<0|*IH_{i,t}$）的系数显著为正（$coef.=1.996$，$p<0.01$），且在后续模型(8)中该结果依然稳健（$coef.=1.322$，$p<0.01$）。这说明，随着行业竞争程度的增强，企业面临外部竞争压力进一步增强，所以处于竞争激烈的行业中的企业在面临行业竞争期望压力的情况下，更倾向于期望通过战略背离来寻找新的战略发展方向，改变组织经营困境的状况，缓解组织面临的竞争压力，由此本章假设H3得到验证。

(3) 高管团队资本的调节效应：强化实施战略背离的能力和资源基础(无形资源)

表4-3模型(5)分析了高管团队的海外资本（$S_{i,t}$）、学术资本（$A_{i,t}$）和金融资本（$F_{i,t}$）对行业竞争期望落差（$|I(P_{i,t-1}-CE_{i,t-1})<0|$）与战略背离（$Sp_{i,t}$）关系的调节效应。结果显示：高管团队的海外资本、金融资本和学术资本与低于行业竞争期望落差的交互项（$|I(P_{i,t-1}-CE_{i,t-1})<0|*S_{i,t}$；$|I(P_{i,t-1}-CE_{i,t-1})<0|*A_{i,t}$；$|I(P_{i,t-1}-CE_{i,t-1})<0|*F_{i,t}$）的系数均显著为正（$coef.=3.868$，$p<0.05$；$coef.=2.320$，$p<0.1$；$coef.=12.017$，$p<0.05$），这说明，高管的海外背景越丰富，随着行业竞争期望落差的增大而使得组织发生战略背离的程度会被强化；高管的学术科研关系网络越丰富，其对企业管理的前沿理论成果越熟悉，越能够为战略的调整行动提供理论上的支持，随着行业竞争期望落差的增大，这种调节效应会使得组织发生战略背离的程度被强化；而具有金融背景的高管，能够通过多种融资渠道为组织的变革活动提供充足的资金，从而支持企业进行组织的战略调整。综上，本章假设H4a，H4b，H4c得到验证。此外，进一步从三种资本的影响系数对比来看，金融资本（$F_{i,t}$）影响效应最大（$coef.=12.017$），其次为海外资本（$S_{i,t}$）（$coef.=3.868$）和学术资本（$coef.=2.320$）。在模型(5)单变量分析的基础上，表4-3模型(6)分析了高管团队社会资本（$TC_{i,t}$）这一综合变量，对行业竞争期望落差（$|I(P_{i,t-1}-CE_{i,t-1})<0|$）与战略背离（$Sp_{i,t}$）关系的调节效应。结果显示：高管团队社会资本与低于行业竞争期望落差的交互项（$|I(P_{i,t-1}-CE_{i,t-1})<0|*TC_{i,t}$）的系数显著为正（$coef.=2.773$，$p<0.01$），这表明高管拥有的团队社会资本越多，随着行业竞争期望落差的扩大而使得组织战略背离的程度更强，由此本章假设H4得到验证。

(4) 组织冗余资源的调节效应：强化实施战略背离的能力和资源基础(有形资源)

表4-3模型(7)分析了组织冗余资源（$OR_{i,t}$）对行业竞争期望落差

（$|I(P_{i,t-1}-CE_{i,t-1})<0|$）与战略背离（$Sp_{i,t}$）关系的调节效应。结果显示：组织冗余资源与低于行业竞争期望落差的交互项（$|I(P_{i,t-1}-CE_{i,t-1})<0|*OR_{i,t}$）的系数显著为正（$coef.=1.002$，$p<0.01$），这意味着组织所拥有的冗余资源越冗余，在行业竞争期望落差扩大的情况下，能够支持组织实施战略背离的资源基础和能力便越大，从而强化了竞争期望落差下实施战略偏离的程度，由此本章假设 H5 得到验证。

4.5 稳健性检验

4.5.1 行业竞争期望落差的替代检验

本章在 4.3 部分变量测量中，主要借鉴了 Cyert 和 March（1963）以及 Chen（2008）等的方法选取 ROA 作为行业竞争期望差距测量的基础指标，为了降低因选取参照点（Reference Point）的差异性对模型的影响，本章进一步选取了 ROE 作为新的参照点重新对行业竞争期望落差进行测量。根据新计算的自变量，重新检验了行业竞争期望落差对企业战略背离程度的影响以及相关的影响机制。表 4－4 重新检验后的结果显示：在模型（2）中行业竞争期望落差（$|I(P_{i,t-1}-CE_{i,t-1})<0|$）与组织战略背离程度（$Sp_{i,t}$）依然在各个模型中呈现稳健且显著的正相关关系，由此本章假设 H1 依然得到验证；模型（3）中宏观经济政策不确定性与低于行业竞争期望落差的交互项（$|I(P_{i,t-1}-CE_{i,t-1})<0|*EP_{i,t}$）的系数显著为负（$coef.=-0.162$，$p<0.05$），由此本章假设 H2 依然得到支持；模型（4）行业竞争性与低于行业竞争期望落差的交互项（$|I(P_{i,t-1}-CE_{i,t-1})<0|*IH_{i,t}$）的系数显著为正（$coef.=3.448$，$p<0.01$），由此本章假设 H3 依然得到支持；模型（5）、模型（6）高管团队资本（单变量和综合变量）与低于行业竞争期望落差的交互项的系数均显著为正（$coef.=0.544$，$p<0.1$；$coef.=1.129$，$p<0.05$；$coef.=1.296$，$p<0.05$；$coef.=2.979$，$p<0.1$），由此本章假设 H4，H4a，H4b，H4c 依然得到支持；模型（7）组织冗余资源与低于行业竞争期望落差的交互项（$|I(P_{i,t-1}-CE_{i,t-1})<0|*OR_{i,t}$）的系数显著为正（$coef.=0.414$，$p<0.01$），由此本章假设 H5 依然得到支持。综上可知，在更换自变量（行业竞争期望落差）的测量方法后，各假设依然得到验证和支持，说明模型具有较强的稳健性。

表 4-4　　行业竞争期望的稳健性检验(ROE 为基础指标核算)

	(1)	(2)	(3)	(4)	(5)	(6)	(7)	(8)
$\vert I(P_{i,t-1}-CE_{i,t-1})<0\vert$		0.704***	0.737***	0.655***	0.608***	0.646***	0.741***	0.741***
		(0.039)	(0.058)	(0.042)	(0.024)	(0.054)	(0.035)	(0.039)
$\vert I(P_{i,t-1}-CE_{i,t-1})<0\vert * EP_{i,t}$			−0.162**					−0.128**
			(0.067)					(0.063)
$EP_{i,t}$			−0.015***					−0.007*
			(0.005)					(0.004)
$\vert I(P_{i,t-1}-CE_{i,t-1})<0\vert * IH_{i,t}$				3.448***				3.276***
				(0.449)				(0.812)
$IH_{i,t}$				0.160***				0.108**
				(0.018)				(0.042)
$\vert I(P_{i,t-1}-CE_{i,t-1})<0\vert * S_{i,t}$					0.544*			0.599*
					(0.314)			(0.350)
$S_{i,t}$					−0.082***			−0.092***
					(0.017)			(0.023)
$\vert I(P_{i,t-1}-CE_{i,t-1})<0\vert * A_{i,t}$					1.129**			1.273**
					(0.502)			(0.510)
$A_{i,t}$					0.103***			0.107***
					(0.031)			(0.031)
$\vert I(P_{i,t-1}-CE_{i,t-1})<0\vert * F_{i,t}$					1.296**			1.162**
					(0.514)			(0.505)
$F_{i,t}$					0.025			0.030
					(0.039)			(0.043)
$\vert I(P_{i,t-1}-CE_{i,t-1})<0\vert * TC_{i,t}$						2.979*		
						(1.802)		

续表

	(1)	(2)	(3)	(4)	(5)	(6)	(7)	(8)
$TC_{i,t}$						0.107***		
						(0.036)		
$\lvert I(P_{i,t-1}-CE_{i,t-1})<0\rvert * OR_{i,t}$							0.414***	0.817***
							(0.120)	(0.064)
$OR_{i,t}$							0.294***	0.276***
							(0.016)	(0.024)
$Life_{i,t}$	0.027**	−0.038***	−0.019**	−0.035***	−0.054***	−0.041***	−0.012	−0.013***
	(0.011)	(0.006)	(0.008)	(0.006)	(0.010)	(0.007)	(0.008)	(0.005)
$Size_{i,t}$	0.005	0.029***	0.027***	0.028***	0.047***	0.031***	0.029***	0.046***
	(0.004)	(0.004)	(0.004)	(0.004)	(0.002)	(0.004)	(0.005)	(0.002)
$Dceo_{i,t}$	0.019**	0.017**	0.016**	0.017**	0.022***	0.017**	0.009	0.017***
	(0.008)	(0.007)	(0.006)	(0.007)	(0.003)	(0.007)	(0.005)	(0.002)
$Cownr_{i,t}$	0.059***	0.048***	0.052***	0.049***	0.047***	0.051***	0.052***	0.050***
	(0.003)	(0.003)	(0.004)	(0.003)	(0.004)	(0.005)	(0.004)	(0.005)
$Shfd_{i,t}$	−0.166***	−0.050**	−0.074***	−0.045**	−0.020	−0.077***	−0.078***	−0.057
	(0.019)	(0.022)	(0.018)	(0.023)	(0.055)	(0.022)	(0.019)	(0.057)
$Mrkt_{i,t}$	0.011	0.046	0.045	0.029	0.086	−0.006	0.014	−0.081+
	(0.087)	(0.096)	(0.078)	(0.106)	(0.078)	(0.106)	(0.071)	(0.050)
$Inbrd_{i,t}$	−0.085**	−0.088*	−0.076*	−0.086*	−0.094**	−0.079	−0.103**	−0.086*
	(0.039)	(0.047)	(0.043)	(0.046)	(0.047)	(0.063)	(0.040)	(0.051)
$Identy_{i,t}$	−0.014	−0.015	−0.019	−0.014	0.057***	−0.016	−0.014	0.053***
	(0.019)	(0.014)	(0.017)	(0.014)	(0.008)	(0.022)	(0.013)	(0.007)
$Cchg_{i,t}$	0.021***	0.013***	0.017***	0.014***	0.011***	0.017***	0.010***	0.009***
	(0.002)	(0.002)	(0.002)	(0.001)	(0.003)	(0.002)	(0.001)	(0.003)
$Dum_{i,t}$	−0.010**	−0.003	−0.012**	−0.003	−0.002	−0.005	−0.002	−0.000
	(0.004)	(0.003)	(0.005)	(0.003)	(0.002)	(0.004)	(0.003)	(0.002)
$Copen_{i,t}$	−0.004***	−0.003***	−0.003***	−0.003***	0.001	−0.003**	−0.003***	−0.001
	(0.001)	(0.001)	(0.001)	(0.001)	(0.002)	(0.001)	(0.001)	(0.001)
$Bkpt_{i,t}$	−0.002***	0.000	−0.000	0.000	0.001	−0.000	−0.001**	−0.000
	(0.001)	(0.000)	(0.000)	(0.000)	(0.001)	(0.001)	(0.000)	(0.000)

续表

	(1)	(2)	(3)	(4)	(5)	(6)	(7)	(8)
常数项	0.125	-0.244^{***}	-0.276^{**}	-0.234^{***}	-0.694^{***}	-0.274^{***}	-0.529^{***}	-0.946^{***}
	(0.122)	(0.088)	(0.118)	(0.087)	(0.090)	(0.102)	(0.089)	(0.067)
F	299.928	754.587	508.047	904.346	239.730	836.557	971.365	233.823
$Adj.R^2$	0.434 1	0.446 4	0.534 8	0.433 5	0.450 6	0.542 3	0.434 1	0.446 4

注：*** 表示 $p<0.01$，** 表示 $p<0.05$，* 表示 $p<0.1$，$N=20\ 218$（观测值）；年份和行业控制变量未加列示；括号内为标准误；上述模型为经过 Driscoll-Kraay 标准误调整后的结果，同时考虑了异方差、截面相关和序列相关。

4.5.2 宏观经济政策不确定性的分样本检验

本章在 4.3 部分变量测量中，主要根据 Baker 等（2016）公布的中国经济政策不确定性指数进行测量和检验，在该部分进一步采用与均值比较的方式，对中国宏观经济政策的不确定性做进一步划分，将高于均值的样本则设定为 1，表示为高宏观经济政策不确定性；反之为 0，表示低宏观经济政策不确定性，在此基础上进行调节效应交互项和分样本对比检验。表 4－5 重新检验后的结果显示，模型（1）中宏观经济政策不确定性与低于行业竞争期望落差的交互项（$|I(P_{i,t-1}-CE_{i,t-1})<0|*EP_{i,t}$）的系数显著为负（$coef.=-0.480$，$p<0.05$），表明相对于处于经济政策不确定性低的时期，处于不确定性程度高时企业实施战略背离响应行为的程度更低，由此本章假设 H2 依然得到支持。进一步，在分样本检验中，经济政策不确定性高时，行业竞争期望落差（$|I(P_{i,t-1}-CE_{i,t-1})<0|$）与组织战略背离程度（$Sp_{i,t}$）之间的关系，虽仍旧呈现显著且稳健的正相关关系，但在模型（3）的系数显著小于模型（2）中的系数（$Diff=0.34$，$p<0.01$），即面临高不确定性的政策环境时，企业实施战略背离响应行为的程度被削弱，进一步证实了本章的假设 H2。

表 4－5　行业竞争期望落差与组织战略偏离响应行为的关系检验：经济政策不确定性低 VS 经济政策不确定性高

		经济政策不确定性低	经济政策不确定性高	(2)－(3) T 检验
	(1)	(2)	(3)	
$\|I(P_{i,t-1}-CE_{i,t-1})<0\|$	1.442^{***}	1.359^{***}	1.019^{***}	0.34^{***}
	(0.195)	(0.142)	(0.077)	
$\|I(P_{i,t-1}-CE_{i,t-1})<0\|*EP_{i,t}$	-0.480^{**}			
	(0.191)			

续表

		经济政策不确定性低	经济政策不确定性高	(2)—(3) T检验
	(1)	(2)	(3)	
$EP_{i,t}$	0.084***			
	(0.015)			
$Life_{i,t}$	−0.040***	−0.029*	−0.033***	
	(0.010)	(0.016)	(0.010)	
$Size_{i,t}$	0.020***	0.001	0.034***	
	(0.003)	(0.005)	(0.003)	
$Dceo_{i,t}$	0.018***	0.011	0.023***	
	(0.006)	(0.013)	(0.004)	
$Cownr_{i,t}$	0.053***	0.047***	0.051***	
	(0.004)	(0.007)	(0.006)	
$Shfd_{i,t}$	−0.105***	−0.131***	−0.053**	
	(0.021)	(0.023)	(0.021)	
$Mrkt_{i,t}$	0.001	0.009	−0.336***	
	(0.045)	(0.137)	(0.052)	
$Inbrd_{i,t}$	−0.071	−0.070	−0.079	
	(0.049)	(0.071)	(0.056)	
$Identy_{i,t}$	−0.024	−0.066***	−0.008	
	(0.021)	(0.015)	(0.017)	
$Cchg_{i,t}$	0.019***	0.021***	0.006**	
	(0.002)	(0.005)	(0.002)	
$Dum_{i,t}$	0.005*	0.019***	0.002*	
	(0.003)	(0.003)	(0.002)	
$Copen_{i,t}$	−0.003***	−0.008***	0.001	
	(0.001)	(0.001)	(0.002)	
$Bkpt_{i,t}$	−0.001	0.000	−0.000	
	(0.000)	(0.001)	(0.000)	
常数项	−0.159*	0.356***	−0.493***	
	(0.096)	(0.126)	(0.088)	
N	20 218.000	10 120.000	10 098.000	
F	479.738	623.496	522.387	
$Adj.R^2$	0.417 4	0.401 3	0.438 7	

注：*** 表示 $p<0.01$，** 表示 $p<0.05$，* 表示 $p<0.1$，$N=20\ 218$（观测值）；年份和行业控制变量未加列示；括号内为标准误；上述模型为经过 Driscoll-Kraay 标准误调整后的结果，同时考虑了异方差、截面相关和序列相关。

4.5.3 战略背离响应行为的方式：战略收缩和战略扩张的稳健性检验[①]

企业进行战略背离往往意味着其改变原有资源配置方式或人员组成结构，这个过程可能涉及战略的扩张，也可能是进行战略的收缩，而不同的高管团队资本在企业进行不同方向的战略偏离时可能产生不同的作用。为此，本章分别在企业实施战略收缩和战略扩张的两种情况下检验三种不同类型的高管团队社会资本的作用差异性，重新对表 4－3 中的模型(5)进行了分组检验。

表 4－6 的检验结果显示：① 在战略扩张和战略收缩样本下，海外资本与行业竞争期望落差的交互项系数均为正显著（$coef.=4.019$，$p<0.1$；$coef.=2.942$，$p<0.01$），说明无论是组织选择战略扩张还是战略收缩，海外资本均能够强化行业竞争期望落差与组织战略背离之间的关系。进一步从“(1)－(2)T检验”一栏来看，两者系数的差异性在统计上是显著的（$Diff=1.077$，$p<0.01$），这说明相对于战略收缩而言，高管团队的海外资本在战略扩张情况下的促进作用更强。② 在战略扩张样本下，学术资本交互项系数正显著（$coef.=1.470$，$p<0.1$），而在战略收缩时则不显著，说明高管团队的学术资本在企业选择采用战略扩张情况下发挥着强化作用。③ 在战略扩张样本下，金融资本的交互项系数正显著（$coef.=9.650$，$p<0.01$），而在战略收缩时则不显著，说明企业选择战略收缩时对资金或融资的需求不高，此时高管团队的金融资本的作用较小，相反在组织实施战略扩张、需要资金大量投入时，高管团队的金融资本的作用才能体现，起到为组织提供更多的资金或融资渠道的作用，从而强化了组织的战略创新和变革的程度。

---

① 该部分我们采用了三种标准来对战略收缩和战略扩张的样本进行了划分：(1) 根据测量战略偏离的六个基础维度，判断当期企业在该六个维度上，是否相比于前一期的这六个维度上的投入或支出有所减少(增加)，如果有四个及四个以上的维度均呈现减少趋势，则认为企业实施了战略收缩；反之则认为是战略扩张。(2) 根据测量战略偏离的六个基础维度，判断企业在六个维度上的投入或支出，是否低于(高于)行业平均水平，如果有四个及四个以上的维度均呈现低于行业均值的趋势，则认为企业是因为实施了战略收缩而导致了与行业均值水平的战略背离；反之则认为是因为实施了战略扩张而导致了与行业均值水平的战略背离。(3) 根据测量战略偏离的六个基础维度，同时满足企业在六个维度上，有四个及四个以上的维度，同时低于前一期企业自身投入水平，又同时低于行业均值水平，则认定为企业实施了战略收缩的行业背离策略；反之则认为实施了战略扩张的行业背离策略。通过以上三种界定标准对样本进行分类，第(1)种和第(2)种均能得到适合的样本量和观测值，检验结果也基本一致，第(3)种界定因为较为严格，所以样本量和观测值有限，研究结论支持了海外和金融资本在战略扩张样本中的显著作用，学术资本为正效应但接近显著（$coef.=1.065$，$p=0.115$），表 4－6 我们仅列示了以第(2)种判定标准进行分类的检验结果。

表 4-6 高管团队资本的调节效应检验：战略收缩 VS 战略扩张

	战略收缩	战略扩张	(1)−(2) T检验
	(1)	(2)	
$\lvert I(P_{i,t-1}-CE_{i,t-1})<0 \rvert$	0.855***	1.448***	−0.593***
	(0.061)	(0.176)	
$\lvert I(P_{i,t-1}-CE_{i,t-1})<0 \rvert * S_{i,t}$	2.942***	4.019*	−1.077***
	(0.944)	(2.426)	
$S_{i,t}$	0.003	0.003*	
	(0.002)	(0.002)	
$\lvert I(P_{i,t-1}-CE_{i,t-1})<0 \rvert * A_{i,t}$	−0.923	1.470*	−2.393***
	(0.809)	(0.848)	
$A_{i,t}$	−0.013	−0.109*	
	(0.029)	(0.062)	
$\lvert I(P_{i,t-1}-CE_{i,t-1})<0 \rvert * F_{i,t}$	0.754	9.650***	−8.896***
	(1.025)	(2.714)	
$F_{i,t}$	−0.005	0.356***	
	(0.029)	(0.074)	
$Life_{i,t}$	0.017*	−0.006	
	(0.009)	(0.015)	
$Size_{i,t}$	0.018***	0.021***	
	(0.003)	(0.006)	
$Dceo_{i,t}$	0.015***	0.010	
	(0.003)	(0.007)	
$Cownr_{i,t}$	0.038***	0.059***	
	(0.002)	(0.008)	
$Shfd_{i,t}$	−0.003	−0.033	
	(0.024)	(0.058)	
$Mrkt_{i,t}$	0.186***	0.106	
	(0.043)	(0.134)	
$Inbrd_{i,t}$	0.004	−0.115	
	(0.031)	(0.115)	
$Cchg_{i,t}$	0.010***	0.018***	
	(0.002)	(0.004)	
$Dum_{i,t}$	−0.010***	−0.001	
	(0.002)	(0.004)	

续表

	战略收缩	战略扩张	(1)−(2) T检验
	(1)	(2)	
$Copen_{i,t}$	0.002	−0.012***	
	(0.001)	(0.003)	
$Bkpt_{i,t}$	0.001*	−0.001***	
	(0.000)	(0.000)	
常数项	−0.217***	−0.113	
	(0.070)	(0.117)	
N	10 653.000	8 803.000	
F	563.064	690.727	
$Adj.R^2$	0.463 3	0.484 6	

注：*** 表示 $p<0.01$，** 表示 $p<0.05$，* 表示 $p<0.1$；年份和行业控制变量未加列示；括号内为标准误；上述模型为经过 Driscoll-Kraay 标准误调整后的结果，同时考虑了异方差、截面相关和序列相关。

4.5.4 高管团队社会资本：商业资本与非商业资本的对比分析

除了上文中检验的高管团队的海外资本、学术资本和金融资本外，高管还拥有其他类型的资本，如经营关系资本（或商业关系资本，简称商业/经营资本）①和非经营关系资本（或非商业关系资本，简称非商业资本）②，这两种关系资本可能影响企业在实际绩效低于行业竞争期望的落差的情况下进行战略背离的程度，因此该部分对高管团队的商业资本和非商业资本的调节效应做了进一步检验。结果显示：表 4-7 中模型(2)显示商业资本与低于行业竞争期望落差的交互项（$| I(P_{i,t-1}-CE_{i,t-1})<0 | * B_{i,t}$）为正显著（$coef.=0.292$，$p<0.05$），且在模型(4)中依然稳健，表明高管团队的企业资本越丰富，越可能推动其在面临行业竞争期望落差的情况下推进组织的战略偏离活动；模型(3)中非商业资本与低于行业竞争期望落差的交互项（$| I(P_{i,t-1}-CE_{i,t-1})<0 | * P_{i,t}$）为正显著（$coef.=0.835$，$p<0.01$），且在模型(4)中依然稳健，表明高管团队的政

① 本章界定为高管因在其他企业担任兼职职务所带来的社会关系资本，这种社会关系资本是基于高管在其他的企业参与经营管理(兼任管理岗位)所带来的，称为“经营关系资本”或“商业关系资本”，简称“商业资本”，对应于英文表述为“Business Tie”。基于数据上的可获得性，本章采用 TMT 团队成员在其他的企业兼任董事职位比来衡量(兼职的董事职位总数/总 TMT 人数)。

② 本章的非商业关系资本，与上述“经营关系资本”(Business Tie)相对应。基于此，在该部分分析两种不同类型的高管团队社会资本对战略背离的调节效应。

治资本同样能为企业在面临行业竞争期望落差的情况下推进组织的战略偏离活动时提供助力，推进战略背离活动的进行。

表 4－7　　　高管团队资本的调节效应检验：商业资本 VS 非商业资本

		商业资本	政治资本	
	(1)	(2)	(3)	(4)
$\lvert I(P_{i,t-1}-CE_{i,t-1})<0\rvert$	1.223***	1.209***	1.247***	1.236***
	(0.181)	(0.177)	(0.163)	(0.158)
$\lvert I(P_{i,t-1}-CE_{i,t-1})<0\rvert * B_{i,t}$		0.292**		0.275*
		(0.142)		(0.141)
$B_{i,t}$		−0.004		−0.004
		(0.004)		(0.004)
$\lvert I(P_{i,t-1}-CE_{i,t-1})<0\rvert * P_{i,t}$			0.835**	0.908***
			(0.367)	(0.324)
$P_{i,t}$			0.006	0.001
			(0.009)	(0.007)
$Life_{i,t}$	−0.036***	−0.031***	−0.038***	−0.033***
	(0.010)	(0.009)	(0.009)	(0.008)
$Size_{i,t}$	0.021***	0.019***	0.020***	0.018***
	(0.003)	(0.004)	(0.003)	(0.004)
$Dceo_{i,t}$	0.018***	0.018***	0.018***	0.018***
	(0.006)	(0.006)	(0.006)	(0.006)
$Cownr_{i,t}$	0.052***	0.052***	0.052***	0.052***
	(0.004)	(0.004)	(0.004)	(0.004)
$Shfd_{i,t}$	−0.096***	−0.131***	−0.094***	−0.130***
	(0.022)	(0.021)	(0.021)	(0.021)
$Mrkt_{i,t}$	0.030	0.013	0.044	0.032
	(0.051)	(0.056)	(0.054)	(0.056)
$Inbrd_{i,t}$	−0.072	−0.094*	−0.072	−0.094**
	(0.050)	(0.049)	(0.049)	(0.048)
$Identy_{i,t}$	−0.023	−0.016	−0.025	−0.018
	(0.022)	(0.018)	(0.021)	(0.017)
$Cchg_{i,t}$	0.019***	0.018***	0.019***	0.018***
	(0.002)	(0.001)	(0.002)	(0.001)
$Dum_{i,t}$	−0.006*	−0.004	−0.006*	−0.004
	(0.003)	(0.003)	(0.003)	(0.003)

续表

		商业资本	政治资本	
	(1)	(2)	(3)	(4)
$Copen_{i,t}$	−0.003***	−0.003***	−0.003***	−0.004***
	(0.001)	(0.001)	(0.001)	(0.001)
$Bkpt_{i,t}$	−0.001	−0.000	−0.001	−0.000
	(0.001)	(0.001)	(0.001)	(0.001)
常数项	−0.098	−0.106	−0.079	−0.085
	(0.091)	(0.093)	(0.091)	(0.094)
F	382.784	653.748	562.227	237.099
$Adj.R^2$	0.417 7	0.422 8	0.417 8	0.423

注：*** 表示 $p<0.01$，** 表示 $p<0.05$，* 表示 $p<0.1$，$N=20\ 218$(观测值)；年份和行业控制变量未加列示；括号内为标准误；上述模型为经过 Driscoll-Kraay 标准误调整后的结果，同时考虑了异方差、截面相关和序列相关。

4.6 结论与讨论

战略背离作为组织重要的战略决策行为，新制度理论与战略选择理论都致力于剖析组织选择战略背离的优劣，而忽视了对驱使组织选择战略背离因素的研究。本章从组织期望理论及企业行为理论出发，分析了行业竞争期望差距与战略背离之间的关系及组织内外部的影响要素。基于 2003—2016 年 2 899 家沪、深上市公司面板数据的实证分析，得出以下研究结论：行业竞争期望落差是驱动组织战略背离响应行为的根本性因素，宏观经济环境的不确定性会影响业绩期望落差归因和战略背离风险来弱化上述关系，而行业竞争性、高管团队社会资本和组织冗余资源则通过提高战略背离动机和增强战略背离的能力和资源来强化上述关系。上述结果表明：与同业的业绩期望差距确实推动了企业对行业通行战略的背离，不确定的宏观环境下企业抱团应对的需要弱化了战略背离动机，产业竞争强度增强了企业创新战略寻求蓝海的动力，高管的行业外社会资本则能提升知识、经验和信息冗余等从而促进战略创新的实现，冗余资源通过提供应对不利冲击的安全垫也能强化企业战略创新的能力和资源基础。

本章带来以下几个方面的理论贡献：

第一，将同业竞争期望落差引入战略背离的研究框架中，揭示了组织战略背离响应行为的根本性驱动因素。已有关于组织战略背离动机的研究过度强调"合法性"驱动，而忽视了业绩作为组织生存的根本性指标对战略决策的影响，尤其是对于上市公司而非一般性的新创企业而言。本章认为在成熟组织中同业业绩比较是反映组织竞争优势的重要信号，也是利益相关者评价管理者能力的重要指标，由此成为驱动组织战略背离响应行为的关键要素，这一研究结论深化和扩展了基于组织理性视角下的战略背离分析框架。

第二，战略创新决策是一个外部环境推动和束缚下的复杂决策，呈现了外部环境相互冲突的作用。早期对转型经济中组织战略选择的分析主要集中于制度要素，主要聚焦于对非市场化战略的背离（李新春等，2016），对于市场化战略的背离讨论相对缺乏。本章引入转型经济中宏观经济不确定性和产业竞争程度，考察了两者对组织战略背离的影响。研究发现面对同业业绩压力情况下，宏观经济不确定性会导致管理者的外部归因，而行业竞争会导致其内部归因，从而影响其战略背离决策的选择，揭示了转型组织市场化战略创新中的更深层因素，经济政策的不稳定导致组织面临不可抗的系统风险，组织更趋于保守。本章结果也意味着在解析转型期中国企业市场化战略选择不能仅限于绩效反馈，同时更应该考察宏观经济政策和产业环境的共同作用，将基于内生动力的观点与强调外部力量的理论结合起来①。

第三，凸显高管团队社会资本在组织战略创新中的显要地位。管理者的社会资本对于组织战略决策具有重要意义，本章区别于已有研究大多强调 CEO 个体特征、权力、领导力等对组织战略背离的影响，而聚焦于具体负责组织运营和战略执行的高管团队，强调高管团队的行业外社会资本能够为组织战略创新决策提供信息资源支持，从而促进组织战略背离。本章从多维度研究高管团队社会资本对组织战略背离的影响，辨析了不同维度社会资本作用途径的差异，对已有高管团队社会资本强调非商业关系这单一维度进行有益补充，在理论上进一步丰富和扩展了高管社会资本的应用边界。

此外，本章还有进一步改进和完善的空间：一方面，本章鉴于战略背离测量方法和数据的局限性，主要关注到了组织几种战略性资源在配置量上与行业平均水平的差异性所导致的战略背离程度，但并未具体分析在行业竞争期望落差困境下，管理者究竟在哪些方面，以及以怎样的方式或意图对组织的战略行为进行了重新调整，所以未来研究应结合企业案例调查、一手数据调研等方法去更加

① 本章也拓展了转型背景下与经济政策不确定性相关的研究领域，以及宏观经济政策与微观企业行为互动关系方面的研究，为理解中国转型背景下的经济政策与企业行为关系提供了证据。

关注组织在战略方向、方式和意图等方面的改变。另一方面，受限于二手数据，本章对高管团队社会资本的诠释主要以高管的社会网络关联（海外、学术和金融关系）来完成，然而高管团队社会资本还包括更多维度，未来研究也要关注到其他方面的衡量指标（比如职业关系或校友关系等），确定更加完善的理论维度和测量体系。

5　组织经营期望与非市场导向响应行为：基于财务操纵的视角分析

第三章和第四章分别探讨了组织如何通过市场化导向的、创新主导的战略变革和战略背离行为来响应组织绩效反馈，发现组织面对经营期望落差时均表现出积极的组织响应行为。然而绩效反馈引致的组织响应行为非常广泛，除前面探讨的市场化和创新变革主导的响应行为外，非市场化和投机性甚至违规主导的响应行为也存在，如社会责任行为、非社会责任行为（违规、败德行为）和印象管理行为等，但目前文献对非市场响应行为的探讨较少。接下来，本章着重探讨组织在经营期望落差（分析师预测期望落差）下是否会采取非市场化导向的、投机主导的响应行为——财务操纵来应对分析师预测期望落差——盈余压力，并从组织所掌握的资源运作权、所处行业环境和制度环境特征角度分析了影响分析师预测期望落差与非市场导向的战略响应行为（财务造假）关系的情境机制。本章有助于从分析师预测期望落差的视角透析财务操纵响应行为的决策动机及影响机制；同时有助于从财务操纵这一视角理解经营期望落差下组织战略响应行为特点、产生与作用机制。

5.1　引　　言

财务造假对于企业的市场声誉、投资者信心以及企业价值均产生严重危害（Geiger and North，2006），甚至会导致管理者身陷囹圄（Beasley，1996；Jaggi，

1975)。但企业为何还会铤而走险选择财务造假?财务造假一直是学术界和实务界关注的热点,已有的研究主要集中于从企业财务造假的动机出发,将企业财务造假行为归因于压力、机会与道德取向(Albrecht, 1996; Dyck and Zingales, 2003; Geiger and North, 2006; Beasley, 1996; Jaggi, 1975)。"压力一机会一道德取向"假说虽能在一定程度上解释企业为何会财务造假,却无法刻画出企业财务造假的情境差异。例如,现有研究一致认为业绩不佳是驱使企业财务造假的主要原因(Harris and Bromiley, 2007),但并不能完全解释为何在业绩同样差的情况下,企业对财务造假行为的实施却大相径庭?企业行为理论为解释企业财务造假的情境差异提供了新的视角,该理论认为企业行为决策取决于当前经营绩效与期望参考点的差距(Cyert and March, 1963),当经营业绩低于期望参考点时,企业会采用冒险行为来改善经营绩效(Bromiley, 1991; Bolton, 1993)。对于企业管理的决策者而言,业绩压力取决于企业当前经营绩效与期望参考点的差距,不同企业参考点的差异决定了在相同绩效下其所面临的业绩压力差距不同,最终导致不同企业应对业绩下滑的战略选择截然不同。在战略领域的研究中,企业行为理论和比较期望理论虽然较多的应用于解释企业战略调整(Cyert and March, 1963;连燕玲等,2015a;连燕玲等,2015b),但这些研究仅限于经营期望差距压力下企业积极合规的战略调整,诸如研发创新(Bolton, 1993)、进入或退出市场(Schendel and Patton, 1978)、削减财务成本等(Fombrun and Ginsberg, 1990),对于经营期望压力下企业非市场化的、消极违规导向的财务造假行为研究却鲜有涉及。

本章从分析师预测盈余的角度出发,结合企业行为理论、期望理论和前景理论,集中探讨企业所面临的组织经营期望落差(组织实际盈余低于分析师预测期望水平时)—外部资本市场盈余压力对非市场化导向的、消极违规主导的财务造假响应行为的内在影响机理,拟解决以下关键学术问题:

第一,面对外部资本市场的盈余压力(组织实际盈余低于分析师预测盈余期望水平),组织是否会采取非市场导向的财务造假行为来应对盈余压力?虽然已有的研究都强调组织会采取冒险行为来应对企业的经营期望落差,但该类研究强调的大多是企业积极的战略调整行为,而忽视了企业有可能采取消极的非市场化导向的财务造假行为(Audia and Locke, 2003),尤其对于外部资本市场的盈余期望落差如何影响企业的非道德产出,其内在影响机理的研究目前还相对缺乏。

第二,外部资本市场盈余压力(分析师预测期望落差)与财务违规响应行为之间关系受到何种情境因素的制约?虽然已有研究都强调对财务造假行为的动因分析，但大多强调对主要影响因素（主效应）的探讨，而分析影响不同企业财务造假程度差异性的情境因素的研究相对较少，尤其以往研究大多基于西方情境下分析，而对中国转型制度环境下的特定制度性情境因素的探讨相对较少。

第三，财务造假作为一种高风险的冒险投机行为，决策者为何在外部资本市场压力下，反而铤而走险去求助于这种非市场化的、投机性的违规行为？在中国转型制度背景下，是否存在着某些制度机制在诱导或制约着企业去铤而走险？企业逃避违规惩罚的制度资本和企业所在地区的制度环境是否以及多大程度上将会影响着企业财务造假响应行为？

5.2 理论分析与假设

5.2.1 财务造假响应行为的产生动机：分析师预测期望落差（外部盈余压力）

资本市场长期以来被认为对企业施加了巨大压力以确保短期经营目标的实现，导致了管理者的短视行为——更关注当前业绩的实现，而以牺牲长远发展为代价（Bhojraj and Libby，2005；Laverty，1996；Marginson and Mcaulay，2008；Porter，1992；Stein，1989；Zhang and Gimeno，2010）。最普遍的一个压力来源便是分析师的盈余预测（Gentry and Shen，2013）。在资本市场上，分析师评估公司经营状况，并发布报告来预测公司未来盈余状况（Bradshaw，2004；Schipper，1991；Westphal et al.，2008）。分析师的盈余预测对投资者的判断、交易决策甚至是市场期望的形成均产生较大影响（Hayes and Levine，2000；Michaely and Womack，1999），他们趋向于利用分析师的盈余预测来推断企业未来的盈利水平（Degeorge et al.，1999）。基于分析师的盈余预测构建对企业未来盈利水平的市场期望，这种市场期望来自外部资本市场而又对企业内部及其管理者起到重要影响作用的外部短期经营期望（Puffer and Weintrop，1991；Fried and Givoly，1982；Bartov，Givoly，and Hayn，2002）。企业自身也会对未来的绩效表现设定内部期望目标，当分析师预测盈余与组织实际盈余之间形成差距时，尤其当负的“盈余意外”产生时（组织实际盈余低于分析师预测盈余），则将对组织及其管理者产生强大的市场压力（Zhang and Gimeno，2010），这种盈余压力会影响组织和管理者的后续决策行为（Hayes and Levine，2000），给企业战略和投资决策等带来重大影响（Porter，1992；Stein，1989）。

大量研究表明，资本市场会奖励那些超过分析师预测期望的公司，也会惩罚未能达到分析师预测期望的公司，给与强大的施压机制（Bartov, Givoly, and Hayn, 2002; Gleason, and Mills, 2008; Graham, Harvey, and Rajgopal, 2005; Kasznik and McNichols, 2002; Leone et al. 2006; Skinner and Sloan, 2002）。当企业面临正的“盈余意外”时（实际盈余达到或超越分析师的预测期望），投资者往往给与其更高的评价，认为公司具有更高的市场价值，有利于提高公司在资本市场上的声誉（Bartov et al., 2002; Kasznik and McNichols, 2002），投资者也会更愿意将资金投向那些实现分析师预测目标的上市公司（Bartov et al., 2002; Kasznik and McNichols, 2002）。在资本市场中，正的“盈余意外”会增加管理者的私人财富，降低管理者职业风险，巩固他们的职位和提高薪酬（Finkelstein, Hambrick and Cannella, 2009）。换言之，公司如果实现或超越分析师的市场预期，公司股价上涨，管理者个人财富增加，被解雇的风险降低（Puffer and Weintrop, 1991; Farrell and Whidbee, 2003）。

一旦企业实际绩效低于资本市场的市场期望，这种出乎投资者和分析师预料的负向“盈余意外”将被放大，企业面临的外部压力增强，分析师和市场对这种未预料的盈余表现将会出现过度反应（Bondt and Thaler, 1985），导致公司评级下调（Wiersema and Zhang, 2011）、股价下跌（Beneish, 1999; Bartov et al., 2002; Brown, 1987; Kasznik and McNichols, 2002; Bartov et al., 2002; Skinner and Sloan, 2002; Mishina et al., 2010）、市值下降（Bartov et al., 2002），进而引起投资者、大股东和董事会的密切关注，管理者的职位风险增强（Wiersema and Zhang, 2011; Farrell and Whidbee, 2003; Puffer and Weintrop, 1991），薪酬减少（Matsunaga and Park, 2001），甚至导致管理者离职等（Hall and Liebman, 1998; Puffer and Weintrop, 1991; Farrell and Whidbee, 2003）[①]，给管理者造成极大的市场压力（Gentry and Shen, 2013）。低于分析师预测盈余所产生的上述负面效应对管理者的职业和私人财富产生重大影响，督促组织和利己主义导向的管理者去努力实现或超越分析师的预测期望（Bartov, Givoly, and Hayn, 2002; Burgstahler and Dichev, 1997; Puffer and Weintrop, 1991; Gentry and Shen, 2013）。

管理者将分析师的预测盈余看作是一个重要的外部期望目标（Burgstahler and Dichev, 1997; Gentry and Shen, 2013），更多的是处于职业风险和私人财

---

① Narayanan(1985)研究发现，一旦定期公布的公司业绩达不到市场预期，投资者就会“用脚投票”，增加了经理层被替换的风险。

富的考虑(Kasznik and McNichols, 2002; Puffer and Weintrop, 1991)①。比起公司和股东利益，管理者更关心自己的利益(Jensen and Meckling, 1976)。因为他们的大部分私人收益(如基于盈余的薪酬、持有股票或期权价值等)、地位和职业都与公司经营状况捆绑在一起(Amihud and Lev, 1981)，管理者由此意识到实现外部盈余预期的利害关系，也就有强烈的动机采取各种方式实现或超越分析师和投资者的外部盈余期望(King, 2004; Bernhardt and Campello, 2007; Degeorge et al., 1999)。出于私利目的，管理者会采取各种行动来降低因为负的"盈余意外"带给他们的职业风险(Brown, 2001; Matsumoto, 2002)，即使这些行动可能与股东的偏好背道而驰(Gentry and Shen, 2013; Narayanan, 1985)②。管理者不仅是追求短视和利己主义的(Amihud and Lev, 1981; Jensen and Meckling, 1976)，而且当管理者面临分析师预测盈余的落差压力和利益"损失"时，他们也会更加偏好冒险(Cyert and March, 1963; Kahneman and Tversky, 1979)③，为达到期望目标而实施各种冒险响应行为，甚至迫使他们铤而走险采取危险性的或违法性的冒险投机行为(Oliver and Holzinger, 2008)。比如，通过发布一些虚假的或负面信息来影响分析师的盈余预测从而进行外部期望管理，迫使分析师进行低调预测，以便公司实际盈余能轻易达到分析师的预期水平(Bernhardt and Campello, 2007)，甚至采用直接盈余操纵的方式以提高短期盈利(Degeorge et al., 1999; Burgstahler and Eames, 2003; Brown and Caylor, 2005)④。Rudy 和 Johnson(2013)的研究同样认为，企业在面临经营期

---

① 如果公司的实际盈余低于证券分析师的预测盈余，投资者会认为公司经营状况出了问题，进而会造成跟风卖出股票，从而使得股价大跌；如果公司的实际盈余高于证券分析师的预测盈余，投资者则会认为公司经营状况出现了好转，进而会跟风大量追高买进，从而造成股价大涨。由于现代公司两权分离，股价的激烈波动，会使管理层遭到股东的责难，这对管理层的年末考评是不利的，影响他们的薪酬、福利、名声甚至职业发展。所以，管理层为了实现自身利益的最大化，就会迎合证券分析师的盈余预测来调整公司的实际盈余。

② Brown(2001)，Bailk 和 Jiang(2006)的研究相继发现管理层有动机采取行动避免出现负的"盈余意外"。Matsumoto(2002) 的研究则直接指出管理层会通过两种机制来避免负的"盈余意外"：一种是通过向上的盈余管理达到证券分析师的预期，另一种是通过引导使得证券分析师调低他们的预测盈余。

③ 企业行为理论和前景理论(Greve, 2003; Cyert and March, 1963; Kahneman and Tversky, 1979)认为：组织通过评估当前实际绩效与"目标期望水平"的差距来决定后续的行为选择，当绩效低于"目标期望水平"的时候，有限理性的管理者会将"低于目标期望"的状态界定为组织的"损失"状态(March and Simon, 1958)，该损失状态则驱动管理者实施探索性的冒险行为，以使组织绩效回到期望水平上(Cyert and March, 1963)。基于该理论的逻辑，当组织实际盈余低于外部分析师预测盈余的期望水平时，在面对外部资本市场压力下，企业会选择冒险性的行为来提高组织短期实际盈余水平。

④ Brown 和 Caylar(2005)研究发现，在上市公司管理层的盈余管理中，满足分析师预期的动机超过了避免亏损和业绩下滑的动机。Burgstahler 和 Eames(2003)研究发现，公司管理层会通过正向的应计项目盈余管理来使业绩符合分析师的预期。资本市场对于分析师预测数据的反应灵敏，低于分析师的平均预测值的业绩披露会对企业的股价造成很大的负面影响，于是很多公司管理层会迫于这种压力做出迎合分析师预测的盈余管理行为，以避免股价下跌(Degeorge et al., 1999)。经理人对股价下跌的承受力越小，也就越有可能进行正向的盈余操纵(Bergstresser and Philippon, 2006；苏冬蔚和林大庞，2010)。

望压力下，更倾向于采用违规性的冒险性策略来改善企业经营绩效。

由此，当公司面临实际盈余没有达到分析师预测盈余时，管理者可能通过会计虚构、利润操纵或盈余管理等财务造假方法来消除这种负向的“盈余意外”。因为通过这种方式可以较快速地、有效地、低成本地在短期内完成实际盈余的上调，从而缓解管理者面临的盈余压力（Kasznik and McNichols，2002），以及缓解为达到和超越分析师预测盈余而带来的过度紧张（Zhang and Gimeno，2010），尤其可以规避管理者潜在的职业风险（Puffer and Weintrop，1991）和私人财富损失（Gentry and Shen，2013；Bartov，Givoly and Hayn，2002；Burgstahler and Dichev，1997；Puffer and Weintrop，1991）。考虑到其他积极性的、创造性的冒险决策行为虽然也能起到提高企业长期经营绩效的作用，比如通过增加资本性投资，加大营销宣传或研发投资等，但这些投资的回报周期长、风险高、不确定性大，尤其短期内难以见成效（Pindyck，1982；Zaheer et al.，1999；March，1991），确实很难迅速对公司实际盈余产生立竿见影的积极影响（Stein，1989；Scherer and Ross，1990；Porter，1992；Mizik，2010）。由于公司各种投资费用的增加，公司当前的实际盈余水平反而看起来更加糟糕（Gentry and Shen，2013）①。所以在盈余压力的情况下，对于管理者而言，铤而走险实施“短平快”的冒险投机行为，通过财务虚报或利润造假等响应行为来低成本地，快速有效地上调“实际盈余”，则成为管理者在盈余压力下摆脱业绩困境和提升短期绩效的一种策略选择。由此，本章认为，若前一年公司实际盈余没有达到分析师的预测盈余，则管理者在下一年度有可能通过财务造假的方式来增加达到分析师预测盈余的机会。换言之，当公司实际盈余与分析师预测盈余的落差越大时，外部资本市场所施加给组织和管理者的盈余压力就越大，那么组织和管理者铤而走险实施财务造假的程度越高。基于以上分析，本章提出如下假设：

H1：随着分析师预测盈余压力的增强，组织冒险实施非法性的财务造假响应行为的程度越高。

5.2.2　财务造假响应行为的调节机制分析：组织资源、行业环境与制度环境

基于上述分析，外部资本市场的盈余压力是促使组织实施财务造假行为的

---

① Baumgartner 等（2009）、Oliver 和 Holzinger（2008）的研究同样表明，相比于采用战略变革、创新投入等进攻性战略，业绩不好的企业更可能倾向于选择财务作假的防御性战略，其根本原因是经营业绩不好的企业，其组织内部结构矛盾越严重，组织效率低下，协调困难（Bombardini，2008），在这种情况下，企业采用进攻性战略不仅不能够改善企业经营绩效，甚至会进一步加剧企业绩效的下滑。

重要动机。随着上市公司所面临的外部盈余压力的增大，组织实施财务造假响应行为的程度随之提高。笔者进一步认为，这种影响程度并非是同质性的，即随着组织内外部等情境条件的不同，决定了即使在同等盈余压力情况下，组织实施财务造假响应行为的最终程度也会不同。笔者认为组织自身的内部状态以及企业所处的外部行业环境①和制度环境②的差异性，最终会影响盈余压力出现后组织的财务造假冒险决策行为。基于上述分析，本章进一步探讨影响经营期望落差（分析师预测期望落差）下企业财务造假响应行为实施的情境机制，以下主要从组织资源充足性、行业环境敌对性和制度环境完备性三个方面进行理论分析，并提出相关研究假设。

5.2.2.1　组织资源充足性

管理者实施任何战略都需要有充足的资源作为基础和保证，资源充足性是影响管理者组织自主权的重要因素（Finkelstein and Hambrick, 1990）。管理者如果拥有更多的可支配资源，便意味着他们拥有更多的资源运作权（Hambrick and Finlekelstein, 1987）。随着资源运作权的增大，管理者便会拥有更多的余地去实施探索性行为（Cyert and March, 1963），如拥有更多的自由度去进行新产品研发来满足不同顾客的需求（Sahayma, Len and Steensma, 2012），拥有更多机会去实施地区多元化销售，以突破区域发展的各种局限性（Crossland and Hambrick, 2011; Ramamurti, 2009; Sanders and Carpenter, 1998）。而组织可支配资源的缺乏则降低了管理者实施战略选择的范围、机会和能力，从而降低了他们对市场导向的冒险响应行为的实施程度。当实际绩效低于分析师期望时，拥有较高资源运作权的管理者，对市场导向的战略响应行为的选择余地和空间更大，且实施市场导向的战略性变革响应行为的资源基础也更强大，从而削弱了管理者实施非市场化导向的财务造假行为的动机，因为非市场化导向的投机冒险活动毕竟是存在风险性的，被发现后也具有较强的惩罚成本，也会对自身声誉和合规性产生危害。在管理者有机会、能力和资源较为容易地实施市场导向的的响应行为来挽救企业的前提下，就不会求助于财务造假等投机行为。基于上述分析，本章提出如下假设：

H2：随着资源充足性程度的提高，组织在分析师预测盈余压力增强时，实

① 我国经济体制正处于计划经济向市场经济转型的关键时期，经济转型导致了宏观经济中资源配置方式和经济增长方式的变化，社会环境发生重大变化（赵曙明，2009），企业所处的经营环境也体现出更大的动态性和不确定性特征（张映红，2005），由此外部行业环境的特征也会对企业战略响应行为产生影响。

② 陷入困境和内外压力下的企业偏好于实施何种战略响应行为来进行自救，还取决于现行的游戏规则，比如，不完善的区域制度环境可能更诱使企业从事违规性的战略响应行为，而降低了它们从事市场化导向的战略响应行为的动机，本章将制度因素纳入了经营期望落差与战略响应决策的研究模型中。

施非法性的财务造假响应行为的程度被削弱。

5.2.2.2 行业环境敌对性

环境敌对性(Environmental Hostility)是就环境对企业生存与发展的支持程度而言的,是指企业所处的外部环境为其提供的资源和机会是有限的和匮乏的,以及在此环境下获取仅有的资源和机会是极为艰难的(Covin and Slevin, 1989)。与之相反的是环境宽容性(Environmental Munificence),环境宽容性反映了环境对企业持续增长的支持程度(Starbuck, 1976),宽容性的环境能为企业提供丰腴的资源支持、广阔的发展机会与空间,且获取这些资源和机会是相对容易的(Castrogiovanni, 1991)。企业会寻求有助于自身生存和发展的环境(Cyert and March, 1963)。在宽容性环境中,企业可以较低的成本容易地获取资源和机会,这些均有利于企业适应复杂多变的竞争环境。资源更为充足和发展机会更为广阔的企业,可以更加自由地对内外部困境做出反应,可以使得企业有选择地采取适应环境变化的行动,帮助企业减轻内外部困境带来的冲击。尤其当外部环境给企业提供更多冗余性资源积累时,能支持企业通过创新性活动来有效解决冲突,降低内外部困境对企业的不利影响(Bourgeois, 1981; Chakravarthy, 1982)。而当企业处于相对敌对性的外部环境时,企业更有可能从事非法性的行为(Staw and Szwajkowsi, 1975)。

外部环境的敌对性和宽容性是影响组织行为决策的重要因素(March and Simon, 1958; Pfeffer and Salancik, 1978; Staw and Szwajkowski, 1975)。Strarbuck(1965)指出组织旨在寻求那些有利于自身发展和成长丰腴性的环境,Cyert 和 March (1963)将环境的丰腴性与组织的冗余性资源的积累看作是影响组织成长和确保组织稳定性和存活性的重要因素。企业需要从它所在的环境中吸取资源,获取机会来确保自己的生存,由此当外部环境越匮乏、越敌对性时,组织需要从环境中获取资源和机会所要付出的努力就越高,然而这种努力的形式是多方面的,包括从事非法性的投机行为(Staw and Szwajkowski, 1975)。Staw 和 Szwajkowski (1975)指出企业外部环境越敌意,组织越要付出更大的努力去从这个环境下获取资源以维持组织的生存和发展,所以它们更有可能是从事非法性的投机活动去实现,随之企业非法性的、不公平性的市场活动,或限制性交易的程度就越高。而当企业所处的市场环境比较丰腴,组织可以从所在的环境中较为容易得获取充分的资源和机会,他们更有可能是通过市场化导向的、合法性的途径来维持企业运作和生存,而无须诉诸非法性的战略响应行为。

公司违规行为方面的研究(Szwajkowski, 1985)同样表明外部敌对性的环境条件会导致企业严重的财务问题,因此 CEO 可能认为有必要依靠非道德的企业实践，来确保企业的生存和发展。根据企业不正当行为理论方面的文献，环境的匮乏性是形成环境敌对性的重要因素(Baucus and Near，1991；Staw and Szwajkowski，1975)。敌对性的外部环境给企业带来不确定性，促使管理者更多地去寻求方便、权宜性、但具有非法性的行为(Baucus and Near，1991；Szwajkowski，1985)。企业违规行为产生的压力模型认为组织违法或不当行为的产生是外部环境压力和机遇等因素共同作用的结果(Baucus，1994；Finney and Lesieur，1982；Szwajkowski，1985)。由于组织外部环境和自身特征相结合导致的资源匮乏性和无法获取所需资源的压力，是导致组织违反法律或者规范去从事非法性活动的重要因素(Baucus，1994；Finney and Lesieur，1982；Szwajkowski，1985；Vaughan，1983)。组织压力和机会的相结合，促使企业从事非法性活动去获取资源，压力理论的解释依赖于这样一个假设，即组织成员都是无道德的理性计算器：当遇到无法获取的资源或资源匮乏和稀缺时，组织成员进行一些心理演算，权衡不当行为的利益，以及打破这些规则的成本。如果违法规则的好处大于成本，不当行为就成为行动方针(Finney and Lesieur，1982)，该假设是实施不当行为的基本，解释了在压力和机遇面前，不当行为发生的原因所在。

在匮乏性和敌对性的外部环境的企业，组织成员更有可能从事冒险投机行为，通过诉诸非法性的行为以确保企业生存(Staw and Szwajkowski，1975)。尤其对于已深陷经营困境中的企业，外部环境的敌对性和匮乏性，更是给企业带来了巨大的资源和发展空间的约束，进而给企业造成更加沉重的生存压力。外在环境越匮乏，环境敌对性越强，企业生存的外部环境压力越大，此时，困境中的企业越不会依靠风险性、不确定性、成本投入相对较高和投资回报期限较长的创造性活动进行自救，而求助于快速见效、资源投入和成本相对较低的投机活动进行自救，则成为恶劣环境下的权宜之计。如 Morris、Rehbein、Hosselni 和 Armacost(1995)的研究表明，敌对性的外部环境引发企业外在环境压力增大，诱发 CEO 从事非道德经营行为，通过窃取竞争伙伴商业机密等投机活动的倾向增强，环境敌对性加速了经营困境中企业的投机性战略响应行为的实施。基于上述分析，本章提出如下假设：

H3：随着环境敌对性程度的提高，组织在分析师预测盈余压力增强时，实施非法性的财务造假响应行为的程度越高。

5.2.2.3 制度环境完备性

制度是一系列用来建立生产、交换与分配基础的政治、社会和法律基础规制，不同的制度安排将导致不同的市场交易成本(North and Thomas，1973)。制度环境的差异必然影响证券市场中相关利益参与各方的行为表现，如企业所处的外部制度环境会影响公司的财务陈述等行为(La Porta et al.，1998；夏立军和陈信元，2007)。笔者认为，制度效率高的地区会降低盈余压力下组织的财务造假行为。这是因为：

第一，相对于法律制度不完备与执法水平不高的地区来说，法律制度完备与执法水平较高的地区更加要求上市公司提供高质量的财务会计信息。法律制度越完备，投资者利益保护机制越有效，无形中对企业起到威慑作用，迫使企业有动机生成较高质量的会计信息，企业进行盈余操作和财务造假的概率就越低(Burgstahler and Eames，2006；李廷喜等，2012)，法律监管制度的有效执行能够在一定程度上防止和减少企业进行盈余操作(La Porta et al.，1998；Ball et al.，2000；Leuz et al.，2003)。上市公司财务陈述行为受到地区市场秩序状态以及相关法律制度的影响或约束，在市场竞争无序的情况下，上市公司为了迎合投资者的市场预期，必然会在公司财务上进行虚假宣传(Che and Qian，2004；Leuz et al.，2003)。制度环境越好以及法律的趋严，政府监管的意愿也越强，企业财务造假行为也越少(Leuz et al.，2003；Bartov and Cohen，2007；Cohen et al.，2008)。

第二，市场化程度是地区制度环境建设的主要考量指标。市场化程度越高、进程越快的地区，市场竞争就越充分、越有序，市场透明度就越充分，地区制度效率也就越高，制度环境就越好(樊刚，2010)，地区内的上市公司就越倾向通过完善的内部控制体系来提高财务会计信息质量(刘启亮等，2012)。市场化程度越高的地区，监管透明度就越高，有利于减少企业为了隐瞒经营低效率而进行利润操纵，因此会计信息质量更高，上市公司财务造假发生的概率就越低。

第三，从财务诉讼成本和声誉损失来看，制度环境好的地区的法律制度相对完善，执法比较严厉，企业进行财务造假的法律诉讼成本较高，一旦查出，将导致更为严重的后果和企业及其管理者声誉的损失，因此，较好的制度环境和财务造假较高的法律风险使得企业及其管理者更有动机提供较好质量的财务报告与会计信息(Ball et al，2000)。有研究表明，企业通过塑造良好的声誉，可以获得较高的声誉收益，如帮助公司提高股价(Gomes，2000)、降低经营风险(Orlitzky and Benjamin，2000)；相反，企业声誉丧失将会给公司带来巨额损失，比如，Karpoff 和 Lott(1993)指出公司财务造假将会使得组织声誉下降，而最终导致公司市值蒸发，此外，实施财务重述的公司，其融资成本也将上升。在制度效率高的地区，因法律制度的完善性和执法的严厉性，使得企业及其管理者声誉丧失的可能性和违法成本均有显著提高，企业及其管理者即使在盈余压力面前，会为了维持自身或组织声誉也不敢轻易进行财务造假行为。基于上述分析，本章提出如下假设：

H4：外部制度环境完备性越好，分析师预测盈余压力与财务造假响应行为之间的关系被弱化。

基于上述研究假设，本章的主要逻辑框架如图 5－1 所示。

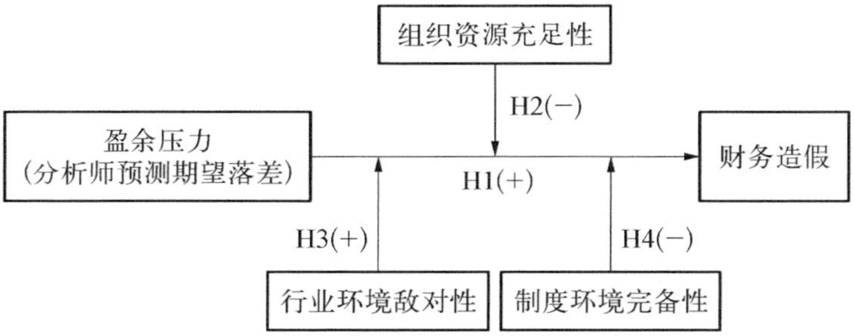

图 5－1　本章的研究框架及假设

5.3　研 究 设 计

5.3.1　样本和数据

本章以 2003—2012 年在沪、深交易所上市且发行 A 股的所有上市公司为基础样本库，根据以往学者的标准以及结合本章主题，对上市公司进行严格筛选，以确保样本选择的合理性，具体步骤如下（连燕玲和贺小刚，2014；连燕玲等，2014；连燕玲等，2012）：① 剔除金融类上市公司，以及银行、证券公司、保险公司等金融类受管制公司的样本①；② 剔除企业性质无法判定的公司；③ 剔除 ST、PT 财务状况出现异常的样本；④ 剔除数据存在严重缺失的公司样本。最终获取了 2003—2012 年共计 7 848 个观测值。

本章数据主要包括企业基本特征指标（企业寿命、规模、性质、冗余资源等）、治理机制方面的指标（如 CEO 兼任、独立董事的比例、TMT 持股、所有权集中度等指标）、CEO 非商业关系以及制度效率等指标，这些基础数据均主要来自国内三大权威成型数据库，CSMAR、CCER 和 Wind 数据库。此外，本章还通过各上市公司的年报，以及新浪财经网、金融界、巨潮资讯网和中国上市公司资讯网等国内专业网站对数据进行了再核实和印证，多途径相互验证的方式确保了样本数据的准确性，保证了指标测量的质量性。样本的行业和地区分布情况如表 5－1 所示。

---

① 由于金融类上市公司与一般上市公司的财务特征会计制度存在差异，剔除银行、证券公司、保险公司等金融类上市公司的样本。

表 5 - 1 样本的行业和地区分布情况

A组：行业代码	所占比重	行业分类
Ind_A	1.34%	农林牧渔业
Ind_B	2.34%	采掘业
Ind_C	58.07%	制造业
Ind_D	3.54%	电力、煤气及水的生产和供应业
Ind_E	2.54%	建筑业
Ind_F	5.08%	交通运输、仓储业
Ind_G	8.15%	电子信息技术业
Ind_H	6.27%	批发和零售贸易
Ind_J	5.81%	房地产业
Ind_K	3.25%	社会服务业
Ind_L	1.34%	信息与文化产业
Ind_M	2.27%	综合类
B组：地区代码	所占比重	地区省份
Reg_1	54.82%	东南地区（江苏、上海、浙江、福建和广东）
Reg_2	21.62%	环渤海地区（山东、北京、天津和河北）
Reg_3	10.12%	中部地区（安徽、河南、湖北、湖南和江西）
Reg_4	4.87%	东北地区（黑龙江、吉林、辽宁）
Reg_5	8.31%	西南地区（云南、贵州、广西、四川、重庆和海南）
Reg_6	0.27%	西北地区（山西、陕西、内蒙古、宁夏、青海、甘肃和新疆）

按照中国证监会标准行业分类代码(SIC)对样本进行行业统计，主要包括以下行业：农林牧渔业、采掘业、制造业、建筑业、批发零售业、房地产业、社会服务业以及其他综合类等行业。表 5 - 1 中 A 组数据表明，样本主要集中于制造业(占 58.07%)。根据世界银行调查报告(2006)《政府治理、投资环境与和谐社会：中国 120 个城市竞争力的提高》的地区划分标准进行统计，样本涉及全国各个省份。表 5 - 1 中 B 组数据表明，大部分样本主要集中在东南地区(占总样本量的 54.82%)，其次是环渤海地区(占总样本量的 21.62%)和中部地区(占总样本量的 10.12%)，东北地区和西北地区样本企业较少(分别占总样本量的 4.87%和 0.27%)。

5.3.2 模型设计

基于本章研究假设，设定以下待检验的模型：

$$\begin{aligned} Fmr_{i,t} = {} & \beta_0 + \beta_1 I_1(Aeps_{i,t-1} - Feps_{i,t-1}) + \beta_2 R_{i,t} I_1(Aeps_{i,t-1} - Feps_{i,t-1}) \\ & + \beta_3 H_{i,t} I_1(Aeps_{i,t-1} - Feps_{i,t-1}) + \beta_4 Z_{i,t} I_1(Aeps_{i,t-1} - Feps_{i,t-1}) \\ & + \beta'_4 X_{i,t} + \beta'_5 Yr + \beta'_6 In + \beta'_7 Re + \varepsilon_{i,t} \end{aligned} \tag{5-1}$$

其中，$Fmr_{i,t}$ 是被解释变量，表示企业的财务造假的程度。I_1 代表低于分析师预测期望的企业，如果企业的实际绩效水平（$Aeps_{i,t-1}$）低于分析师预测期望（$Feps_{i,t-1}$），那么 $I_1=1$，否则为 0。I_2 代表低于行业绩效期望的企业，如果企业实际绩效水平（$P_{i,t-1}$）高于行业业绩期望（$IE_{i,t-1}$），那么 $I_2=1$，否则为 0。$Aeps_{i,t-1}$ 和 $P_{i,t-1}$ 分别表示企业 i 第 $t-1$ 期的实际绩效。$R_{i,t}$ 表示企业 i 第 t 期的组织资源充足性程度，$H_{i,t}$ 表示企业 i 第 t 期所处的行业环境敌对性程度，$Z_{i,t}$ 表示企业 i 第 t 期所处地区的制度环境完备性，如果企业处于不完备的外部制度环境下，则 $Z_{i,t}=1$，否则为 0。

在公式(5-1)中，$X_{i,t}$ 代表多控制变量，代表企业层面或者产品市场层面上的控制变量，如企业规模、寿命、市场份额、独立董事比例以及股权集中度等相关变量。Yr 代表年度虚拟变量，来控制年度变化趋势对冒险决策的可能影响，Re 和 In 代表地区和行业虚拟变量，用来控制地区和行业差异性对组织战略调整的可能影响，所有上述变量的测量和解释详见以下 5.3.3 部分。

此外，在公式(5-1)中，β_1 用来分析当实际绩效低于分析师预测期望 $I_1(Aeps_{i,t-1}-Feps_{i,t-1})<0$ 时，该业绩期望落差对组织财务造假行为的影响效应。β_2，β_3 和 β_4 用来分析组织内部、外部行业和制度层面的因素（即组织资源充足性、行业环境敌对性和制度环境完备性三个指标）对组织经营期望落差与财务造假响应行为之间的调节效应。

5.3.3 变量定义

5.3.3.1 自变量：分析师预测期望落差

分析师预测期望落差或称盈余压力，即为企业的实际绩效水平与分析师预测水平之间的差距。以往研究文献主要分析的实际每股收益（EPS）（Gentry and Shen，2013），与分析师预测的每股收益（EPS）之间的差距。分析师预测期望落差的计算公式如下：

$$\boldsymbol{Geps_{i,t}=Aeps_{i,t}-Feps_{i,t}} \tag{5-2}$$

其中，$Geps_{i,t}$ 表示企业实际每股收益与分析师预测每股收益的相对差距，$Aeps_{i,t}$ 代表企业 i 在 t 期的每股收益的实际值，$Feps_{i,t}$ 为分析师对企业 i 在 t 期的每股收益的预测值。由于分析师对每股收益在同一年份内会发布多个预测值，且对于不同的企业，分析师的人数也不一致，所以每个企业会有多个不同的分析师，在同一个年度内的不同时间做出多次预测。根据以往研究文献（Kasznik and McNichols，2002），尽管对同一个企业会有多个不同的分析师做

出多次不同的预测，但研究表明，企业的投资者最终期望公司能达到分析师预测的“一致性”(consensus)，或者分析师预测的平均值。由于分析师在一个年度内会不断根据获取的信息来修正预测值，所以会做出多次的不同预测。Bartov 等(2002)的研究表明，投资者往往对临近实际绩效公布前的最后一次预测值的反应最大，所以借鉴以往相关研究，本章主要以该年度内分析师们所做的最后一次预测为准，计算该年度内所有分析师对每股收益的最后一次预测值的平均值，作为该年度内分析师对每股收益的预测平均值，该值即为 $Feps_{i,t}$ 的最终数值。进一步，结合公式(5-2)中对 I_1 的定义，将 I_1 与分析师预测差距 $(Aeps_{i,t}-Feps_{i,t})$ 相乘，得到以下截尾的负值变量：即低于分析师预测的落差 $I_1(Aeps_{i,t-1}-Feps_{i,t-1})<0$，将该数值取绝对值得到 $|I_1(Aeps_{i,t-1}-Feps_{i,t-1})<0|$，该数值越大表示实际绩效低于分析师预测期望的落差越大，也表示企业面临的盈余压力越大。

5.3.3.2 因变量：财务造假

财务造假($Fmr_{i,t}$)是企业在会计核算过程中，通过做假账和编制虚假会计报表的方式对财务信息进行操纵来谋取私利的行为。财务造假是故意虚报某些财务价值，造成增强获利能力的假象，从而达到欺骗股东和债权人等利益相关者的目的。从会计信息反映的角度来看，财务造假行为主要表现为两种，即会计事项造假和会计报表造假。根据上述界定，本章主要收集了以下指标来对财务信息造假进行衡量：虚构利润(次数)、虚列资产(次数)、虚假记载(次数)、误导性陈述(次数)、延迟披露(次数)、重大遗漏(次数)、披露不实(次数)等行为。上述财务信息造假的基础数据均根据 CASMR 数据库中的“违法违规数据库”的信息，手工整理所得。将企业当年发生的上述财务造假行为的次数加总，该指标越大，企业当年财务信息造假的程度越高。

5.3.3.3 调节变量

调节变量主要有三个指标，即组织资源充足性、行业环境敌对性和制度环境完备性。三个指标的具体测量方法包括：① 组织资源充足性($R_{i,t}$)。借鉴以往学者研究(Bourgeois，1981；Hambrick and Finkelstein，1987；Finkelstein and Hambrick，1990)，本章采取流动资产与流动负债的比例来衡量，该比例越大表明组织资源越充足，管理者在组织内部的资源控制权越大①。② 行业环境敌对性($H_{i,t}$)。环境敌对性与环境丰腴性是刻画外部环境的两个概念：如果企业所

---

① 此外本章还通过以下方式对组织冗余资源($R_{i,t}$)进行了衡量：一是权益债务比例来衡量(Bourgeois，1981)，该比例越大，表明组织内部长期冗余性资源越多。二是通过 SGandA 占销售收入的比例(Palmer and Wiseman，1999)，该比例越大，表明组织内部已吸收性冗余资源越多。本章尝试通过这些方法进行了稳健性检验，主要研究结论基本能得到支持，鉴于版面限制并未列入。

在行业的成长性和丰腴性程度较好，就意味着环境的敌对性较低；相反，则表示环境敌对性较高。根据以往文献测量方法（Keats and Hitt，1988；Dess and Beard，1984），环境丰腴性是用行业前五年的平均净利润增长率来衡量，该指标越大说明环境的丰腴性程度越好。所以，为测量环境敌对性的程度，且便于后续检验结果的解释，本章将所在行业前五年的平均净利润增长率再乘以负一，以该数值来衡量环境敌对性程度，该指标越大则表示行业环境的敌对性程度越高①。③ 制度环境完备性（$Z_{i,t}$）。根据樊纲市场化指数，如果组织所处地区的市场化指数值高于中位数，则认为该组织处于高效率和完备性程度高的制度环境下，则赋值 $Z_{i,t}=1$，否则赋值 $Z_{i,t}=0$。

5.3.3.4　控制变量

根据已往研究文献，主要对以下变量进行控制：① 企业寿命（$Life_{i,t}$），公司成立时间的自然对数。② 企业上市期限（$List_{i,t}$），公司自上市以来的年份期限取自然对数。③ 企业规模（$Size_{i,t}$），公司期末总资产的自然对数。④ 企业性质（$Private_{i,t}$），当企业实际控制人为自然人或家族时，即企业为家族制企业时，设定 $Private_{i,t}=1$，否则设定 $Private_{i,t}=0$。⑤ 第一大股东持股比例（$Share_{i,t}$），定义为第一大股东所持股份占总股份的比例。⑥ 股权集中度（$Shrhfd_{i,t}$），定义为前五大股东持股比例的赫芬达尔指数。⑦ 外部独立董事比例（$Outbrd_{i,t}$），定义为外部独立董事人数占董事会人数的比例。⑧ 企业市场份额（$Fmrkt_{i,t}$），定义为企业的主营业务收入占行业总主营业务收入的比例。

此外，本章还设置了年度虚拟变量（Yr）来控制年度变化趋势对财务造假行为的影响，同时考虑地区和所在行业的差异性对财务造假战略响应行为的影响，本章分别根据世界银行（2006）对中国区域划分的标准以及中国证监会的行业分类标准，设定了地区（Re）和行业（In）虚拟变量来控制这些因素对财务造假战略响应行为可能产生的影响。

5.3.4　变量基本描述与相关性分析

表 5－2 对主要变量进行了描述性统计和相关性分析，结果显示：财务造假（$Fmr_{i,t}$）的均值为 0.202，标准差为 0.781。$|I_1(Aeps_{i,t}-Fesp_{i,t})<0|$ 均值为 0.289，表明实际绩效低于分析师预测水平的平均差距为 0.289。$Private_{i,t}$ 均值为 0.460，表明家族企业样本占总体样本的 46.00%。相关性分析的结果显示，低

① 此外，本章还以所在行业前五年的平均营业收入增长率再乘以负一来衡量，稳健性检验的结果基本保持一致，基于版面限制，书中暂时仅列示了第一种方法的检验结果。

表 5 - 2　　主要变量的描述性统计和相关性分析

	1	2	3	4	5	6	7	8	9	10	11	12	13
1. $Fmr_{i,t}$	1.000												
2. $\|I_1(Aeps_{i,t-1}-Feps_{i,t-1})<0\|$	0.073***	1.000											
3. $R_{i,t}$	−0.046***	−0.087***	1.000										
4. $H_{i,t}$	0.016	−0.010	0.114***	1.000									
5. $Z_{i,t}$	0.027**	−0.004	−0.027**	0.018	1.000								
6. $Life_{i,t}$	−0.020*	−0.025**	−0.055***	0.188***	−0.018	1.000							
7. $List_{i,t}$	−0.052***	−0.097***	−0.098***	0.197***	−0.067***	0.667***	1.000						
8. $Size_{i,t}$	−0.093***	0.025**	−0.130***	0.150***	0.018	0.216***	0.379***	1.000					
9. $Private_{i,t}$	0.093***	0.170***	0.029***	−0.018	0.095***	−0.242***	−0.482***	−0.421***	1.000				
10. $Share_{i,t}$	−0.051***	−0.047***	0.012	0.029***	−0.044***	−0.129***	−0.012	0.268***	−0.251***	1.000			
11. $Outbrd_{i,t}$	0.027**	−0.017	−0.039***	0.040***	−0.023**	−0.031***	0.075***	0.096***	0.006	0.032***	1.000		
12. $Fmrkt_{i,t}$	−0.040***	−0.064***	−0.020*	−0.014	0.018	−0.037***	0.074***	0.432***	−0.158***	0.153***	0.056***	1.000	
13. $Shrhfd_{i,t}$	−0.052***	−0.047***	0.037***	0.021*	−0.033***	−0.159***	−0.056***	0.296***	−0.226***	0.959***	0.030***	0.182***	1.000
均值	0.202	0.289	0.185	1.272	0.956	2.432	1.844	21.84	0.460	39.12	0.356	0.017	0.199
标准差	0.781	0.33	0.35	3.649	0.203	0.467	0.836	1.242	0.498	15.67	0.073	0.048	0.129

注：*** 表示 $p<0.01$，** 表示 $p<0.05$，* 表示 $p<0.1$，$N=7\ 848$(观测值)；年度、地区和行业控制变量基于版面限制未加列示。

于分析师预测落差 $|I_1(Aeps_{i,t-1} - Feps_{i,t-1}) < 0|$ 与财务造假行为($Fmr_{i,t}$)之间呈现显著的正相关关系（$coef.=0.073$，$p<0.01$），这说明随着低于分析师预测落差的扩大，企业实施财务造假的战略响应行为的程度均会提高。上述变量的相关关系说明，低于分析师预测期望会影响企业实施非法性的财务造假响应行为，分析师预测期望落差对财务造假响应行为的具体影响效应将在后续实证检验部分做进一步分析。

5.4　实证检验与结果分析

在实证检验与结果分析之前，为确保模型估计的一致性和有效性，对数据做如下处理：① 为克服异常值的影响，对主要连续变量在1%水平上进行缩尾处理(Flannery and Rangan，2006)；② 为避免多重共线性的影响，对交互项变量进行中心化处理；此外，对进入模型的所有解释变量和控制变量进行了方差膨胀因子(VIF)诊断，结果显示 VIF 值低于 5.0，表明不存在多重共线性问题；③ 本章的数据是面板数据可能存在的异方差、时序相关和横截面相关等问题，使用通常的面板数据估计方法会低估标准误差，导致模型估计结果有偏，采用 Driscoll-Kraay 标准差进行估计得到的标准误差才具有无偏性、一致性和有效性(Driscoll and Kraay，1998)。所以，本章在后续的面板数据模型估计中，主要采用 D-K 标准误方法进行估计[①]。

本章实证分析思路如下：首先，对分析师预测和行业经营期望落差与两种冒险行为的关系进行回归分析；其次，检验影响业绩期望落差与冒险行为两者关系的情境机制，即分析组织冗余资源(组织内部层面)、行业环境敌对性(组织外部行业环境层面)和市场化程度(组织外部制度环境层面)如何影响企业对合规和违规性冒险行为实施的权衡问题。

5.4.1　分析师预测期望落差与财务造假的关系检验

表 5-3 列示了实际绩效低于分析师预测的落差($|I_1(Aeps_{i,t-1} - Feps_{i,t-1}) < 0|$)与财务造假响应行为之间的关系。模型(1)为基准模型，包括

---

① 同时为确保检验结果的稳健性，本章对标准误还进行了企业层面的 Cluster 群聚调整 Bootstrap 自体抽样方法和 Robust 异方差稳健性方法等进行了检验，检验结果基本一致，基于版面限制未加列示。

所有控制变量和调节变量在内的检验结果；模型(2)是进入自变量后的检验模型，结果显示：在模型(2)中分析师预测落差（$|I_1(Aeps_{i,t-1}-Feps_{i,t-1})<0|$）的回归系数显著为正（beta=0.081，$p<0.01$），且在后续加入调节变量后的模型(3)至模型(6)中依然稳健，表明与实际业绩高于分析师预测期望相比，当实际业绩低于分析师预测期望水平时，随着分析师预测期望落差的扩大，外部盈余压力扩大，组织实施财务造假响应行为的程度越高，由此本章 H1 得到验证。

表 5-3　分析师预测期望落差($|I_1(Aeps_{i,t-1}-Feps_{i,t-1})<0|$)与财务造假响应行为的关系检验

	(1)	(2)	(3)	(4)	(5)	(6)
$Life_{i,t}$	0.045***	0.017	0.016	0.016	0.017	0.016
	(0.009)	(0.017)	(0.017)	(0.017)	(0.017)	(0.017)
$List_{i,t}$	0.006	−0.005	−0.006	−0.005	−0.005	−0.006
	(0.009)	(0.010)	(0.010)	(0.010)	(0.010)	(0.010)
$Size_{i,t}$	−0.037***	−0.023***	−0.023***	−0.023***	−0.023***	−0.023***
	(0.006)	(0.004)	(0.004)	(0.004)	(0.004)	(0.004)
$Private_{i,t}$	0.071***	0.055***	0.055***	0.054***	0.055***	0.055***
	(0.024)	(0.018)	(0.019)	(0.018)	(0.019)	(0.019)
$Share_{i,t}$	0.000	−0.001**	−0.001**	−0.001**	−0.001**	−0.001**
	(0.000)	(0.000)	(0.000)	(0.000)	(0.000)	(0.000)
$Outbrd_{i,t}$	0.125***	0.233***	0.232***	0.234***	0.231***	0.231***
	(0.024)	(0.026)	(0.027)	(0.026)	(0.027)	(0.027)
$Fmrkt_{i,t}$	0.030	0.031	0.034	0.032	0.031	0.036
	(0.024)	(0.039)	(0.040)	(0.039)	(0.039)	(0.040)
$Shrhfd_{i,t}$	−0.123***	0.041	0.047	0.041	0.054	0.059
	(0.031)	(0.042)	(0.043)	(0.042)	(0.040)	(0.041)
$R_{i,t}$	−0.111***	−0.082***	−0.080***	−0.082***	−0.082***	−0.081***
	(0.024)	(0.006)	(0.007)	(0.006)	(0.006)	(0.006)
$H_{i,t}$	0.005***	0.001	0.002	0.002	0.002	0.002
	(0.002)	(0.003)	(0.003)	(0.002)	(0.003)	(0.003)
$Z_{i,t}$	−0.037**	−0.035***	−0.036***	−0.037***	−0.036**	−0.037**
	(0.018)	(0.011)	(0.011)	(0.011)	(0.016)	(0.016)
$\|I_1(Aeps_{i,t-1}-Feps_{i,t-1})<0\|$		0.081***	0.085***	0.081***	0.231***	0.236***
		(0.018)	(0.017)	(0.018)	(0.088)	(0.088)

续表

	(1)	(2)	(3)	(4)	(5)	(6)
$\|I_1(Aeps_{i,t-1}-Feps_{i,t-1})\|*R_{i,t}$			−0.007 ***			−0.006 ***
			(0.001)			(0.001)
$\|I_1(Aeps_{i,t-1}-Feps_{i,t-1})\|*H_{i,t}$				0.009 ***		0.011 ***
				(0.003)		(0.003)
$\|I_1(Aeps_{i,t-1}-Feps_{i,t-1})\|*Z_{i,t}$					−0.055 **	−0.055 **
					(0.026)	(0.027)
_cons	0.975 ***	0.802 ***	0.807 ***	0.802 ***	0.788 ***	0.793 ***
	(0.114)	(0.087)	(0.089)	(0.088)	(0.089)	(0.091)
F	141.719	327.241	328.537	316.458	324.564	297.610
Adj_R^2	0.026	0.029	0.029	0.029	0.030	0.030

注：*** 表示 $p<0.01$，** 表示 $p<0.05$，* 表示 $p<0.1$，$N=7\,848$(观测值)；年度、地区和行业控制变量基于版面限制未加列示；括号内为标准误；上述模型为经 Driscoll-Kraay 标准误调整后的结果。

5.4.2 分析师预测期望落差与财务造假关系的调节效应检验

模型(3)检验了组织冗余资源($R_{i,t}$)对财务造假行为的调节作用：模型(3)中组织冗余资源与低于分析师预测期望落差的交互项($|I_1(Aeps_{i,t-1}-Feps_{i,t-1})<0|*R_{i,t}$)的系数显著为负(beta=−0.007，$p<0.01$)，且在后续模型(6)中该结果依然稳健。该结果表明，在实际业绩低于分析师预测水平的情况下，随着组织冗余资源的提高，组织实施非法性的财务造假响应行为的程度将会降低，由此本章 H2 得到验证。

模型(4)检验了组织所处的行业环境的敌对性($H_{i,t}$)对财务造假行为的调节作用：模型(4)中行业环境敌对性与低于分析师预测期望落差的交互项($|I_1(Aeps_{i,t-1}-Feps_{i,t-1})<0|*H_{i,t}$)的系数显著为正(beta=0.009，$p<0.01$)，且在后续模型(6)中该结果依然稳健。该结果表明，在实际业绩低于分析师预测水平的情况下，随着组织所处的行业环境敌对性程度的提高，组织实施非法性的财务造假响应行为的程度将会增强，由此本章 H3 得到验证。

模型(5)检验了组织所处的制度环境($Z_{i,t}$)对财务造假行为的调节作用：模型(5)中高效率完备性制度环境与低于分析师预测期望落差的交互项($|I_1(Aeps_{i,t-1}-Feps_{i,t-1})<0|*Z_{i,t}$)的系数显著为正(beta=0.055，$p<0.05$)，且在模型(6)中该结果依然稳健。该结果表明，当实际业绩低于分析

师预测水平的情况下，处于高效率完备性制度环境下的组织实施财务造假响应行为的程度将被降低，由此本章 H4 也得到验证。

5.5 稳健性检验

5.5.1 组织期望落差的替代性测量

根据以往文献研究，在业绩反馈模型中选取的参考点不同，那么管理者所评估出的心理期望差距就不同，最终会影响其后续的行为决策。在本章 5.4 部分中，选取分析师预测水平作为期望对比的参考点，为避免因参考点选取而导致检验结果的差异性，进一步选取企业自身过往业绩水平（历史业绩）为期望水平的参考点，分析实际业绩与自身过往历史期望水平的差距对其财务造假响应行为的影响，其中历史经营期望落差（$|I_1(P_{i,t}-A_{i,t})<0|$）的计算方法参考 Chen (2008)。重新检验后的结果显示（见表 5-4）：历史经营期望落差与财务造假行为（$Fmr_{i,t}$）依然呈现显著且稳健的正向关系，调节效应依然显著且稳健，即本章 H1、H2、H3、H4 依旧得到支持。

表 5-4 历史经营期望落差（$I_1(P_{i,t-1}-A_{i,t-1})<0$）与财务造假行为的关系检验

	(1)	(2)	(3)
$Life_{i,t}$	0.017*	−0.001	0.002
	(0.010)	(0.022)	(0.022)
$List_{i,t}$	−0.039***	−0.057***	−0.058***
	(0.003)	(0.013)	(0.013)
$Size_{i,t}$	−0.015***	−0.021***	−0.021***
	(0.002)	(0.003)	(0.003)
$Private_{i,t}$	0.032***	0.014***	0.015***
	(0.004)	(0.004)	(0.004)
$Share_{i,t}$	0.001	−0.000	0.000
	(0.001)	(0.001)	(0.001)
$Outbrd_{i,t}$	0.251***	0.293***	0.293***
	(0.019)	(0.041)	(0.042)
$Fmrkt_{i,t}$	0.066**	0.074***	0.073***
	(0.031)	(0.013)	(0.011)

续表

	(1)	(2)	(3)
$Shrhfd_{i,t}$	-0.120^{*}	-0.045	-0.049
	(0.072)	(0.084)	(0.083)
$R_{i,t}$	-0.013^{***}	-0.022^{***}	-0.021^{***}
	(0.002)	(0.002)	(0.002)
$H_{i,t}$	-0.003^{***}	-0.003^{***}	-0.001
	(0.000)	(0.001)	(0.001)
$Z_{i,t}$	-0.048^{***}	0.055^{*}	0.041
	(0.015)	(0.030)	(0.033)
$\|I_1(P_{i,t-1}-A_{i,t-1})<0\|$		0.738^{***}	2.945^{***}
		(0.142)	(0.881)
$\|I_1(P_{i,t-1}-A_{i,t-1})\| * R_{i,t}$			-0.011^{***}
			(0.004)
$\|I_1(P_{i,t-1}-A_{i,t-1})\| * H_{i,t}$			0.028^{***}
			(0.003)
$\|I_1(P_{i,t-1}-A_{i,t-1})\| * Z_{i,t}$			-0.122^{***}
			(0.045)
_cons	0.995^{***}	1.419^{***}	1.369^{***}
	(0.070)	(0.053)	(0.055)
F	128.388	699.737	159.780
$Adj\ R^2$	0.031	0.040	0.042

注：*** 表示 $p<0.01$，** 表示 $p<0.05$，* 表示 $p<0.1$，$N=7\,848$(观测值)；年度、地区和行业控制变量基于版面限制未加列示；括号内为标准误；上述模型为经 Driscoll-Kraay 标准误调整后的结果。

5.5.2 财务造假行为的替代测量

在本章 5.4 部分中，主要用企业的虚假财务陈述行为进行了衡量，现实经营中的企业还存在其他类型的非法性战略响应行为，如通过一些资本市场操纵行为来牟取私利：欺诈上市、内幕交易、出资违规、擅自改用资产用途、违规买卖股票、操纵股价以及关联交易等行为。为更全面地刻画分析师预测期望落差下企业的非法性战略响应行为，本章进一步将以上市场操纵的响应行为和财务造假的响应行为合并，得到企业总的非法性战略响应行为($Illegal^{z}$)。基于新测量的非法性战略响应行为(市场操纵＋财务虚报，$Illegal^{z}_{i,t}$)进行了重新检验，结果显示(见表 5－5)：分析师预测期望落差与非法性战略响应行为依然呈现显著且稳健的正向关系，三个调节变量中除了制度环境完备性($Z_{i,t}$)的调节效应并未得到验证外，其余调节效应依然显著且稳健，即本章 H1、H2、H3 依旧得到支持。

表 5-5　　基于非法性战略响应行为替代性测量的稳健检验

	(1)	(2)	(3)
$Life_{i,t}$	0.090***	0.036	0.035
	(0.018)	(0.028)	(0.028)
$List_{i,t}$	0.000	0.000	0.000
	(0.000)	(0.000)	(0.000)
$Size_{i,t}$	−0.059***	−0.043***	−0.044***
	(0.010)	(0.008)	(0.007)
$Private_{i,t}$	0.123***	0.086***	0.087***
	(0.042)	(0.032)	(0.033)
$Share_{i,t}$	0.002***	−0.001**	−0.002**
	(0.000)	(0.001)	(0.001)
$Outbrd_{i,t}$	0.188***	0.345***	0.343***
	(0.043)	(0.039)	(0.044)
$Fmrkt_{i,t}$	0.025	0.086	0.094
	(0.045)	(0.059)	(0.060)
$Shrhfd_{i,t}$	−0.286***	0.079	0.101*
	(0.055)	(0.065)	(0.061)
$R_{i,t}$	−0.166***	−0.124***	−0.123***
	(0.040)	(0.012)	(0.013)
$H_{i,t}$	0.009***	0.004	0.005
	(0.002)	(0.003)	(0.003)
$Z_{i,t}$	−0.073**	−0.062**	−0.065**
	(0.030)	(0.026)	(0.032)
$\lvert I_1(Aeps_{i,t-1}-Feps_{i,t-1})<0\rvert$		0.147***	0.316*
		(0.026)	(0.189)
$\lvert I_1(Aeps_{i,t-1}-Feps_{i,t-1})\rvert * R_{i,t}$			−0.009***
			(0.001)
$\lvert I_1(Aeps_{i,t-1}-Feps_{i,t-1})\rvert * H_{i,t}$			0.019***
			(0.006)

续表

	(1)	(2)	(3)
$\lvert I_1(Aeps_{i,t-1}-Feps_{i,t-1})\rvert * Z_{i,t}$			−0.060
			(0.061)
_cons	1.479***	1.541***	1.534***
	(0.198)	(0.166)	(0.175)
F	119.528	358.573	127.951
Adj_R^2	0.028	0.033	0.034

注：*** 表示 $p<0.01$，** 表示 $p<0.05$，* 表示 $p<0.1$，$N=7\,848$（观测值）；年度、地区和行业控制变量基于版面限制未加列示；括号内为标准误；上述模型为经 Driscoll-Kraay 标准误调整后的结果。

5.5.3　内生性问题的处理

由于低于分析师预测期望状态的存在，可能内生于企业自身的一些特征，比如企业规模、寿命、市场地位、行业特征以及公司治理机制等，为减轻这种潜在的内生性，本章根据以往研究文献（Fan et al.，2007；王华和黄之骏，2006；连燕玲等，2011；连燕玲等，2014），采取两阶段最小二乘法（2SLS）对模型进行内生性处理。具体检验过程如下：第一阶段使用逻辑回归方法，用企业特征变量（比如企业规模、寿命、行业特征、董事会特征、股权结构等）与低于分析师预测期望水平的虚拟变量进行回归分析。在第二阶段，用第一阶段回归分析中得到的低于分析师预测期望水平的虚拟变量的预测值，来替代实际的分析师预测差距，再检验其对财务造假行为的作用。从新的检验结果看（见表 5－6），除了制度环境（$Z_{i,t}$）的调节作用不支持，其余结果均支持本章 H1、H2、H3。

表 5－6　　分析师预测期望落差（$\lvert I_1(Aeps_{i,t-1}-Feps_{i,t-1})<0\rvert$）与财务造假响应行为（内生性检验）

	(1)	(2)	(3)
$Life_{i,t}$	0.045***	0.053***	0.028
	(0.009)	(0.010)	(0.017)
$List_{i,t}$	0.006	0.008	−0.003
	(0.009)	(0.009)	(0.010)
$Size_{i,t}$	−0.037***	−0.041***	−0.027***
	(0.006)	(0.006)	(0.004)

续表

	(1)	(2)	(3)
$Private_{i,t}$	0.071***	0.061***	0.040**
	(0.024)	(0.023)	(0.017)
$Share_{i,t}$	0.000	−0.000	−0.002***
	(0.000)	(0.001)	(0.001)
$Outbrd_{i,t}$	0.125***	0.099***	0.192***
	(0.024)	(0.024)	(0.030)
$Fmrkt_{i,t}$	0.030	0.139***	0.208***
	(0.024)	(0.022)	(0.036)
$Shrhfd_{i,t}$	−0.123***	−0.004	0.235***
	(0.031)	(0.058)	(0.066)
$R_{i,t}$	−0.111***	−0.111***	−0.081***
	(0.024)	(0.024)	(0.007)
$H_{i,t}$	0.005***	0.005***	0.002
	(0.002)	(0.002)	(0.003)
$Z_{i,t}$	−0.037**	−0.037**	−0.036***
	(0.018)	(0.018)	(0.010)
$\|I_1(Aeps_{i,t-1}-Feps_{i,t-1})^{hat}\|$		0.347***	0.606***
		(0.082)	(0.105)
$\|I_1(Aeps_{i,t-1}-Feps_{i,t-1})^{hat}\| * R_{i,t}$			−0.007***
			(0.001)
$\|I_1(Aeps_{i,t-1}-Feps_{i,t-1})^{hat}\| * H_{i,t}$			0.009***
			(0.003)
$\|I_1(Aeps_{i,t-1}-Feps_{i,t-1})^{hat}\| * Z_{i,t}$			0.025
			(0.030)
_cons	0.975***	0.838***	0.552***
	(0.114)	(0.141)	(0.120)
F	141.719	134.616	410.202
Adj_R^2	0.026	0.027	0.029

注：*** 表示 $p<0.01$，** 表示 $p<0.05$，* 表示 $p<0.1$，$N=7\,848$（观测值）；年度、地区和行业控制变量基于版面限制未加列示；括号内为标准误；上述模型为经 Driscoll-Kraay 标准误调整后的结果。

5.5.4 样本期限的不同选择

鉴于样本的期限选择也可能产生误差(贺小刚和连燕玲,2009),本章进一步更换不同期限的样本,进行了稳健性检验,从新的检验结果看(见表 5-7),除了制度环境($Z_{i,t}$)的调节作用得到部分支持外,其余结果均支持本章 H1、H2、H3①。

表 5-7 分析师预测期望落差($|I_1(Aeps_{i,t-1}-Feps_{i,t-1})<0|$)与财务造假行为(更变样本期限)

	2004—2012 年	2005—2012 年	2006—2012 年	2007—2012 年	2008—2012 年
	(1)	(2)	(3)	(4)	(5)
$\lvert I_1(Aeps_{i,t-1}-Feps_{i,t-1})\rvert$	0.254**	0.133***	0.133**	0.136**	0.157**
	(0.107)	(0.048)	(0.052)	(0.057)	(0.065)
$\lvert I_1(Aeps_{i,t-1}-Feps_{i,t-1})\rvert * R_{i,t}$	−0.006***	−0.006***	−0.006***	−0.005***	−0.006***
	(0.001)	(0.001)	(0.001)	(0.001)	(0.001)
$\lvert I_1(Aeps_{i,t-1}-Feps_{i,t-1})\rvert * H_{i,t}$	0.009***	0.007***	0.008***	0.006*	0.007*
	(0.003)	(0.003)	(0.003)	(0.003)	(0.004)
$\lvert I_1(Aeps_{i,t-1}-Feps_{i,t-1})\rvert * Z_{i,t}$	−0.063*	−0.022	−0.023	−0.026	−0.032
	(0.035)	(0.015)	(0.016)	(0.017)	(0.020)
$R_{i,t}$	−0.078***	−0.076***	−0.077***	−0.077***	−0.075***
	(0.005)	(0.005)	(0.006)	(0.007)	(0.005)
$H_{i,t}$	0.001**	0.002*	0.001	0.004	0.002
	(0.001)	(0.001)	(0.001)	(0.003)	(0.002)
$Z_{i,t}$	−0.021**	−0.020*	−0.021*	−0.016	−0.019
	(0.009)	(0.011)	(0.013)	(0.017)	(0.019)
$Life_{i,t}$	0.015	0.016	0.019	0.018	0.027
	(0.018)	(0.018)	(0.019)	(0.021)	(0.018)
$List_{i,t}$	−0.009	−0.012*	−0.014**	−0.013*	−0.014*
	(0.008)	(0.007)	(0.007)	(0.008)	(0.009)
$Size_{i,t}$	−0.026***	−0.028***	−0.027***	−0.027***	−0.028***
	(0.003)	(0.003)	(0.003)	(0.003)	(0.004)

① 表 5-7 仅列示了部分期限的检验结果,2009—2012 年,2010—2012 年,2011—2012 年等的检验结果,因版面限制未加列示。此外,本章还以行业经营期望落差为自变量进行了同样的稳健性检验,结果也基本支持本章的全部假设,基于版面限制暂未列示。

续表

	2004—2012年	2005—2012年	2006—2012年	2007—2012年	2008—2012年
	(1)	(2)	(3)	(4)	(5)
$Private_{i,t}$	0.047***	0.036***	0.038***	0.039***	0.034***
	(0.012)	(0.006)	(0.007)	(0.009)	(0.006)
$Share_{i,t}$	−0.001	−0.001	−0.000	−0.001	−0.001
	(0.000)	(0.000)	(0.001)	(0.001)	(0.001)
$Outbrd_{i,t}$	0.236***	0.245***	0.238***	0.247***	0.257***
	(0.026)	(0.025)	(0.029)	(0.030)	(0.036)
$Fmrkt_{i,t}$	0.058**	0.078***	0.075***	0.076***	0.089***
	(0.027)	(0.017)	(0.022)	(0.028)	(0.028)
$Shrhfd_{i,t}$	0.039	0.052	0.030	0.066	0.066
	(0.053)	(0.052)	(0.074)	(0.061)	(0.070)
_cons	0.600***	0.633***	0.630***	0.643***	0.702***
	(0.056)	(0.056)	(0.061)	(0.062)	(0.085)
N	7 626.000	7 347.000	6 916.000	6 396.000	5 799.000
F	395.613	61.477	34.627	45.341	38.841
Adj_R^2	0.030	0.029	0.028	0.027	0.028

注：*** 表示 $p<0.01$，** 表示 $p<0.05$，* 表示 $p<0.1$；年度、地区和行业控制变量基于版面限制未加列示；括号内为标准误；上述模型为经 Driscoll-Kraay 标准误调整后的结果。

5.6 结论与讨论

企业经营压力下的战略响应行为选择是企业决策的关键，决定了企业是否能够摆脱经营压力而获得持续的成长。这一问题也是实践界和学术界关注的焦点之一。管理者在企业经营压力下是否会“铤而走险”从事非市场导向、违规性的“败德行为”？已有的研究主要是从单一的成本-收益进行了分析，缺少从外部分析师盈余期望参考点的角度，来量化比较盈余压力与“败德行为”之间的影响机制。本章从外部分析师的预测盈余角度出发，结合企业行为理论、期望理论、前景理论和制度理论分析了资本市场盈余压力与企业财务造假之间的关系，在此基础上进一步分析了组织内部资源状态、所处的外部行业环境和制度因素在其间的调节作用，并结合中国转型期的上市公司数据进行了实证检验。本章主要得到以下结论：

第一，外部盈余压力对于财务造假行为具有显著的诱导作用。当组织实际盈余低于分析师预期盈余时，为了快速缓解外部压力、股价波动、维护管理者私利，企业及其管理者会铤而走险，去实施财务造假行为，通过改变实际盈余来满足市场预期。这是因为，当企业实际经营绩效并未达到组织的内外部期望水平时，企业便会陷入经营落差困境。此时，组织的决策者对威胁做出的反应要强于对机会做出的反应，结果是处于经营期望落差的组织被要求去做更多的努力以改进业绩，如此就引发企业在业绩期望落差出现的一系列战略响应行为来应对和挽救其不断恶化的经营落差状况。虽然企业希望通过合法的途径以实现期望水平，但当业绩远低于期望水平时，或受到内外条件限制和约束而无法通过合法的途径去实现期望水平时，采取快速见效的、低成本的、违规性的冒险投机活动便成为一种替代性策略。

第二，较高的组织冗余资源弱化了组织实施非法性财务造假响应行为的程度。这是因为，拥有较高资源运作权的管理者，对市场化导向和合规性的战略响应行为的选择余地和空间更大，且实施市场化导向和合规性的战略响应行为的资源基础也更大，从而削弱了管理者实施非法性财务造假响应行为的动机，因为非法性财务造假响应行为毕竟是存在风险性的，被发现后也具有较强的惩罚成本，也会对自身和组织的声誉和合规性产生危害。在管理者和组织有机会、能力和资源较为容易地实施市场化导向和合规性战略响应行为来挽救企业的前提下，就会降低对非法性的财务造假行为的依赖程度。

第三，随着行业环境敌对性程度的提高，组织更有可能在经营期望落差扩大时从事非法性的财务造假行为。可能的原因在于，对于已处于经营落差困境中的企业而言，外部环境的敌对性和匮乏性，进一步加重了企业生存的压力。环境敌对性越强，组织生存的外在环境越匮乏，存活的机会和压力也越大。此时，经营落差困境中的企业越不会去依靠那些风险性高、不确定性高、成本投入相对较高且投资回报期限又较长的创造性活动进行自救，求助于快速见效、资源投入和成本相对较低的投机活动进行自救，则成为恶劣环境下的权宜之计。

第四，相对于完善的制度环境，那些处于不完善的制度环境下的企业在经营期望落差扩大时从事非法性的财务造假行为的程度被强化。这是因为，在制度较为落后的区域，企业不能够感觉到来自有效规则、标准和制度法律给予的充分保护，这就限制了企业从事合规性创造活动的预期回报，并降低了竞争者行为的可预测性。加之，低效率的制度环境，对企业行为的监督和惩罚机制相对较弱，从而诱导了各种机会主义行为，以及各种非法性的战略响应行为的产生。

本章尝试从以下方面去拓展和丰富以往的研究：① 基于企业行为理论将企业非市场导向的战略响应行为纳入“盈余压力-战略选择”分析框架中，扩展了现有关于企业战略选择的研究边界。虽然 Baumol(1990)的企业理论强调企业在从事正当的经营活动之外，同时还会选择从事非生产性的破坏性活动(Friedman et al., 2003)。但是现有研究主要聚焦于企业积极合法的战略行为，而选择性地忽视了对企业非市场导向的、违法违规性的战略行为的探讨。本章将企业非市场导向的、违规性的财务造假行为纳入分析框架中，进一步完善了现有企业行为理论的研究。② 本章除了探讨组织冗余资源的调节作用外，更探讨了在期望落差背景下影响企业战略响应行为的外部行业环境和制度因素。March 和 Shapira (1987,1992) 基于 Shapira(1986)有关管理者可感知风险的研究发现，企业的资源存量影响企业的风险感知能力，影响决策者在选择参考点时会在期望水平与生存点之间进行转化(Audia and Greve, 2006)，资源存量越少则越有可能感受到风险所导致的压力与脆弱性，最终会决定组织风险承担的能力。这就导致了以往在企业行为理论的研究中，大多在分析企业的资源存量(以冗余资源或企业规模来替代)对期望落差与冒险行为之间关系的调节作用(Audia and Greve, 2006; Greve, 2010)。但对于转型期的中国企业而言，影响到企业家所感知风险高低的一个不可忽视的因素是组织内外部的行业环境特征和制度因素。尤其非法性的冒险战略响应行为与外部行业环境和制度因素存在紧密的关系。陷入困境和内外压力下的企业偏好于采取何种冒险方式来实施自救，一方面，取决于外部行业环境的特征；另一方面，取决于现行的游戏规则。行业环境的敌对性，制度环境的低效率和不完善性则更能诱使企业从事非法性的冒险响应行为，而降低了它们从事市场化导向的合规性冒险变革响应行为的动机。所以，本章将行业环境特征(敌对性)和制度因素(完备性)纳入期望落差与战略响应行为之间关系的研究模型中，分析行业环境和制度因素这些情境机制对战略响应的影响，从逻辑上是合理的，也在一定程度上丰富了 Greve(2010)等人的前期研究成果。

本章目前仍存在需要改进和完善的地方：一方面，期望水平可能受到决策者的主观意愿、个体心理特征(比如乐观或悲观)等因素影响，这些因素也的确是影响战略响应行为的一个不容忽略的因素。但由于本章是基于二手数据进行的研究，暂且无法很好地将这些更为微观的个体内在因素纳入模型中。考虑到纳入决策者的心理偏好，在理论上应是一个较大的创新，也是一个重要的研究方向，所以，未来的研究中可以考虑采取对所有上市公司进行问卷调研的方法，将客观数据与主观数据相结合进行更为细致和严谨的讨论，以弥补这方面的研究缺陷。另一方面，关于非市场化导向的违规性战略响应行为，基于数据的局限性，以及考虑到研究内容上的代表性，本章暂且从财务管理上的信息操纵方面进行了分析，在稳健性检验方面又加入了其他资本市场上的违法违规行为，但这些行为远不能代表所有的非市场导向的违规性的战略响应行为，所以未来研究要进一步列举不同方面的非市场导向的、违规性的战略响应行为对模型进行再检验。

6　组织经营期望与非市场化导向响应行为：基于语言掩饰的视角分析[①]

第五章着重探讨了组织在经营期望落差(分析师预测期望落差)下所采取的第一种非市场化、投机主导的响应行为——财务操纵行为，强调盈余压力下组织会通过粉饰、操纵和虚构会计财务信息来“提升”组织绩效，达到应对经营困境的目的。第六章继续探讨第二种非市场化的响应行为——语言操纵行为，强调组织在面临经营期望落差困境时，除了通过操纵会计财务信息外，还会通过操纵非财务信息披露质量，对非财务信息进行语言掩饰以达到构建“良好印象”和应对经营困境的目的。印象管理理论认为，企业可以通过操纵信息被理解程度，进而影响投资者对企业价值的判断。本章结合印象管理理论、信号传递理论和管理模糊假说，以非财务信息(MD&A，管理层讨论与分析)的文本易读性[②]的操纵程度作为语言“掩饰”行为的代理变量，来探究处于经营困境(历史经营期望落差)的企业是否会采取“语言掩饰”[③]这一隐蔽的非市场化战略响应方式来进行印象管理，以应对危机困境下投资者的不良反应。本章有助于从历史经营期望

① 本章由笔者和笔者指导的硕士生袁颖同学合作完成，感谢袁颖同学在本章的研究贡献。

② 文本易读性研究最早可追溯到19世纪中期出现的《麦高菲读本》，是由相关专家对文本进行易读性研究的总结成果。英文易读性研究中较受学界认可的测度方法是传统公式法，其中Flesch-Kincaid方法、Dale-Chall公式以及迷雾指数应用最为普及。而由于汉语和英文的异质性，以及汉语易读性相关影响因素十分复杂，中文易读性研究进展缓慢，成果较少。较普及的测度方法主要出现在20世纪70年代之后、21世纪以前，包括1970年台湾地区学者陈世敏改良迷雾指数得到的一个公式；1974年留美学者杨孝溁利用完形填空方法拟合出易读性公式，此外还有孙汉银、荆溪昱等人针对具体文本进行的公式拟合研究。

③ 本章认为，企业主体通过操纵管理层讨论与分析部分的文本易读性来达到掩饰不利信息的目的。

(落差)的视角透析语言/信息掩饰响应行为的决策动机及影响机制；同时有助于从语言/信息掩饰这一视角理解经营期望落差下组织战略响应行为特点、产生与作用机制。

6.1 引 言

中国人注重自我形象构建，对于企业而言，当因经营困境而处于“失面子”的状态时，为维护自身良好信誉以规避在利益相关者眼中形象受损，掩盖行为会成为组织应对窘迫状况的一种响应措施。这种行为与心理学上的印象管理行为相似，即通过对反映事物的信息进行管理操控，从而达到人为操纵该事物给外界留下特定印象的目的。企业是以营利为目的的经济组织，上市公司的信息披露直接影响着投资者对于其价值的判断，低价值判断很可能给业绩表现较差的企业带来股价下跌、融资困难等雪上加霜的困境。在经营困境下进行语言信息的修饰、掩饰则成为企业应对经营困境的一种举措(Burgstahler and Dichev，1997)。降低非财务信息披露质量则是一种特殊的手段，这是由于非财务信息通常是文本信息，文本编撰的无法严格标准化给企业主体提供了更大的主观性操控空间。伴随着人类挖掘事物发生或发展动因能力的提高，人类也同时演化了掩饰事件动因的能力，并在文本语言的词汇语法层面上得到体现(董宏乐和顾萍，2000)。相对于会计数据信息，文本语言信息的操纵则更加隐蔽和不易察觉，但从文本分析视角的研究却非常稀少，由此，本章将选取非财务信息中的重要组成部分年报中MD&A部分(即管理层讨论与分析部分)，从印象管理角度分析经营困境(历史经营期望落差)下企业的文本“语言掩饰”这一非市场化战略响应行为。

IOSCO于2003年修订的《证券监管目标和原则》将上市企业年报MD&A部分(即“管理层讨论与分析”部分)，定义为，公司提供的关于企业经营现状、事件或不确定因素可能对公司的财务状况形成潜在影响的披露材料。MD&A作为传统财务信息、强制性披露信息的有力补充部分，被认为是在财务信息基础上能为企业未来发展走向提供显著增量信息的相得益彰的重要部分(程新生等，2015)。该部分内容在为相关信息使用者提供更多前瞻性、分析性信息的同时，也不可避免得成为传递公司固定形象的机制(Lee，1994)，成为监管部门关注的重点和难点。语言在帮助人们认识客观世界的同时，也给公众传递一套极其主观的代表集团利益的分类范畴。这些分类范畴往往用来愚弄人们却不易被察觉。易读性为衡量这种语言的内在驱动力提供了一种更为客观的微观视角。易读性对信息和文本处理具有重要意义，易读性较差的文本需要花费大量的时间来理解文本的内容，易读性较好的文本则可以提高人们在处理文本时的效率。以易读性作为文本操纵的视角进行动机研究中较为常见的是关于 信息操纵和企业盈利能力，但相关研究结论存在较大分歧(阎达五和孙蔓莉，2002)。研究表明销售额、资本报酬率、净利润等盈利变量与非财务信息的阅读难度呈显著负相关关系(Jones, 1988; Subramanian et al., 1993; Smith and Taffler, 1992)；更进一步地，年报阅读难度会对企业盈余质量以及持续盈利产生影响(Li, 2008)，也有相关研究设计并未揭示出此规律，认为企业年报文本信息“掩饰”动机受业绩影响不够强烈(Courtis, 1986; Adelberg, 1979)。国内渐渐关注对于企业印象管理的研究，但基于语言特征从文本语言“掩饰”的角度进行研究设计相对匮乏①。

本章认为企业由于“遮丑”的心理动因和避免资本市场的负面延迟反应，处于经营困境(经营期望落差)的组织会采取对 MD&A 非财务信息进行语言操纵这一策略来“掩饰”企业危机状况，表现出较强的这种非市场化导向的战略响应行为。同时本章认为不同于西方研究背景，中国的制度文化均具有自己的特色，会导致经营困境中的企业更加倾向于进行语言“掩饰”。同时，由于特殊的经济体制差异性，这种“掩饰”的程度和深度又具有差异性。为了探讨这种“掩饰”的情境机制，本章继续进行不同股权性质背景、市场化进程、文化上的保密性偏好的经营困境下的企业“掩饰”行为差异性研究。本章以业绩历史经营期望落差来衡量企业处于经营困境的程度，利用文本分析技术，提取上市公司年报中 MD&A 文本信息，进行上市公司年报 MD&A 文本语言“掩饰”分析，以期发现企业经营困境程度和文本语言“掩饰”之间的关系。

① 阎达五和孙蔓莉(2002)以深市 B 股公司的英文年报作为研究样本，进行盈利能力和年报文本操纵的相关关系检验，结果表明绩差企业相对于绩优企业并不存在蓄意或者不自觉的文本操纵。李清(2012)用 2011 年沪市 A 股 201 家公司 MD&A 部分作为样本，进行句长、篇长、会计术语的测量，进行其与企业盈利水平的研究，研究发现绩差公司 MD&A 篇幅越长、句子越长、会计术语使用频率越高，验证了存在语言操纵行为。

6.2 理论分析与假设

6.2.1 语言掩饰响应行为的产生动机：组织经营期望落差(经营困境)

根据印象管理理论，管理者主要使用两大策略进行印象管理，即隐藏和归因。隐藏策略是指通过模糊负面结果(坏消息)或强调积极正面结果(好消息)，以使投资者等报告使用者认为企业的经营状况很好(Stanton et al., 2004)；基于此，Merkl-Davies(2007)建立了企业印象管理分析框架，将隐藏策略进行了细分，并指出管理者模糊负面结果的手段一般分为三大类：操控易读性、操控语态和强调正面结果。其中，易读性操控是增加更多的不常用词和专业词、添加不相关的信息、使用含有复杂语法结构的长句子来提高阅读难度，进而降低信息透明度以达到掩盖某些特定信息的目的(Courtis, 2004)。这种策略在企业报告中使用较多，属于印象管理的常用手段(孙蔓莉，2004)。印象管理研究可以从文本的细分特征加以考量，考虑管理层对披露语言运用的选择性以及呈现方式上的技巧性。在会计信息披露领域，印象管理的主要目的是“粉饰”真实的财务绩效，因此必然受到真实财务绩效的影响。财务绩效较差的公司，会向投资者隐藏或延迟绩效信息，达到迷惑投资者的目的(Leung et al., 2015)。基于合法性理论和利益相关者理论，若企业经营业绩不佳，在披露相关非财务信息时，为了应对大量的外部质疑和舆论压力，可能进行印象管理以操控特定利益相关者群体的看法。传播语言学中，从信息接收角度，信息受众会根据信息的可理解程度选择性接收信息，非常困难的语言信息读者会放弃接收。因此，机会主义的管理者会在MD&A文本中披露大量叙述性的信息来掩盖或者模糊较差的公司业绩(Li, 2008)，让读者“不知所云”。反过来，短期财务绩效相对较好的企业会自愿披露更多的信息(Cosimano et al., 2004)，并更多地采用“平铺直叙”。企业印象管理行为的动机是传统的企业印象管理领域和管理层行为的交叉考察的重要研究角度。通常情况下，管理者的印象管理行为主要缘于企业自身的财务业绩，因此本章从信息提供者视角切入，主要考察公司绩效、公司性质及外部规制的影响作用。

管理模糊理论认为管理者在企业相对绩效较差时会更有动机去模糊处理信息，是因为市场会对充分披露的信息有一个延迟的回应(Bloomfield, 2002)。这与不完全披露假说所主张的越难获取的信息更不会得到市场价格的完全反应一致(Grossman and Stiglitz, 1980; Bloomfield, 2002)。也就是说,管理者在市场表现较差时,为了避免该信息的完全披露造成市场估值或股票价格下跌的延迟后果,会进行重要信息的模糊处理。自我实现理论认为,当个体未获得满意的反馈或未出现与自己身份相符的表现时,由于缺乏自我实现,个体倾向于通过另外一种有效的方式来重新达到自己的目标。这一理论框架扩展至以利润最大化为目标的经济主体时,可以解释组织中的不利信息掩盖行为,这种行为可以看作一种组织主体掌握主动权以应对经营失败的补偿机制。

同时,根据信号传递理论,管理层和信息需求者之间存在信息不对称。在资本市场上,公司根据经营业绩选择性披露信息。一般而言,如果企业管理层当年经营绩效好且预计下一年度经营业绩看好会主动披露更多更详细的信息,以将自己与下一年度经营业绩看糟的企业区别开来,从而有利于信息需求者甄别。而当企业对于未来经营业绩看糟、财务亏损情况可能无法扭转时,企业可能面对更高的诉讼风险(Muslu et al., 2008)。为了维持、拉大信息不对称以避免或者延迟这种风险,管理层基于自身情况考虑不会详细披露亏损原因,其亏损原因解释信息密度低,文本语言表现为含糊其词、专业术语密集。基于上述分析,本章提出如下假设:

H1:组织经营期望落差(经营困境程度)与MD&A文本语言“掩饰”程度呈正相关关系,即企业所处的经营困境程度越深,组织进行MD&A文本信息操纵和“掩饰”的程度越高。

6.2.2 语言掩饰响应行为的情境机制:股权性质、制度发展与区域文化

组织行为内生于特定的经济制度、文化环境。民营经济和国有经济都是社会主义市场经济的重要组成部分,但性质差异大。不同的股权性质、资源背景以及企业使命导致两者的组织行为具有显著差异性。经济制度层面上,各地区的市场化进程由于经济、历史条件差异性形成了十分不均的发展现状。而由于我国处在转型经济的特殊进程中,市场、经济环境对企业的影响更为显著,因此各地的市场化水平显著影响着组织行为。文化层面上,中国在漫长的五千年发展史中形成了独特、稳定的东方民族文化。中国幅员辽阔,基于地理条件、人口因素、历史过程、宗教信仰等因素的影响,在“大一统”的宏观面貌中又具有“多元化”的文化差异性(赵向阳等,2015)。以上因素会使得企业即使面临着相同业绩困境的处境时,也会采取不同的应对措施,操纵文本这一行为在特定的中国情境

中应用程度和产生的效果必然有差异，即在企业处于经营困境的时候，由于组织自身特征和所在外部制度文化差异性，组织实施文本语言“掩饰”这一非市场化战略响应行为的程度也存在差异性。本章将从组织特性（股东性质）、市场化进程（制度发展）和区域文化角度进一步探讨影响经营困境下企业实施文本语言掩饰程度的情境机制。

6.2.2.1 股东性质的情境机制

改革开放以来，我国的市场化进程取得了巨大的成就（陈德球等，2011），但在转型经济的制度背景下，政府在经济活动中仍然扮演重要的角色，对经济资源的配置有着很大的影响。虽然国有企业经历改制上市在很大程度上改变了其治理结构和监管环境，本质上占据着更大的市场主动权。我国民营企业随着社会主义市场经济建设的进程一直在逐步发展壮大，虽早已成为市场经济的重要组成部分，但从单个企业来看，其抗风险能力弱，往往面对着比国有企业更大的绩效压力。从公司治理结构和治理效率来看，民企更为复杂、更易失效。

首先，公司治理结构主要包括股东会、董事会、经营者集团的组织与制度安排。这种组织与制度安排对提升企业运营效率至关重要。我国大多数民营企业意识到优化治理结构是提升企业竞争力的重要举措并开始重视。从企业产权角度来看，与一般企业治理结构相比，非股份化的合伙和家族企业则是将产权置于以特定的关系（如铁哥们、血缘关系）联结起来的团体之中（李新春，2003），这使得民营企业的治理结构变得更加的复杂。民营企业管理权与控制权分离度较低，即使职业经理人制度在一定程度上一直在慢慢改善这种状况，但在中高层经营管理人员的聘任上，仍然有较高比例的家族化、亲缘化。家族制企业的管理制度往往形成了不同程度的人力资源封闭圈，成为优秀的外来人力资源引进的一大障碍。随着市场竞争加剧和技术的不断发展进步，客观上要求家族企业突破自身的资本界限，以家族资本去有效融合社会的人力和财务资本，进行产权的外部化发展（李新春，2003）。而民营企业家往往不能接受这种资产所有权、剩余索取权和经营控制权的分散化，形成企业发展阻力。公司治理结构的不完善以及产权外部化矛盾所带来的管理缺陷往往难以解决，这使得企业在进行年度经营信息披露时，面对业绩较差的局面，难以清楚地解释亏损原因，在进行过去经营回顾时对管理缺陷问题只能进行模糊表述处理。

其次，相对国有企业而言，民营企业的购销市场不稳定，难以获取优势的市场和环境资源。在中国经济转型过程中，影响民营企业发展的重要因素包括缺乏充分的产权保护、行业进入壁垒和融资约束等。因此，民营企业往往通过金融关联和非商业关系进行自身处于劣势的制度和环境的替代效应（Allen et al.,

2005)。民营企业可以通过聘请具有银行、证券、信托、保险等金融机构工作背景的人员担任公司高管来获取社会资本。金融关联资源能够帮助民营企业与各类型的金融机构建立紧密的社会关系网络。当这种替代性的非正式的金融关联在为公司带来丰厚的关系资源和金融资源时,也可能通过为公司造成"融资软约束"稀释债权人的外部性治理效应(Allen et al., 2005)。在没有金融关联条件时,债券融资给企业带来了巨大的偿债压力、诉讼压力和破产危机,因此企业管理者必须通过减少在职消费、抑制企业过度投资、提高资源配置效率来保障公司的偿债能力,提高财务质量(汪辉,2003)。自由现金流假说认为,负债能够在一定程度上削弱公司经理层支付和滥用自由现金流的动机和条件。Blanchard 研究发现当公司拥有大量闲置资金时,会将闲置资金投资于质量较差的项目,造成非效率投资(崔学刚,2004)。而在金融关联程度高的企业,便捷的金融贷款手续、较低的贷款成本、较自由的债务展期、较低的还款利率等条件降低了债权融资对经理人行为的约束效应,纵容了经理人滥用自由现金流和投资失误的发生,造成治理失效。此外,由于公司高管团队与金融机构具有广泛的关系网络,债权人容易产生"声誉依赖"或"关系依赖"心理,这能够直接降低债权人的风险防范意识,削弱债权人对公司进行干预、监督的动机,进一步稀释债权人的外部性治理效应(崔学刚,2004)。根据债务期限结构理论,短期借款由于给民营企业带来较大的偿债压力,其对经理人的自利行为约束力更强,公司治理效率得到提升。而由于债权人和企业内部人的信息不对称的存在,监督长期借款意味着债权人需要支付较为高昂的监督成本。因此经理人行为的约束效应较弱,容易造成治理失效。同时,由于长期借款带来了更多的可配置资源,经理人在自由配置资源时效率会降低,造成治理恶化的进一步加剧。公司治理机制的有效性在很大程度上影响着公司自愿性披露信息的质量(崔学刚,2004)。民营企业在企业报告中并不会将金融关联带来的治理恶化、效率低下明确解释出来,会采用更加晦涩的表述方式进行处理。然而国有企业由于购销市场稳定,财务金融体系相对稳定,治理结构相对变动不大。因此其操控 MD&A 文本动机不强。无论在相对业绩较差还是较好的情况下,国有企业都会按照自己一直以来的文本风格进行企业过去经营状况的总结评价,向信息受众展示未来的战略计划,因此其年报 MD&A 文本语言"掩饰"程度与业绩相关性并不明显。基于以上分析,本章提出以下假设:

H2:相对国有股东控制的企业而言,民营企业所处经营困境(经营期望落差困境)的程度和年报 MD&A 文本语言"掩饰"程度的正相关关系更显著,即民营企业在面对经营困境(经营期望落差困境)时,比国有企业更易进行文本操纵和“掩饰”。

6.2.2.2　市场化进程的情境机制

除了企业自身治理结构、股权性质，特定的市场环境和制度也从外部治理机制角度决定了企业行为对公司治理机制的有效性产生影响（La Porta et al.，1998；Fan et al.，2007）。企业行为是企业为实现其自身利益目标对外部环境所做出的持续的、规范的决策或反应。制度和市场这两种外部环境对企业行为的这种引导作用在转型经济国家更容易被观测到。这是因为，相比于其他成熟经济形态社会中的企业，转型国家企业所面临的外部不确定性更高，企业必须时刻关注制度变迁过程中自身所面临的发展机遇以及制度变迁对企业发展战略、投融资行为、经营决策、交易成本的影响。从 1978 年开始，我国从计划经济体制向市场经济体制转型的改革已经进行了 40 余年。中国的市场化进程截至目前整体层面上已经取得了明显的进步和成功。但由于发展过程中的政策差异、自然环境差异、交通发展不平衡等因素的影响，中国各地区的市场化进程差异明显（夏立军和陈信元，2007）。在部分省份，尤其是在东部沿海省份，市场化进程取得了决定性进展，而在西南等地区，经济中非市场因素还占有重要的地位（王小鲁和樊纲，2005）。可以从环境-行为角度考虑市场环境对企业行为——会计信息披露质量的影响。市场化进程越低的地区能给当地企业提供的良性发展资源就越稀缺，如完善的产权制度、低水平的交易成本和透明的市场环境。在这种环境下的企业可能采取更为直接的非市场化的行为来面对业绩不良、前景看糟的企业发展状况，如进行直接会计信息的盈余管理行为。这是由于市场识别和反映会计信息的能力较弱，而同时不完备的法律制度又降低了会计信息诉讼风险和成本。因此，企业没有动力披露高质量的会计信息，可见，较低的市场化程度降低了对企业盈余管理的约束。此外，在这种市场化环境中的相对业绩不佳的企业，相比于较为“隐蔽”的企业非财务信息的文本语言“掩饰”行为，会更倾向于采取曝光程度更高的企业行为去进行自身形象维护，比如管理者可能通过电话会议等备选交流渠道向信息受众传达利好信息或合理解释（Li，2008），会参与更多的社会慈善捐款（李四海等，2016）、广告等。

相反在市场化程度高的地区，法律制度比较完善，社会或监管部门对于企业的监督力度也更大，较好的法律执行能够切实保障投资者的利益，因此低质量的会计信息披露会使企业内部人员面临较高的法律风险和诉讼成本。在这种市场环境中，企业的盈余管理行为很容易被市场识别。基于降低代理成本、诉讼风险和成本的考虑，企业会选择披露高质量的会计信息。企业面临经营业绩较差的处境时仍然存在进行印象管理的动机，此时可能采取更为低调、隐蔽的“掩饰”行为去遮掩其经营不佳、管理不善的现实。企业年报的非财务信息正是一个满足上述条件的渠道,通过提高文本易读性可以模糊处理对企业不利的客观信息,降低读者的信息获取效率,尽量拉大信息不对称程度,"挽回"自己业绩不佳的劣势处境。基于以上分析,本章提出以下假设:

H3:相对市场化进程低的地区企业而言,市场化进程高的地区企业处于经营困境(经营期望落差困境)的程度和年报 MD&A 文本语言"掩饰"程度的正相关关系更显著,即后者在面对经营困境(经营期望落差困境)时,比前者更易进行文本操纵和"掩饰"。

6.2.2.3 地区文化的情境机制

文化是区别一个团体组织的特定的集体思维模式(Lonner, 1980)。组织的文化规范在团体关系的演化和发展中起着重要作用。组织文化影响着组织行为方式。同时,文化对于语言表达的影响是不可忽视的。语言的表达方式充分表现了文化对于语言的影响关系。相关研究者越来越重视语言表达的文化深意(Gumperz and Levinson, 1997)。文化如何影响会计信息披露已经有大量的研究。例如跨国企业研究中,有研究证实相比于美国,亚洲股票市场会计信息披露的质量和数量较低(Sami and Zhou, 2008)。来自保密性偏好的文化背景中的组织会倾向于使用复杂的语言表述来隐藏或"掩饰"重要信息;而来自透明性文化背景中的企业会有内在动力去分享信息以减少信息不对称。现有研究中,这种定量的文化测度方法常常应用于跨文化研究中,例如利用灰色度的定义,研究其对审计师选择的影响。Gaurav Kumar 也利用灰色度研究了其对美国上市的亚洲公司年报可读性的影响,认为文化保密性偏好是企业非财务信息披露质量的内生的影响因素,并验证出来自灰色度越高的地区企业中,企业年报易读性越差。亚洲国家大多具体独特的文化体系框架,形成了当地独特的组织行为模式和战略管理方式,中国作为亚洲文化多样性的典型代表,国内各地区就具有丰富的文化差异性。这些地区文化差异给经营困境中的组织非财务信息披露带来了潜移默化的影响。保密性偏好的地区文化环境中,企业经营困境程度越深,越倾向于进行文本语言"掩饰"和表述操纵;透明性偏好的地区文化环境中,采取这种措施的动机不及前者强烈。

文化的常见测度包括 Hofstede 文化价值观体系和施瓦茨文化价值观模型。由于前者更加适用于企业管理领域,因此本章基于该体系进行测度。心理学家 Hofstede 以典型的跨国企业 IBM 的 50 多个国家的员工和管理者进行了文化价值观的问卷调查研究,于 20 世纪 70 年代发表了文化价值模型。自此该模型成为区别两种文化价值观的国际社会公认的研究维度。该模型最开始包含个人主义一集体主义、不确定性规避①、权力差距②、性别平等四个维度，其后经过Michael Minkov以及Robert J. House(1991)的团队的进一步的全球领导力与组织行为有效性研究，该体系增加了另外两个维度的测度，分别是务实与规范、放纵与克制。Gray(1988)在理论上解释了文化对企业行为、会计体制和商业活动的影响。其从会计价值角度定义了四个与Hofstede的文化价值体系相对的四个维度，包括专业性、一致性、保守性和灰色度。灰色度描述了组织是对保密性的偏好和对信息披露的限制程度。Gary同时定义了灰色度与Hofstede的不确定性规避和权力差距的正向相关关系。其中，不确定性规避管理上表现为人们接受不确定性和模糊性的程度。权力差距在信息披露层面表示管理者操控信息披露质量来保持信息不对称，维持自己的信息优势。基于以上分析，本章提出以下假设：

H4：相对文化灰色度较低的地区企业而言，灰色度较高的地区企业处于经营困境(经营期望落差困境)的程度和年报MD&A文本语言"掩饰"程度的正相关关系更显著，即后者在面对经营困境(经营期望落差困境)时比前者更易进行文本操纵和"掩饰"。

基于上述研究假设，本章的主要逻辑框架如图6-1所示。

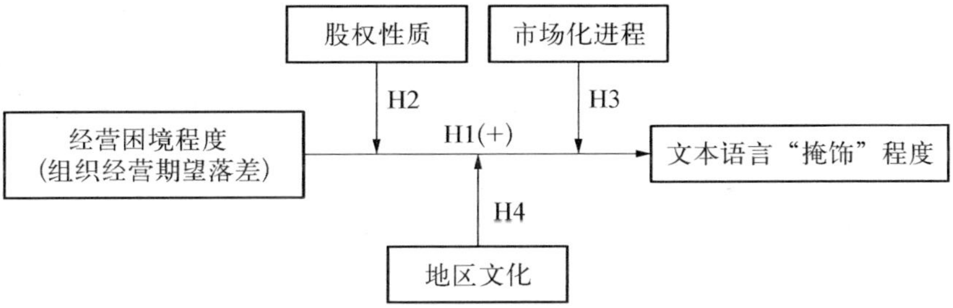

图6-1　本章的研究框架及假设图

6.3　研究设计

6.3.1　样本和数据

由于本章研究对象是经营业绩相对较差的企业的文本语言"掩饰"动机，

---

① 不确定性规避描述的是"组织面对不确定的未来时倾向于形式化的社会规范、宗教信仰等，而不是采取开放、包容行为"。

② 权力差距描述的是"社会对于权力差距造成的不平等的接受程度"。

MD&A 文本涉及大量行业用语及产品、技术等专业名词，而不同行业的用词差异非常大，首先，本章选择深市 A 股的全部制造业企业为基本样本库，虽制造业涉及多种行业，但本章已通过该步骤在一定程度控制住了大体的行业语言差异性。接着对该部分企业进行如下筛选：① 剔除企业性质无法判定的公司；② 剔除 ST、* ST 公司的样本；③ 剔除数据存在严重缺失的公司样本。其次，通过国内较为权威的成型数据库来获取部分数据，以确保该部分数据来源的真实性和可靠性。本章数据包括企业业绩指标(净资产收益率、每股收益)、企业基本特征(成立年限、总资产等)、股权结构(前十大股东所占股权比例、流通股比例等)、财务指标(资产负债比、净资产增长率)和治理结构(两职兼任、独立董事占比)等基础数据，这些数据主要来自国内三大权威成型数据库——CSMAR 数据库、同花顺数据库和 Wind 数据库。最后，采取多途径相互验证的方式以确保样本数据的准确性，即本章数据除来自上述三大成型数据库外，还通过各上市公司的年报以及新浪财经网、金融界、巨潮资讯网和中国上市公司资讯网等国内专业网站对数据进行了再核实和印证。通过上述三个步骤，一方面确保样本选择的合理性，另一方面也保证了数据的质量和准确性，最终获取了深市 A 股制造业共 218 家企业 2012—2015① 年平衡面板样本(共计 872 个观测值)。

根据上述步骤，本章所研究的 MD&A 易读性文本从上文样本企业的年报中获得。易读指标的具体获取和计算步骤如下：① 从新浪财经网、巨潮资讯网和深圳证券交易所网站下载这 218 家 2012—2015 年的四年年报共 872 份。② 通过格式转换和文本截取，获得 MD&A 文本段共 872 份，按照企业代码和年份存储。③ 由于 MD&A 文本部分包含部分图表和表格数据，与本章所研究的文本易读性无关，因此本章继续进行了表格、图片的手工删除步骤，进一步清洗了这 872 份样本。④ 通过 python 编程进行文本句长、难词率等易读性指标的统计。⑤ 根据 Flesch 公式、迷雾指数公式和孙汉银的公式进行易读值指标的计算，分别得出三种计算方法所得的易读值。

本章的制造业企业样本涉及全国各个省份。根据世界银行调查报告《政府

① 证监会于 2012 年 9 月 19 日发布公告〔2012〕22 号，即《公开发行证券的公司信息披露内容与格式准则第 2 号——年度报告的内容与格式(2012 年修订)》，该文件是对企业年度报告披露内容的重要依据，其中对于第四章“董事会报告” 的具体披露内容和格式提出了较为详细的要求。其后，证监会 2016 年 12 月 9 日发布了〔2016〕31 号公告，又发布了新的年度报告披露准则修订版本，这两份有关年报信息披露规范性的文件对其后的企业年度报告披露产生较大影响。考虑到本章的研究对象就是年报中的信息披露内容，为了控制证监会出台的规范性文件对企业年报文本的表述带来的影响，由此，本章选择了样本区间为 2012—2015 年，力求控制不同时间段的政策出台所导致的信息披露内容和格式上的差异性带来的影响。详见证监会官网：http://www.csrc.gov.cn/pub/newsite/。

治理、投资环境与和谐社会：中国120个城市竞争力的提高》(2006)的地区划分标准进行分类统计，表6-1中数据表明，大部分样本企业主要集中在东南地区(占总样本量的24.88%)，其次是中部地区(占总样本量的19.35%)、西南地区(占总样本量的17.97%)和环渤海地区(占总样本量的17.52%)，东北和西北地区样本企业则较少的(分别占总样本量的10.14%)。

表6-1 **样本的地区分布情况**

地区代码	观测值	所占比重	地区省份
Ad_1	54	24.88%	东南地区(江苏、上海、浙江、福建和广东)
Ad_2	39	17.97%	环渤海地区(山东、北京、天津和河北)
Ad_3	42	19.35%	中部地区(安徽、河南、湖北、湖南和江西)
Ad_4	22	10.14%	东北地区(黑龙江、吉林、辽宁)
Ad_5	39	17.52%	西南地区(云南、贵州、广西、四川、重庆和海南)
Ad_6	22	10.14%	西北地区(山西、陕西、内蒙古、宁夏、青海、甘肃和新疆)

注：总体观测值 $N=218$。

6.3.2 研究设计

基于本章的研究假设，设定以下检验模型：

$$\boldsymbol{Readability_{i,t} = b_0 + b_1 Roe\_Gap_{i,t} + b_2 Nature_i + b_3 Market_i + b_4 Secrecy_i + b_5 Control_{i,t} + b_6 Yr_{i,t} + e_{i,t}} \quad (6-1)$$

$$\boldsymbol{Readability_{i,t} = b_0 + b_1 Nature_i Roe\_Gap_{i,t} + b_2 Market_i + b_3 Secrecy_i + b_4 Control_{i,t} + b_5 Yr_{i,t} + e_{i,t}} \quad (6-2)$$

$$\boldsymbol{Readability_{i,t} = b_0 + b_1 MaID_i Roe\_Gap_{i,t} + b_2 Nature_i + b_3 Secrecy_i + b_4 Control_{i,t} + b_5 Yr_{i,t} + e_{i,t}} \quad (6-3)$$

$$\boldsymbol{Readability_{i,t} = b_0 + b_1 CuID_i Roe\_Gap_{i,t} + b_2 Nature_i + b_3 Market_i + b_4 Control_{i,t} + b_5 Yr_{i,t} + e_{i,t}} \quad (6-4)$$

其中，$Readability_{i,t}$ 是被解释变量，表示MD&A文本部分“掩饰”程度的大小，即易读性的高低。本章 $Roe\_Gap_{i,t}$ 作为处于经营困境的程度的测量变量，即相对历史经营期望的业绩差距。$Nature_i$ 表示企业产权性质，如果是国有企业，$Nature_i=1$；如果是民营企业，$Nature_i=0$。$Market_i$ 表示企业地区市场化程度。相应地，如果是市场化程度高的地区，即该地区市场化指标大于所有地区中位数，$MaID_i=1$；同理，$MaID_i=0$ 表示市场化程度低的地区。$Secrecy_i$ 表示企业地区文化指数——灰度值，$CuID_i=1$ 表示该地区的文化灰度值大于所有地区中位数，$CuID_i=0$ 表示文化灰度值较低的地区。$Control_{i,t}$ 代表企业层面上的各控制变量，如企业规模、上市时间、股权结构等，为控制代理问题对MD&A 文本"掩饰"程度和业绩历史经营期望落差的影响，本章还控制了高管薪资水平、股权集中度以及两职兼任等相关变量。$Yr_{i,t}$ 表示年度虚拟变量，用来控制年度变化趋势对 MD&A 文本"掩饰"水平的可能影响。由于本章被解释变量的特殊性，行业差异在选择样本时已经加以控制，而地区变量和本章调节变量之一——地区市场化程度十分相关，故未做独立控制。

此外，公式(6－1)中 b_1 用来分析经营困境程度对当期 MD&A 文本语言"掩饰"程度的影响效应。公式(6－1)中的 b_2，b_3，b_4 用来分析与 MD&A"掩饰"程度相关的变量即企业性质、地区市场化程度、地区文化灰度值 3 个指标对当期业绩水平与当期 MD&A 文本语言"掩饰"程度之间关系的调节效应。公式(6－2)用来检验在两种企业性质（在国有企业和民营企业），MD&A 文本语言"掩饰"程度与经营困境程度之间关系的差异性；公式(6－3)用来检验在地区市场化程度高或低企业中，MD&A 文本语言"掩饰"程度与经营困境程度之间关系的差异性；公式(6－4)用来检验在地区文化灰度值高或低企业中，MD&A 文本语言"掩饰"程度与经营困境程度之间关系的差异性。

6.3.3 变量定义

6.3.3.1 被解释变量：文本语言"掩饰"程度

本章主要将易读性 ($Readability_{i,t}$) 作为 MD&A 文本语言"掩饰"程度的重要指标，本章借鉴国外年报文本易读性测度研究经验，主要选用成熟的迷雾指数公式(Li，2008；Loughran and McDonald，2011；Mine et al.，2017；Hwang and Kim，2017)进行中文测度，并以 Flesch 易读公式[①](Smith and Smith，1971；Li，2008；Hwang and Kim，2017)以及孙汉银的中文公式[②]做稳健性检验。三种公式如公式(6－1)、公式(6－2)、公式(6－3)所示。

$$\boldsymbol{Score_1 = 0.4 \times X_1 + 40 \times X_2} \tag{6－5}$$

$$\boldsymbol{Score_2 = 0.39 \times X_1 + 11.8 \times Com - 15.59} \tag{6－6}$$

① Kincaid J. P. J.，Fishburne R. P.，Rodgers R. L.，et al.，1975，"Derivation of new readability formulas for Navy enlisted personnel"，*Adult Basic Education*，49.

② 孙汉银，1992，《中文易懂性公式》，北京师范大学硕士学位论文。

$$Score_3 = -7.0068 + 14.34587 \times X_3 - 2.13791 \times X_2 - 3.38799 \times X_4 + 4.00371 \times X_1 \quad (6-7)$$

$$Com = Grade_1 \times 1 + Grade_2 \times 2 + Grade_3 \times 3 + Grade_4 \times 4 + Grade_5 \times 5 \quad (6-8)$$

公式(6－5)中变量 $Score_1$ 表示迷雾指数公式计算所得的易读性分数(Robert Gunning，1952)，该值越高，文本越难被读懂；公式(6－6)中 $Score_2$ 表示 Flesch 易读公式计算所得的易读性分数，该值越高，文本越难被读懂；公式(6－7)中 $Score_3$ 表示孙汉银的中文公式计算所得的易读性分数，该值越低，文本越难被读懂；X_1 表示文本平均句词数；X_2 表示文本平均难词率；X_3 表示文本平均笔画数；X_4 表示文本句平均字数；Com 表示句平均难度等级；$Grade_1$—$Grade_5$ 表示文本各等级词语（$Grade_5$ 为超纲词）所占比例。Schroeder 和 Gibson(1990)采用基于被动语态、句子的长度和词汇的音节数量三个变量的 Flesch 模型，将 MD&A 和董事长致辞在“可读性”方面进行分析。研究结果认为，MD&A 比董事长致辞更难于理解，属于“极难”阅读。因此，很多公司丧失了通过 MD&A 披露方式改进财务报告并与投资者进行交流的机会。由于中文和英语的异质性，本章认为中文词语所能表达的意义更加明显和丰富，因此本章应用英文公式时，将句长定义为中文句平均词语数。将文本词语难度的测量变更为词语的常用程度和专业程度。本章认为，句词语数可以反映句长。就句长而言，中文句子越长，越有可能意味着该句是复合句或者包含更多的语法结构，其易读性会明显偏难。而难词率一直是文本易读性研究所关注的重要指标，词语的常用程度、专业程度决定了该词语的被理解程度。因此，本章认为，这两个指标适合上市公式年报 MD&A 部分文本易读性研究。最后，本章引入更加多样化的句难度等级、句平均笔画数以及句平均字数，进行 Flesch 易读测度公式(Flesch，1975)和孙汉银公式(孙汉银，1992)的稳健性检验。

难词的定义无固定标准。本章基于“HSK 汉语词汇等级大纲词表”，将中文词语按照使用频率分为四个等级，词语难度等级逐级递增，共包含常用的 8 848 个中文词语。考虑企业年报中专业术语、会计用词较多，均属于超纲词汇，而超纲词汇（$Grade_5$）明显难度高于常用词汇，因此本章将超纲词设为第五等级词语，该类等级词语所占比例即为文本难词率。同时，句平均难度等级的定义如公式(6－8)。

6.3.3.2 解释变量：经营困境程度(历史经营期望落差)

根据 Chen(2008)和连燕玲等(2014)的研究，通过测量企业年报当期净资产

收益率 ($Roe_{i,t}$) 作为基础指标来测量业绩期望落差 ($Roe\_Gap_{i,t}$)，即历史经营期望 ($Roe\_E_{i,t-1}$) 与企业当期业绩 ($Roe_{i,t}$) 的差距，该值越大，企业处于经营困境的程度越深。Roe 是衡量企业利用股东和债权人资产所取得盈利的重要指标，是较为权威的企业盈余能力的表征变量之一。企业业绩期望落差的计算如公式(6-9)所示，历史经营期望 ($Roe\_E_{i,t-1}$) 的计算如公式(6-10)所示。

$$\boldsymbol{Roe\_Gap_{i,t} = Roe\_E_{i,t-1} - Roe_{i,t}} \tag{6-9}$$

$$\boldsymbol{Roe\_E_{i,t-1} = aRoe_{i,t-2} + (1-a)Roe\_E_{i,t-2}} \tag{6-10}$$

借鉴 Chen(2008)的做法，$t-1$ 期的经营期望由 $t-2$ 期的实际经营绩效与 $t-2$ 期的经营期望组成，权重分别为 0.6 和 0.4[①]。所得的企业业绩期望落差 ($Roe\_Gap_{i,t}$) 值越大，企业当期业绩表现越差，陷入经营困境程度越深。

6.3.3.3 调节变量：股东性质、市场化程度和地区文化特征

主要包括企业自身股东性质 ($Nature_i$)、企业所处地区的市场化程度 ($Market_i$)、企业所处地区的文化环境——灰度值 ($Secrecy_i$)。三个变量的具体测量方法如下：① 股东性质：分为国有企业和民营企业两种类别。② 市场化程度：根据《中国分省份市场化指数报告(2016)》(王小鲁等，2017)提供的各省(自治区、直辖市)市场化指数来衡量企业所面临的外部市场、制度环境的差异，并根据该数值分年中位值将样本分为两类：高组和低组。③ 地区文化灰色度：本章借鉴 Gary 的测度模型，根据赵向阳等(2015)提供的各省(自治区、直辖市)在 GLOBE 文化习俗中各维度数据来衡量企业所具有的文化环境的差异。具体测算公式为：不确定性规避＋权力差距。根据灰度值的中位值将样本分为灰度值高组和灰度值低组。

6.3.3.4 控制变量

根据已往研究文献(张学勇和廖理，2010；程新生等，2012)，本章设置以下控制变量：① 企业成立时间 ($Life_{i,t}$)，企业自创立之日起至今的年限(取自然对数)来测量。② 企业员工人数 ($Employee_{i,t}$) 统计当年的自然对数。③ 企业规模 ($Size_{i,t}$)，公司期末总资产的自然对数。④ 资产负债比 ($AsDe_{i,t}$)，定义为资产和负债的比值。⑤ 净资产增长率 ($AsR_{i,t}$)。⑥ 流通股比重 ($FloR_{i,t}$)，定义为流通 A 股占总股本的比例。⑦ $CEOp_{i,t}$ 定义为若 CEO 同时兼任了董事长，则设定为 1，否则为 0。⑧ 股权集中度 ($Shac_{i,t}$)，定义为前十大股东持股比

① 经营期望的计算年年迭代，初始计算年份为可获得数据的最早年份 1990 年，初始数据年份值用历史绩效代替。

例。⑨ 高管薪酬（$Ttsp_{i,t}$），用企业持股前三位董事的薪资水平取自然对数来衡量。⑩ 独立董事占比（$InDD_{i,t}$）。

6.3.4　描述性分析和相关性分析

表 6－2 列示了主要变量的描述性统计。总体样本的描述结果显示，MD&A 文本语言“掩饰”程度(易读性)（$Readability_{i,t}$）的均值为 23.16，最大值为 30.10，最小值为 18.52；各企业的经营困境程度（$Roe\_Gap_{i,t}$）的均值为 0.027，最大值为 0.952，最小值为－1.174；企业上市年限对数值最大值为 3.539，最小值为 2.598，均值为 2.966。企业员工数最小值为 115 人，最大值为 64 817 人；企业总资产最大值为 133.7 亿元，最小值为 2.4 亿元，样本企业规模大小差异较大。表 6－3 显示了各地区的市场化程度值以及 GLOBE 文化价值指标体系的不确定性规避、权力差距值以及计算所得的灰度值。各地区的市场化程度从西藏的0.62 到浙江的 9.78，可见市场化程度的区域差异显著；地区文化灰度值从贵州的 8.61 到浙江的 9.31。

表 6－2　　主要变量的描述性统计

Variable	Mean	Std. Dev.	Min	Max
$Readability_{i,t}$	23.152	2.320	18.519	30.072
$Roe\_Gap_{i,t}$	0.027	0.200	−1.174	0.952
$Nature_i$	0.323	0.468	0.000	1.000
$Market_i$	0.653	0.476	0.000	1.000
$Secrecy_i$	0.505	0.500	0.000	1.000
$Life_{i,t}$	2.966	0.206	2.598	3.539
$Employee_{i,t}$	8.184	1.212	4.745	11.079
$Size_{i,t}$	22.271	1.318	19.305	25.619
$AsR_{i,t}$	17.614	38.407	−20.767	145.755
$AsDe_{i,t}$	50.349	19.970	11.151	98.424
$FloR_{i,t}$	0.838	0.215	0.228	1.000
$Shac_{i,t}$	49.892	15.706	15.870	84.560
$CEOp_{i,t}$	0.185	0.388	0.000	1.000
$Ttsp_{i,t}$	391.795	234.658	7.000	798.000
$InDD_{i,t}$	0.371	0.052	0.286	0.571

注：N＝872(观测值)。

表 6-3　　地区维度调节变量

地　区	GLOBE 文化价值指标体系			市场化进程①	
	不确定性规避	权力差距	灰度值	总得分(2014 年)	分指标得分(2014 年)
北　京	4.29	4.91	9.20	9.08	14.77
天　津	4.36	4.64	9.00	9.17	10.58
河　北	4.22	4.64	8.86	6.19	4.20
山　西	4.30	4.57	8.87	5.27	3.59
内蒙古	4.32	4.90	9.22	5.10	1.84
辽　宁	4.17	4.57	8.74	7.00	5.64
吉　林	4.43	4.60	9.03	6.42	4.87
黑龙江	4.38	4.52	8.90	6.22	5.69
上　海	4.43	4.54	8.97	9.77	12.68
江　苏	4.56	4.56	9.12	9.63	13.52
浙　江	4.42	4.89	9.31	9.78	16.19
安　徽	4.41	4.49	8.90	7.46	7.65
福　建	4.31	4.52	8.83	8.07	8.13
江　西	4.36	4.74	9.10	6.79	4.27
山　东	4.43	4.68	9.11	7.93	6.39
河　南	4.38	4.70	9.08	7.00	4.23
湖　北	4.46	4.51	8.97	7.28	4.67
湖　南	4.31	4.66	8.97	6.79	5.19
广　东	4.37	4.42	8.79	9.35	12.15
广　西	4.30	4.45	8.75	6.51	4.14
海　南	4.15	4.52	8.67	5.94	3.57
重　庆	4.27	4.65	8.92	7.78	7.63
四　川	4.20	4.81	9.01	6.62	5.89
贵　州	4.15	4.46	8.61	4.85	2.49
云　南	4.26	4.54	8.80	4.94	2.14
西　藏	4.42	4.35	8.77	0.62	1.33
陕　西	4.30	4.73	9.03	6.36	6.25

① 本章进行市场化进程分组计算时，由于样本区间为 2012—2015 年，故分年进行市场化得分中位数分组。2015 年尚无数据，因此沿用 2014 年得分。分指数得分是指本章稳健性检验部分所使用的“市场中介组织发育和法律制度环境”指标，详见本章 6.5 部分。篇幅所限，仅列出 2014 年得分详情，其余年份略。

续表

地　区	GLOBE 文化价值指标体系			市场化进程	
	不确定性规避	权力差距	灰度值	总得分(2014 年)	分指标得分(2014 年)
甘　肃	4.27	4.63	8.90	4.04	2.59
青　海	4.17	4.72	8.89	2.53	1.79
宁　夏	4.54	4.34	8.88	5.26	3.37
新　疆	4.41	4.34	8.75	3.49	2.68

资料来源：《中国区域文化地图："大一统"抑或"多元化"》(赵向阳等，2015)、《中国分省份市场化指数报告(2016)》(王小鲁等，2017)。

表 6-4-1 和表 6-4-2 列出了各主要变量之间的相关关系：企业处于经营困境的程度 $Roe\_Gap_{i,t}$ 与年报 MD&A 文本语言"掩饰"程度暂无显著性相关关系，本章将在后续回归分析中控制其他相关变量后进行继续检验。股东性质与 MD&A 文本语言"掩饰"程度呈显著负相关关系，这说明民营企业的 MD&A 文本表述操纵更明显；地区市场化程度与 MD&A 文本语言"掩饰"程度呈显著正相关关系，表明市场化程度高的地区文本更难被读懂；地区文化灰度值与 MD&A 文本语言"掩饰"程度呈显著正相关关系，表明灰度值越高的地区文本语言"掩饰"程度更深。本章将在后续回归分析中进行进一步检验。

表 6-4-1　　主要变量间的相关关系

	1	2	3	4	5	6	7
1. $Readability_{i,t}$	1						
2. $Roe\_Gap_{i,t}$	0.042	1					
3. $Nature_i$	0.202***	−0.049	1				
4. $Market_i$	0.022	0.033	−0.026	1			
5. $Secrecy_i$	−0.019	0.002	−0.050	0.134***	1		
6. $Life_{i,t}$	0.095***	−0.059*	0.189***	0.128***	−0.091***	1	
7. $Employee_{i,t}$	−0.071**	0.071**	−0.375***	0.073**	0.042	−0.218***	1
8. $Size_{i,t}$	0.005	0.090***	−0.324***	0.072**	0.044	−0.194***	0.851***
9. $AsR_{i,t}$	0.050	−0.200***	0.132***	−0.072**	0.044	0.045	−0.031
10. $AsDe_{i,t}$	−0.002	0.042	−0.114***	−0.008	−0.098***	−0.059*	0.163***
11. $Shac_{i,t}$	−0.106***	0.078**	−0.124***	0.026	−0.023	−0.109***	−0.075**
12. $CEOp_{i,t}$	0.053	0.002	−0.093***	−0.055	−0.020	−0.143***	0.328***
13. $FloR_{i,t}$	0.143***	−0.020	0.176***	0.080**	−0.001	0.137***	−0.048

续表

	1	2	3	4	5	6	7
14. $Ttsp_{i,t}$	0.139***	0.041	−0.002	0.171***	0.029	0.079**	0.320***
15. ln $DD_{i,t}$	0.094***	0.001	0.016	0.011	−0.001	−0.022	0.040

注：* 表示 $p<0.1$，** 表示 $p<0.05$，*** 表示 $p<0.01$，$N=872$（观测值）。

表 6－4－2　　主要变量间的相关关系

	8	9	10	11	12	13	14	15
8. $Size_{i,t}$	1							
9. $AsR_{i,t}$	0.008	1						
10. $AsDe_{i,t}$	0.225***	−0.114***	1					
11. $Shac_{i,t}$	−0.111***	−0.367***	0.092***	1				
12. $CEOp_{i,t}$	0.375***	0.219***	−0.023	−0.390***	1			
13. $FloR_{i,t}$	−0.036	−0.028	0.075**	−0.009	−0.168***	1		
14. $Ttsp_{i,t}$	0.370***	−0.016	−0.127***	−0.065*	0.050	0.017	1	
15. ln $DD_{i,t}$	0.043	−0.002	0.019	−0.024	0.014	0.056*	−0.125***	1

注：* 表示 $p<0.1$，** 表示 $p<0.05$，*** 表示 $p<0.01$，$N=872$（观测值）。

6.4 实证检验与结果分析

本章的数据是面板数据，可能存在异方差、时序相关和横截面相关等问题，使用通常的面板数据估计方法会低估标准误差，导致模型估计结果有偏，采用Driscoll-Kraay标准差进行估计得到的标准误差才具有无偏性、一致性和有效性（Driscoll and Kraay，1998）。所以，本章在后续的面板数据模型估计中，主要采用D－K标准误方法进行估计。本章实证分析思路如下：首先，对企业经营困境程度与MD&A文本语言"掩饰"程度的关系进行回归分析。其次，检验影响经营困境程度与MD&A文本语言"掩饰"程度关系的情境机制，即股东性质、地区市场化程度及地区文化灰度性的分样本对比效应。

6.4.1 经营困境程度与年报MD&A文本语言"掩饰"程度的关系检验

表6－5列示了企业经营困境程度与年报MD&A文本语言"掩饰"程度的

关系。模型(1)为进入所有控制变量的基础模型。模型(2)在模型(1)基础上加入自变量，结果显示 $Roe\_Gap_{i,t}$ 和被解释变量呈显著正相关关系（beta＝0.482，$p<0.01$），且在模型(3)、模型(4)、模型(5)的分别加入调节变量的模型以及模型(6)中依然稳健（beta＝0.481，$p<0.01$），表明企业经营困境程度与年报 MD&A 文本语言"掩饰"程度呈显著正相关关系，即企业越处于经营困境，文本操纵和"掩饰"程度越深，由此本章假设 H1 得以验证。

表 6－5　业绩经营落差与年报 MD&A 文本语言"掩饰"程度的关系检验

VARIABLES	模型(1)	模型(2)	模型(3)	模型(4)	模型(5)	模型(6)
$Roa\_Gap_{i,t}$		0.482***	0.499***	0.468***	0.480***	0.481***
		(0.09)	(0.13)	(0.09)	(0.09)	(0.12)
$Nature_i$			0.985***			1.079***
			(0.10)			(0.12)
$Market_i$				0.122		0.140*
				(0.09)		(0.08)
$Secrecy_i$					0.151***	0.221***
					(0.02)	(0.02)
$Life_{i,t}$	5.132***	5.013***	0.480	4.905***	4.945***	−0.106
	(1.35)	(1.43)	(2.40)	(1.39)	(1.42)	(2.25)
$Employee_{i,t}$	−0.690***	−0.677***	−0.596***	−0.676***	−0.677***	−0.588***
	(0.13)	(0.11)	(0.09)	(0.10)	(0.11)	(0.09)
$Size_{i,t}$	0.211***	0.230***	0.151**	0.225***	0.230***	0.139**
	(0.07)	(0.08)	(0.07)	(0.08)	(0.07)	(0.07)
$AsR_{i,t}$	−2.003***	−1.667*	−1.589	−1.672*	−1.777**	−1.753*
	(0.76)	(0.94)	(1.00)	(0.94)	(0.86)	(0.90)
$AsDe_{i,t}$	1.025	0.255	1.464	0.086 0	0.385	1.570
	(9.26)	(9.39)	(8.79)	(9.56)	(9.42)	(8.92)
$Shac_{i,t}$	0.939	0.063 6	2.477	0.158	0.482	3.444*
	(2.00)	(1.89)	(1.91)	(1.70)	(2.09)	(1.90)
$CEOp_{i,t}$	0.647***	0.647***	0.556***	0.628***	0.648***	0.526***
	(0.16)	(0.16)	(0.17)	(0.15)	(0.16)	(0.16)

续表

VARIABLES	模型(1)	模型(2)	模型(3)	模型(4)	模型(5)	模型(6)
$FloR_{i,t}$	-0.877^{***}	-0.857^{***}	-0.677^{***}	-0.869^{***}	-0.843^{***}	-0.654^{***}
	(0.23)	(0.22)	(0.24)	(0.21)	(0.23)	(0.23)
$Ttsp_{i,t}$	1.077^{**}	1.083^{**}	0.934^{**}	1.100^{***}	1.072^{**}	0.924^{**}
	(0.43)	(0.44)	(0.43)	(0.42)	(0.44)	(0.43)
$InDD_{i,t}$	−0.320	−0.257	−0.596	−0.213	−0.292	−0.627
	(1.25)	(1.18)	(1.12)	(1.21)	(1.15)	(1.11)
Constant	9.085^{*}	8.939^{**}	23.42^{***}	9.269^{**}	9.054^{**}	25.12^{***}
	(4.76)	(4.44)	(7.27)	(4.31)	(4.51)	(6.76)
F	5.45^{***}	1.64^{*}	3.10^{***}	1.56^{*}	2.8^{***}	5.45^{***}
$within\_R^2$	0.071	0.075	0.084	0.076	0.076	0.087

注：① *** 表示 $p<0.01$，** 表示 $p<0.05$，* 表示 $p<0.1$，$N=872$（观测值）；括号内为 D－K 标准误；上述模型为经过 Driscoll-Kraay 标准误调整后的结果。② 年份控制变量基于版面限制未列示。

6.4.2 经营困境程度与年报 MD&A 文本语言“掩饰”程度的情境机制分析

该部分进一步分析股东性质、地区市场化程度、地区文化灰度值的差异性对经营困境程度与年报 MD&A 文本语言“掩饰”之间关系的影响作用。采用分样本对比的方式，分别在这三个维度上，将总样本分为高组和低组，探究经营困境程度与年报 MD&A 文本语言“掩饰”之间的关系在不同股东性质、地区市场化程度、地区文化灰度值下的关系差异性。具体检验结果如下：

首先，表 6－6 中模型(1)和模型(2)分别检验在国有企业和民营企业中经营困境程度与年报 MD&A 文本语言“掩饰”程度的相关关系。可以看出，该关系在国有企业中并不显著，而在民营企业中两者具有显著正相关关系（$beta=0.35$，$p<0.05$），即相对国有股东控制的企业而言，民营企业在业绩表现较差时，其年报 MD&A 文本更难被读懂。而国企“掩饰”程度并不受经营困境程度影响。由此，本章假设 H2 得以进一步验证。

其次，表 6－6 模型(3)和模型(4)分别检验在市场化程度高组地区和低组地区的企业中，这种关系的差异性。可以看出，在市场化程度高的地区的企业中，其经营困境程度与“掩饰”程度呈显著正相关关系（$beta=1.085$，$p<0.01$），而市场化程度低的地区的企业中该关系为负，即相对低组，高组企业年报 MD&A 的掩饰程度受经营困境程度显著正向影响，因此假设 H3 得以验证。

表 6-6 经营困境程度与年报 MD&A 文本语言"掩饰"程度的情境机制分析

VARIABLES	企业性质		市场化程度		地区文化灰度值	
	国有企业	民营企业	高组	低组	高组	低组
	模型(1)	模型(2)	模型(3)	模型(4)	模型(5)	模型(6)
$Roe\_Gap_{i,t}$	0.184	0.350**	1.085***	−0.461***	0.274**	−0.022 3
	(0.23)	(0.17)	(0.25)	(0.14)	(0.12)	(0.08)
$Nature_i$			−0.059	3.069***	0.673	1.108***
			(0.17)	(0.40)	(0.41)	(0.32)
$Market_i$	0.294**	−0.565***			0.112	0.225
	(0.13)	(0.17)			(0.07)	(0.27)
$Secrecy_i$	0.408***	0.018	0.161***	0.268		
	(0.07)	(0.13)	(0.06)	(0.27)		
$Life_{i,t}$	−0.675	−2.452	−4.122***	−2.261	−4.368	7.784**
	(3.11)	(4.23)	(1.25)	(7.19)	(5.91)	(3.15)
$Employee_{i,t}$	−0.812***	−0.009	−0.551***	0.067 2	−0.725***	−0.111
	(0.23)	(0.17)	(0.09)	(0.26)	(0.14)	(0.12)
$Size_{i,t}$	0.721***	−0.250	0.060	0.041	0.387***	0.454**
	(0.18)	(0.21)	(0.25)	(0.21)	(0.05)	(0.18)
$AsR_{i,t}$	−3.901***	−0.430	−1.589	−1.260	−4.025***	−5.167***
	(1.11)	(1.48)	(3.69)	(1.95)	(0.97)	(1.01)
$AsDe_{i,t}$	6.088***	−16.460	0.480	−16.340	5.817*	−3.331
	(0.45)	(13.54)	(7.41)	(10.37)	(3.33)	(5.60)
$Shac_{i,t}$	18.297***	−10.68*	−12.570***	3.842	5.393***	7.661
	(4.42)	(6.18)	(3.92)	(11.04)	(1.71)	(15.84)
$CEOp_{i,t}$	0.454***	0.372	0.450*	−0.700***	0.771***	0.272***
	(0.07)	(0.26)	(0.26)	(0.11)	(0.22)	(0.10)
$FloR_{i,t}$	0.846***	−1.340*	−0.557***	−0.667	−1.487***	0.188
	(0.20)	(0.75)	(0.20)	(0.52)	(0.37)	(0.71)
$Ttsp_{i,t}$	0.651	0.980*	1.205***	0.278	−0.536	2.868***
	(0.44)	(0.59)	(0.40)	(0.68)	(0.71)	(0.51)
In $DD_{i,t}$	−1.042	−0.415	−2.170	2.952***	−2.935	0.830
	(1.85)	(2.44)	(2.06)	(0.89)	(3.62)	(0.69)
Constant	13.472	39.820***	40.540***	27.800	35.400*	−11.750
	(9.83)	(10.78)	(3.34)	(22.23)	(19.81)	(9.23)

续表

VARIABLES	企业性质		市场化程度		地区文化灰度值	
	国有企业	民营企业	高组	低组	高组	低组
	模型(1)	模型(2)	模型(3)	模型(4)	模型(5)	模型(6)
Obs	590	282	569	303	440	432
F	10.11***	22.12***	4.24***	6.82***	32.85***	14.48***
$within\_R^2$	0.073	0.111	0.060	0.166	0.065	0.094

注：① *** 表示 $p<0.01$，** 表示 $p<0.05$，* 表示 $p<0.1$；$N=872$(观测值)。括号内为 D-K 标准误；上述模型为经过 Driscoll-Kraay 标准误调整后的结果。② 年份控制变量基于版面限制未列示。

再次，模型(5)和模型(6)分别表现了在地区文化灰度值高组和低组的被解释变量和解释变量的相关关系。可以看出，在地区文化灰度值高的地区企业中，其经营困境程度与年报 MD&A 文本语言“掩饰”程度呈显著正相关关系(beta=0.274，$p<0.05$)，而灰色度低组该关系不显著，即该类别企业处于经营困境时，会使其 MD&A 文本被读懂的难度加大。由此，本章假设 H4 也得以验证。

6.4.3 文本语言“掩饰”的后果效应研究

对于企业通过文本语言“掩饰”是否达到了印象管理的行为动机，一方面，本章认为这种文本层面的信息操纵行为是隐蔽的、被动的经营困境应对措施。与企业进行战略变革、研发投入增大、开辟新市场等积极改革措施不同，文本掩饰行为并不能直接提升企业管理效率，对企业的实际经营业绩难以产生正面修复作用。另一方面，年报是企业与信息受众沟通的重要渠道，MD&A 阅读难度的加大会对读者对于企业的价值判断产生影响，进而达到企业进行形象重塑的目的。本章为了继续探讨文本掩饰的后续影响效应，进行以下实证研究设计：

第一，语言掩饰并不能真正地对后续企业业绩的提升产生作用。以当期经营困境企业的语言“掩饰”(文本易读性)为自变量，以企业年报“发布后一年和后两年的企业净资产收益率”为两个因变量，进行企业文本掩饰程度与后续业绩表现的实证检验。检验结果如表 6-7 中模型(1)和模型(2)所示，在这两个模型中，企业本期语言掩饰程度对下一期的企业经营困境呈负相关关系，即企业年报 MD&A 越难被读懂，企业下期经营困境程度和下两期的企业业绩影响效应并不显著，说明企业进行文本语言“掩饰”并不能真的对后续企业经营业绩产生提升，并不是一种企业应对经营困境的积极正面的解决措施。

第二，虽然我们认为语言掩饰并未实质性的改变企业的经营业绩，但企业面临经营困境时，文本语言“掩饰”行为作为企业进行印象管理的常用可行手段，确实是一种避免短期形象损害和负面舆论的应付手段。这种语言“掩饰”会降低外界对于企业实际状况的理解，从而会潜移默化地影响了利益相关者对企业的价值判断，分析师评级的高低是企业形象面子的一种重要体现。基于此，我们选择本期处于经营困境中的企业，测量企业公布年报日之后4个月的企业平均分析师评级值①，以及相对于企业年报发布日前4个月的分析师评级均值的变化值②，来检验企业的语言“掩饰”行为是否会对之后的分析师评级产生影响效应，以期望从这方面来分析企业所采取的语言“掩饰”策略是否能达到企业印象构建和形象维护的目的（即规避因业绩变差导致的分析师评价的下降）。检验结果如表6-7模型(3)和模型(4)所示。在这两个模型中，语言掩饰程度与企业发布年报日后4个月的评级均值呈显著正相关关系（beta=0.023，$p<0.1$），也与相对年报发布日前4个月的评级改善程度呈显著正相关（beta=0.016，$p<0.05$）。

综上可知，处于经营困境中的企业进行MD&A的掩饰程度越深，年报发布日后的分析师评级越好，且相对于发布日前的分析师评级改善越多。因此处于经营困境中的企业进行的语言掩饰，对企业后续分析师评级有显著影响作用，即该种对负面经营状况进行语言掩饰的印象管理策略，确实在一定程度上发挥了企业形象维护的作用。但是这并不是改善企业经营失败的根本举措，所以语言“掩饰”与后续经营业绩的提升无关。语言“掩饰”行为是消极应对企业经营业绩较差的一种手段，并不能对企业未来的业绩提升有裨益，这种掩饰行为更是一种避免短期形象损害和负面舆论的应付手段，从长远看反而干扰市场对于企业真实状况和企业价值的准确评估，信息有效性下降。

表6-7　　年报MD&A文本语言“掩饰”程度的后续影响效应分析

VARIABLES	模型(1)	模型(2)	模型(3)	模型(4)
$Readability_{i,t}$	3.064	−1.343	0.023*	0.016**
	(1.96)	(3.52)	(0.01)	(0.01)
$Roe\_Gap_{i,t}$			−0.085	0.336**
			(0.147)	(0.154)
$Nature_i$	0.096***	0.138***	−0.236***	−0.335***
	(0.03)	(0.02)	(0.04)	(0.08)

① 分析师评级数据从国泰安数据库获得。其中评级为五级：买入、增持、中性、减持、卖出，分别赋值5-1，故评级值越大，企业评级越好。

② 分析师评级变化值是指企业于年报发布日前后4个月的分析师评级均值之差（后期－前期），该值越大，企业的评级改善越多。

续表

VARIABLES	模型(1)	模型(2)	模型(3)	模型(4)
$Market_i$	−0.010	0.043***	−0.060***	−0.040
	(0.01)	(0.01)	(0.02)	(0.05)
$Secrecy_i$	0.027***	−0.013**	0.000	−0.050
	(0.00)	(0.01)	(0.02)	(0.04)
$Life_{i,t}$	−0.133	0.396***	3.442***	0.133
	(0.32)	(0.14)	(0.96)	(0.51)
$Employee_{i,t}$	0.038***	−0.024	−0.051	0.025
	(0.01)	(0.02)	(0.06)	(0.08)
$Size_{i,t}$	−0.076***	−0.017**	0.003	−0.206**
	(0.01)	(0.01)	(0.05)	(0.08)
$AsR_{i,t}$	0.253	0.102	−0.066	−0.050
	(0.34)	(0.14)	(0.08)	(0.58)
$AsDe_{i,t}$	1.880**	2.607***	5.426***	7.175**
	(0.75)	(0.69)	(1.32)	(3.40)
$Shac_{i,t}$	1.186**	1.799***	7.453***	7.429
	(0.52)	(0.53)	(1.39)	(5.06)
$CEOp_{i,t}$	−0.008	−0.007	0.015	0.226***
	(0.02)	(0.01)	(0.02)	(0.06)
$FloR_{i,t}$	−0.063	0.083***	−0.072	−0.175*
	(0.05)	(0.02)	(0.09)	(0.09)
$Ttsp_{i,t}$	0.042	0.055***	−0.131	−0.022
	(0.03)	(0.02)	(0.20)	(0.19)
In $DD_{i,t}$	−0.011	0.438***	−0.078	0.759***
	(0.12)	(0.12)	(0.22)	(0.18)
Constant	1.646	−1.026**	−6.609	3.055
	(1.13)	(0.50)	(4.57)	(2.12)
Obs	871	869	484	355
F	42.88***	27.93***	25.90***	28.24***
$within\_R^2$	0.040	0.077	0.102	0.072

注：① *** 表示 $p<0.01$，** 表示 $p<0.05$，* 表示 $p<0.1$；$N=872$（观测值）。括号内为 D-K 标准误；上述模型为经过 Driscoll-Kraay 标准误调整后的结果。② 年份控制变量基于版面限制未列示。

6.5 稳健性检验

6.5.1 文本语言“掩饰”程度的替代测量

由于存在若干易读性测度的研究成果，选择迷雾指数公式计算出来的文本易读性指标并不一定是真实的文本易读值。借鉴 Schroeder(1990)研究，本章选取 Flesch 模型做进一步的稳健性检验，同时选取在中文测度领域，较权威的孙汉银测度公式进行稳健性检验，检验结果见表 6-8 中的模型(1)和模型(2)。经营困境程度与这两种易读性测度方法测得的易读性仍存在稳健的相关关系(beta=0.403，$p<0.01$；beta=−1.901①，$p<0.01$)。反应的相关关系性质和前文一致。因此，这部分的两替代公式的测量仍支持本章原假设。

表 6-8　稳健性检验

VARIABLES	易读性替代		业绩落差替代		中介与法制分指数	
	Flesch 易读公式	孙汉银公式	基础变量：每股收益	横向：行业落差	高　组	低　组
	模型(1)	模型(2)	模型(3)	模型(4)	模型(5)	模型(6)
$Roe\_Gap_{i,t}$	0.403***	−1.901***			0.441***	0.356
	(0.08)	(0.31)			(0.13)	(0.32)
$Eps\_Gap_{i,t}$			0.323**			
			(0.15)			
$Roe\_IGap_{i,t}$				0.481***		
				(0.12)		
$Nature_i$	1.075***	−3.836***	1.097***	1.079***	1.183***	0.550
	(0.10)	(1.06)	(0.07)	(0.12)	(0.14)	(0.38)
$Market_i$	0.161**	−0.206	0.147**	0.140*		
	(0.06)	(0.88)	(0.07)	(0.08)		
$Secrecy_i$	0.139**	−1.248*	0.218***	0.221***	0.207	0.832***
	(0.05)	(0.66)	(0.02)	(0.02)	(0.14)	(0.20)

① 孙汉银测度公式的易读性指标越低，文本越难被读懂。此处检验中，企业处于经营困境的程度越深，MD&A 孙汉银易读性测度指标值越低。

续表

VARIABLES	易读性替代		业绩落差替代		中介与法制分指数	
	Flesch 易读公式	孙汉银公式	基础变量：每股收益	横向：行业落差	高组	低组
	模型(1)	模型(2)	模型(3)	模型(4)	模型(5)	模型(6)
$Life_{i,t}$	0.625	11.670	0.488	−0.106	2.678	−3.272
	(1.59)	(11.47)	(2.42)	(2.25)	(2.79)	(5.29)
$Employee_{i,t}$	−0.552***	2.790***	−0.596***	−0.588***	−0.420***	−0.448***
	(0.07)	(0.32)	(0.10)	(0.09)	(0.07)	(0.13)
$Size_{i,t}$	0.115**	−1.459***	0.108	0.139**	0.368	0.438
	(0.06)	(0.43)	(0.07)	(0.07)	(0.31)	(0.31)
$AsR_{i,t}$	−1.651***	3.533***	−1.489*	−1.753*	−7.022***	3.211*
	(0.61)	(0.61)	(0.79)	(0.90)	(1.47)	(1.78)
$AsDe_{i,t}$	2.714	−44.950	2.534	1.570	−15.510***	14.200
	(8.28)	(35.76)	(8.80)	(8.92)	(2.12)	(10.93)
$Shac_{i,t}$	7.100**	−135.100***	4.940**	3.444*	3.161	−9.281
	(3.17)	(16.63)	(2.11)	(1.90)	(8.85)	(24.77)
$CEOp_{i,t}$	0.563***	−1.671	0.530***	0.526***	0.708**	0.027
	(0.16)	(1.36)	(0.16)	(0.16)	(0.28)	(0.03)
$FloR_{i,t}$	−0.478*	−2.266	−0.616***	−0.654***	−0.804***	−0.128
	(0.25)	(1.53)	(0.21)	(0.23)	(0.23)	(0.62)
$Ttsp_{i,t}$	0.766**	−2.348**	0.934**	0.924**	1.570***	−0.586
	(0.38)	(0.91)	(0.42)	(0.43)	(0.47)	(0.48)
$\ln DD_{i,t}$	−0.150	15.480***	−0.734	−0.627	−1.959*	−0.758
	(1.35)	(5.30)	(1.14)	(1.11)	(1.12)	(1.38)
Constant	29.173***	15.180	23.940***	25.120***	11.450***	26.910
	(4.70)	(29.21)	(7.48)	(6.76)	(3.63)	(21.08)
Obs	872	872	872	872	574	298
F	13.74***	44.54***	8.47***	5.45***	441.42***	3.44***
$within\_R^2$	0.104	0.034	0.084	0.087	0.103	0.094

注：① *** 表示 $p<0.01$，** 表示 $p<0.05$，* 表示 $p<0.1$，$N=872$(观测值)；括号内为 D－K 标准误；上述模型为经过 Driscoll-Kraay 标准误调整后的结果。② 年份控制变量基于版面限制未列示。

6.5.2 经营困境程度的替代测量

经营困境程度有多种衡量指标。本章进一步选取每股收益作为替代变量进行企业当期经营业绩的测度，表 6－8 中模型(3)可以看出，每股收益历史经营期望落差和 MD&A 存在显著的正相关关系（beta=0.323，$p<0.05$）。本章进一步借鉴 Chen(2008)和连燕铃等(2014)的研究，进行企业横向的行业经营期望落差的解释变量测度，行业经营期望落差的测度与历史经营期望落差测度类似，如公式(6－11)或公式(6－12)所示。

$$Roe\_IGap_{i,t} = Roe\_IE_{i,t-1} - Roe_{i,t} \quad (6-11)$$

$$Roe\_IE_{i,t-1} = aIRoe_{i,t-2} + (1-a)Roe\_IE_{i,t-2} \quad (6-12)$$

其中，$Roe\_IGap_{i,t}$ 为 t 期企业行业经营期望落差，$Roe\_IE_{i,t-1}$ 为 $t-1$ 期的企业行业经营期望，$Roe_{i,t}$ 为 t 期企业真实经营绩效。$IRoe_{i,t-2}$ 为企业 $t-2$ 期所属行业的经营绩效中位数，$Roe\_IE_{i,t-2}$ 为企业 $t-2$ 期所属行业的经营期望，权重系数 a 为 0.6。检验结果如表 6－8 模型(4)所示，企业行业经营期望落差与 MD&A 文本掩饰程度呈显著正相关关系（beta=0.481，$p<0.01$），本章主效应假设：H1 仍然得到验证。

6.5.3　市场化程度的替代测量

根据《中国分省份市场化指数报告(2016)》，本章选用市场化指数分指数——市场中介组织的发育和法律制度环境得分作为稳健性检验分组依据。与前述处理相同，本章将分指数按照中位数进行分组，得分高组地区的企业设置为 1，其他地区的企业设置为 0。据此设置市场化程度的虚拟变量，进行进一步的稳健检验。检验结果如表 6－8 模型(5)和模型(6)，可见在市场化程度高的地区仍然存在经营困境程度与 MD&A 文本语言"掩饰"程度显著正相关的规律性（beta=0.441，$p<0.01$），而市场化程度低的地区无此关系，市场化程度这一调节变量的效应进一步被验证。

6.6　结论与讨论

印象管理是企业进行战略响应的手段之一，而掩饰和操纵文本信息是从语言角度进行印象管理的重要方式之一。经营期望落差严重(经营困境程度高)的企业往往意味着混乱的治理机制和更大的盈利压力，客观现实的复杂性和企业"焦虑"的心理压力直接导致企业 MD&A 文本信息操纵。操纵年报文本易读性即使并非恶意的、违法的，很可能是迎合投资者的期望、满足投资者“看好”的心理需求。但“掩饰”行为确实会损害投资者利益，因为这种措施会潜移默化得对信息受众的判断进行干扰，甚至误导。同时，由于“掩饰”作为一种非常“隐蔽”的印象管理手段，这种印象管理策略的使用是非常微观且难以觉察的。

本章基于印象管理理论、管理模糊假说理论等分析了企业经营困境程度与MD&A文本语言“掩饰”程度之间的关系，探讨了企业的股东性质(国有或民营)、企业地区市场化程度以及企业地区文化灰度值对两者关系的情境机制。基于2012—2015年218家深圳A股上市公司平衡面板数据的实证检验，得出以下研究结论：

第一，企业经营困境程度对MD&A文本掩饰程度的影响是显著的。随着经营困境程度的提高，企业进行掩饰的动机越强。

第二，企业股权性质对企业是否操纵年报MD&A文本语言“掩饰”程度起到显著影响，国有企业面临的市场监督更加严格、企业未来战略组织规划更加明确、供销市场稳定、财务金融体系完善，其进行文本操纵的动机不够强烈。而民营企业在面对经营期望落差的情况时，由于固有的管理体系缺陷，且市场风险更大，为了挽回业绩差给信息受众带来的负面影响，会实施文本操纵行为。

第三，地区市场化程度对经营困境程度与文本语言“掩饰”程度之间的关系起显著调节作用，即相对于市场化程度低的地区，市场化程度高的地区由于外部监管严格、市场环境十分透明，年报信息受到更多关注，因此会采取操纵易读性这一较为“隐蔽”的组织行为来进行企业自身形象建设。

第四，地区文化灰度值越高，即不确定性规避、权力差距、集体主义倾向性更明显的地区企业，文本语言“掩饰”程度受经营困境程度的影响更显著。

本章从企业历史经营期望落差入手，从企业自身股东性质和外部制度文化角度出发，创新性得从微观文本编撰角度研究不同经营困境程度(历史经营期望落差)的企业是否会采取文本语言演示的印象管理行为来响应组织绩效落差，以及这种语言掩饰的响应行为受何种机制影响。本章完善了语言掩饰和印象管理响应行为在企业战略响应行为方面的研究。本章仍存在需要改进和完善的地方，比如：文本易读性虽然是企业进行印象管理行为的重要手段，受其处于经营困境程度的直接影响，但企业进行MD&A信息编撰，同样受作者个人的语言风格以及企业的信息披露倾向等方面的影响。但由于本章所采用的MD&A文本数据量的限制，因此并不能将这些影响因素纳入研究模型中，未来的研究可以通过扩展多样化文本进行进一步的研究，以弥补这方面的研究缺陷。同时，由于不同行业的文本表述差异大，本章仅选取制造业上市公司年报作为研究样本，MD&A文本语言“掩饰”程度的普适性测度研究是未来研究的方向之一。

7　研究结论与展望

前六章基于企业行为理论、前景理论、业绩反馈模型以及战略响应研究的相关理论文献，对组织经营期望（落差）与两种不同价值导向的战略响应行为进行了较为全面、系统和深入的研究与探讨。第七章将总结全文，概括主要结论，提出研究启示和政策建议，指出研究局限和未来研究方向。

7.1　研究结论

本书将战略响应的相关理论引入企业行为理论的研究领域，从一个新的视角考察企业在经营期望落差困境下的战略响应行为的产生动机及其作用情境，着重分析了不同价值导向的两种战略响应行为。本书分为四个子研究对组织的战略响应行为进行了分析。具体研究结论如下：

第一，组织在经营期望落差（历史和行业绩效期望落差）下会采取市场化导向的战略变革响应行为来应对困境，而管理者自主权则显著影响战略变革响应行为的实施程度。本书的子研究一（第三章）验证了组织经营期望落差与市场化导向的创新主导的战略变革响应行为之间的关系，结论表明：在面临经营期望落差增大时，管理者实施战略变革响应行为的程度随之增大；较高的组织自主权（充足的组织资源和较低的组织惯性约束）和环境自主权（丰腴的市场环境）则强化了管理者在面临经营期望落差扩大时实施战略变革响应行为的程度；制度自主权的缺失，如国企制度背景和欠发达的区域制度环境，则从内外部制度层面上约束了管理者行为决策的自由度，在经营期望落差扩大时反而削弱了其实施战略变革响应行为的程度;拥有非商业关系背景则赋予了管理者更高程度的制度自主权,强化了其在经营期望落差下实施战略变革响应行为的程度。

第二,组织在经营期望落差(行业竞争期望落差)下会采取市场化导向的战略背离响应行为来应对困境,而组织外部环境和内部资源则显著影响战略背离响应行为的实施程度。本书的子研究二(第四章)验证了组织如何在合法性压力的趋同和竞争压力的差异化中做出战略响应。战略选择理论虽然突破新制度理论的禁锢,强调组织通过自身主动性战略来应对制度同形压力,但并未凸显导致组织战略背离的深层次诱因。子研究二(第四章)从组织期望理论和企业行为理论出发,验证了行业竞争期望对企业战略背离响应行为的影响,并检验了组织外部环境(经济政策不确定性和产业竞争性)与内部资源(团队社会资本和组织冗余资源)对上述关系的影响。得出以下结论:当企业实际绩效低于所在行业的竞争期望水平时,组织为扭转所处行业竞争劣势的局面,会选择实施偏离行业既定水平的战略突破,即随着行业竞争期望落差的扩大,企业战略背离响应行为的程度越强;经济政策不确定性会弱化行业竞争期望落差与战略背离响应行为之间的正相关关系,而产业竞争程度、高管团队社会资本和组织冗余资源则会强化上述关系。

第三,组织在经营期望落差(分析师预测期望落差)下会采取非市场化导向的财务操纵响应行为来应对困境,而组织资源、行业环境与制度环境显著影响财务操纵响应行为的实施程度。本书的子研究三(第五章)从分析师预测期望落差(盈余压力)角度出发,验证了外部资本市场的盈余压力对企业财务造假的作用机制,并探讨了组织冗余资源、行业环境敌对性和制度环境完备性对两者关系的调节效应。得到以下研究结论:其一,随着组织实际盈余与分析师预测盈余差距的扩大,组织及其管理者所感受到的外部资本市场压力就越大,为缓解盈余压力和规避自身利益损失,组织实施非市场化导向的违规主导的财务造假响应行为的程度越高。其二,拥有较高程度的组织冗余资源,能弱化组织实施非法性财务造假响应行为的程度。其三,随着行业环境敌对性程度的提高,组织更有可能在经营期望落差扩大时从事非法性的财务造假行为。其四,良好的制度环境对企业行为产生一种约束机制,企业所处的外部制度环境越好,提高了投机行为被发现和惩罚的成本,从而削弱了外部盈余压力下企业冒险从事财务造假响应行为的动机和程度。

第四,组织在经营期望落差(历史经营期望落差)下会采取非市场化导向的语言掩饰响应行为来应对困境,而企业性质、制度环境和区域文化特征则显著影响语言掩饰响应行为的实施程度。本书的子研究四(第六章)从语言的模糊战略和掩饰战略出发，强调组织可以像“变色龙”一样，通过话语和文本内容的模棱两可产生一种模糊情境，使得外部机构难以确切了解组织的真实经营状况，有助于抵消或缓和经营困境带来的一系列连锁性潜在问题、矛盾和复杂性等的产生。子研究四（第六章）探究了处于经营困境的企业所采取的非市场化的语言掩饰响应行为，研究发现：处于经营困境程度越深的企业，为了维护自身形象、加大或维持信息不对称、避免市场惩罚回馈，会进行非财务信息的操纵和“掩饰”这类响应行为，即经营业绩越差，组织会使年报 MD&A 文本语言越难被读懂，达到印象管理目的。进一步的研究证明，民营企业的复杂治理机制使其进行 MD&A 语言“掩饰”程度比国有企业受经营困境程度影响更显著；在市场化程度高的地区的企业面对经营困境时，由于印象管理替代措施成本过高，有更强烈的文本“掩饰”动机；区域文化特征也从意识形态的角度潜移默化地影响着处于经营困境中的企业采取“掩饰”响应行为的倾向性。

7.2 政策建议

本书对于组织经营期望落差下的两种不同价值导向的战略响应行为做了探讨，根据研究结论，组织在经营困境下需要主动的实施战略响应行为，进而应对经营困境和确保组织经营期望水平的达成，可以对企业、政府和相关利益主体提出以下建议：

第一，促使管理者实施市场化导向的战略响应行为来应对组织经营困境。企业能否在经营困境下生存下来并持续成长，取决于它们能否快速适应复杂多变的内外部环境变化。通过子研究一（第三章）的研究发现，战略变革作为应对外部环境的动态性与不确定性的一种重要手段，成为企业应对历史和社会期望落差困境的重要手段之一。在面临组织期望落差困境下，组织和企业相关治理主体要强化管理者对组织当前问题的认知，促使他们进行积极主动的战略调整以应对当前经营困境，比如进入或退出市场，改变产品、市场策略，或对当前战略进行重新定位等。

第二，强化同业竞争和市场逻辑有利于激发组织的战略创新。中国社会处于转型时期，随着经济发展和制度转型，企业经营环境得到极大改善。尽管如此，企业发展依然面临较为复杂的竞争环境，一方面需要应对复杂的制度压力和制度约束，另一方面需要在激烈的市场竞争中保持持续竞争优势，即转型背景下制度逻辑和市场逻辑的双重影响，企业需要在战略趋同和战略创新（差异化）选择中做出更好的权衡。子研究二（第四章）发现，在面临同业竞争威胁的情况下，企业受市场竞争逻辑的影响更大，有利于打破组织的战略同形，激发组织的战略创新动力。

第三，重视高管团队社会资本的培育、开发和使用有利于拓宽组织制定和实施战略创新（响应行为）的认知空间和行为自由度。在经济转型时期，企业面临“关系取向”的文化情境，“关系”是重要的无形资源，同时转型经济又存在“制度真空”的制度情境，组织或高管重视自身与内外部利益相关者社会关系的构建，不仅可以借助“关系”快速获取异质性的外部知识、经验和信息资源等从而有利于组织突破行业束缚，更利于发挥“关系”这一非正式制度的作用，获取通过正式制度无法得到的资源支持。研究二（第四章）发现，高管团队社会资本通过为组织提供差异化的知识、经验和资金等，从而强化了组织在经营困境下的实施战略创新的能力。

第四，政府降低宏观经济政策风险有利于促进企业的战略创新（响应行为），提升企业竞争实力。子研究二（第四章）发现，宏观经济政策的不确定性会抑制组织采取积极的战略行为来提升其市场竞争能力，宏观经济政策的稳定性则有利于激发企业家精神，从而更大程度的提高企业市场竞争能力。因此，相关部门在出台或调整经济政策以平滑经济波动时，应权衡经济政策不确定性对经济活动主体的影响，尽量减少经济不确定性的负面影响，如通过提升政府经济政策的透明度，让企业形成相对准确的预期，降低潜在的经济政策不确定性，这对于企业在应对经营困境下所采取的战略响应决策至关重要。

第五，深化市场改革，建立规范的制度和执行严格的监管，降低企业非市场化且违规导向的战略响应行为。子研究三（第五章）指出企业在面临外部盈余压力下会选择财务造假响应行为来虚构企业利润，一个原因是存在监管有待提高，导致财务造假的收益超出所要付出的成本。所以在转型经济的中国，需要完善资本市场的规范性制度和强化有效监管，只有提升非市场导向且违规性的财务造假行为的成本后，才会削弱企业管理者或大股东试图通过这一行为应对困境的动机。此外，在制度完备性较高的区域，企业也能感觉到来自有效规则、标准和制度法律给予的充分保护，有利于提高企业从事市场化导向的、合规性的创造变革行为来响应经营困境的预期回报。

第六，完善非财务信息披露标准和规范，强调年报文本信息公正无偏地反映真实经营状况，减弱企业非市场且投机导向的语言掩饰这一战略响应行为，规避通过语言粉饰干扰利益相关者的价值判断。企业面临的经营压力越大越进行掩饰,其动机是实现心理上的补偿效应和减轻市场惩罚。MD&A 成为绩差企业的印象管理手段之一,但主观的语言操纵以粉饰糟糕的现状干扰了读者的价值判断。子研究四(第六章)得出中国特殊的转型经济背景、不平衡的市场化发展程度、多样化的地域文化使得企业主体在面临经营恶化的现实时实施语言粉饰掩饰行为的差异性。相关监督部门需要逐步完善对非财务信息的披露标准和规范,并建议投资者更加理性地分析上市公司年报的非财务信息披露部分,将企业的真实绩效信息作为年报阅读的立足点,全面考虑企业未来战略计划的可行性和详细程度。相应监管部门需进一步规范企业年报非财务信息表述,使得该部分信息更好地被信息受众理解,营造更加透明、健康的信息披露环境。

7.3 研究展望

由于研究主题、理论功底、样本选择、研究方法以及数据可获得性等方面的约束,本书仍存在以下需要改进和完善的地方:

第一,主题构思上本研究虽然关注到两种不同价值导向的战略响应行为的分析,并从市场化导向的响应行为(战略变革和背离)、非市场化导向的响应行为[财务信息操纵(财务造假)和非财务信息操纵(语言掩饰)]四个响应行为角度做了四个子研究的分析和阐述,但本书的缺陷在于并未将它们放到同一个模型中去分析,依然跟当前研究文献一样更多的是针对单个的响应行为进行的独立模型解释,这势必无法回答一个问题:在面临经营困境下,企业是否存在多种不同导向的战略响应行为的选择、平衡或同时实施?何种企业更加倾向于市场化导向而不是其他导向?什么因素会影响它们在两种不同价值导向的战响应行为的选择?未来研究有待于将这些不同的战略响应行为放到同一个模型下进行验证、探讨和解释。因为现实中企业可能并非只使用某一种战略响应行为,可能存在多种不同的战略响应行为组合。

第二,变量测量上,本研究主要是基于二手数据进行分析,所以在一些核心变量的测量上主要采用的是代理指标的方法,未来的研究可以着重通过更为详细的社会调研等一手数据的方式来对核心变量进行直接测量,比如子研究一(第三章)中管理者的三种自主权程度指标的测量上,通过问卷调研、访谈或一手数据的方式有利于更为直接地刻画出管理自主权高低程度的差异性。而在子研究一(第三章)中鉴于战略变革测量以及二手数据的局限性,也只是关注到组织战略性资源在配置量上的改变可能导致的战略行为的调整，然而现实情况下企业战略变革可能并未表现在关键资源配置上的变化，只是在投资方向和重点领域等方面发生改变和调整。因此，在后续研究可以采用问卷调查方法进一步考察经营期望落差对企业内部战略方向、方式和意图等方面改变的影响，采用企业在不同行业的业务发展和投资行为变动程度等方法对企业的战略变革行为进行全面系统测量。子研究二（第四章）中的战略背离同样存在这样的问题，鉴于战略背离测量方法和数据的局限性，主要关注到组织几种战略性资源在配置量上与行业平均水平的差异性所导致的战略背离程度，但并未具体分析在行业竞争期望落差困境下，管理者究竟在哪些方面，以及以怎样的方式或意图对组织的战略行为进行了重新调整，所以未来研究应结合企业案例调查、一手数据调研等方法更加关注组织在战略方向、方式和意图等方面的改变。

第三，机制解释上，本研究鉴于无法直接对核心变量进行衡量，比如子研究一（第三章）由于无法直接对管理者的制度自主权进行衡量，所以在所有制体制和非商业关系如何影响管理者的制度自主权这个问题上，还有较多内部潜在的影响机制有待于进一步解释和论证，暂时无法清晰的分析和验证非商业关系在国企和私营企业中对管理者制度自主权分别起到了何种作用？具有何种差异性？影响效应是一致的还是相反？而在子研究二（第四章）中高管团队社会资本暂且只关注到海外、学术和金融等关系，然而也无法对高管社会资本的其他维度做出机制解释，比如职业关系或校友关系等，相对于上述这些关系是否对企业战略响应行为的实施和选择产生影响。

第四，研究设计上，本研究鉴于数据的局限性无法将个体心理、性格和语言特点等影响战略响应行为选择的因素考虑到研究模型中。比如子研究三（第五章）中企业选择非市场化导向的违规性的财务造假响应行为，某种程度上与决策者个人的性格特征、教育经历有很大关系；而在子研究四（第六章）中组织通过语言粉饰行为进行印象管理，信息的编撰特点同样受个人语言风格等影响。但变量的可测量性和数据可获得性这些个体内在的因素暂时都未加入本书的研究模型中。未来的研究可以采用问卷调查和试验法进行更为细致的研究，以弥补这方面的研究缺陷。

参考文献

[1] 陈传明,孙俊华.企业家人口背景特征与多元化战略选择——基于中国上市公司面板数据的实证研究[J].管理世界,2008(5):124-133+187-188.

[2] 陈德球,李思飞,王丛.政府质量、终极产权与公司现金持有[J].管理世界,2011(11):127-141.

[3] 陈立敏,刘静雅,张世蕾.模仿同构对企业国际化—绩效关系的影响——基于制度理论正当性视角的实证研究[J].中国工业经济,2016(9):127-143.

[4] 陈守明,唐滨琪.高管认知与企业创新投入——管理自由度的调节作用[J].科学学研究,2012,30(11):1723-1734.

[5] 陈爽英,井润田,龙小宁,邵云飞.民营企业家社会关系资本对研发投资决策影响的实证研究[J].管理世界,2010(1):88-97.

[6] 陈伟宏,钟熙,宋铁波.业绩期望落差、股权集中度和企业环保投入[J].工业技术经济,2017,36(12):10-18.

[7] 陈昕,谢恩,李瑜.国有企业绩效反馈对研发投入的影响研究[J].华东经济管理,2016,30(10):123-130.

[8] 陈信元,靳庆鲁,肖土盛,张国昌.行业竞争、管理层投资决策与公司增长/清算期权价值[J].经济学(季刊),2014,13(1):305-332.

[9] 陈有华,聂普焱,彭璧玉.债务约束下的企业广告与R&D投资研究[J].中国管理科学,2015,23(12):142-149.

[10] 陈志军,郑丽,马鹏程.绩效下滑会驱动子公司创新吗[J].南开管理评论,2018,21(5):213-224.

[11] 程新生,刘建梅,程悦.相得益彰抑或掩人耳目:盈余操纵与MD&A中非财务信息披露[J].会计研究,2015(8):11-18+96.

[12] 程新生,谭有超,刘建梅.非财务信息、外部融资与投资效率——基于外部制度约束的研究[J].管理世界,2012(7):137-150+188.

[13] 崔学刚.公司治理机制对公司透明度的影响——来自中国上市公司的经验数据[J].会计研究,2004(8):72-80+97.

[14] 邓少军,芮明杰,赵付春.组织响应制度复杂性:分析框架与研究模型[J].外国经济与管理,2018,40(8):3-16+29.

[15] 丁忠明,李诗争,张小雪.转型期企业成长战略选择:市场导向抑或关系导向——基于复杂网络演化博弈的视角[J].财贸研究,2019,30(11):72-82.

[16] 董宏乐,顾萍.英语中掩饰动因的手段[J].外语教学,2000(4):21-25.

[17] 杜云月,蔡香梅.企业核心竞争力研究综述[J].经济纵横,2002(3):59-63.

[18] 杜运周,尤树洋.制度逻辑与制度多元性研究前沿探析与未来研究展望[J].外国经济与管理,2013,(12):2-10.

[19] 樊纲,王小鲁,朱恒鹏.中国市场化指数—各地区市场化进程 2011 报告[M].北京:经济科学出版社,2011.

[20] 傅鸿震,张琳.制度环境、两权分离与企业环境治理[J].投资研究,2020,39(12):120-135.

[21] 高勇强,陈亚静,张云均."红领巾"还是"绿领巾":民营企业慈善捐赠动机研究[J].管理世界,2012(8):106-114+146.

[22] 葛菲,连燕玲,贺小刚.消极反馈与高管变更:基于上市公司的数据分析[J].经济管理,2016,38(1):38-50.

[23] 巩键,陈凌,王健茜,王昊.从众还是独具一格?——中国家族企业战略趋同的实证研究[J].管理世界,2016(11):110-124+188.

[24] 顾亮,刘振杰.我国上市公司高管背景特征与公司治理违规行为研究[J].科学学与科学技术管理,2013,34(2):152-164.

[25] 顾夏铭,陈勇民,潘士远.经济政策不确定性与创新——基于我国上市公司的实证分析[J].经济研究,2018,53(2):109-123.

[26] 郭蓉,文巧甜.业绩反馈与公司创业投资行为关系——来自中国上市公司的数据检验[J].系统管理学报,2019,28(6):1041-1056.

[27] 何小钢,梁权熙,王善骝.信息技术、劳动力结构与企业生产率——破解"信息技术生产率悖论"之谜[J].管理世界,2019,35(9):65-80.

[28] 贺小刚.企业持续竞争优势的资源观阐释[J].南开管理评论,2002(4):32-37.

[29] 贺小刚,邓浩,吕斐斐,李新春.期望落差与企业创新的动态关系——冗余资源与竞争威胁的调节效应分析[J].管理科学学报,2017,20(5):13-34.

[30] 贺小刚,李婧,吕斐斐,邓浩.绩优企业的投机经营行为分析——来自中国上市公司的数据检验[J].中国工业经济,2015(5):110-121.

[31] 贺小刚,连燕玲.家族权威与企业价值:基于家族上市公司的实证研究[J].经济研究,2009,44(4):90-102.

[32] 贺小刚,连燕玲,吕斐斐.期望差距与企业家的风险决策偏好——基于中国家族上市公司

的数据分析[J].管理科学学报,2016,19(8):1-20.
[33] 贺小刚,连燕玲,张远飞.经营期望与家族内部的权威配置——基于中国上市公司的数据分析[J].管理科学学报,2013,16(4):63-82.
[34] 贺小刚,彭屹,郑豫容,杨昊.期望落差下的组织搜索:长期债务融资及其价值再造[J].中国工业经济,2020(5):174-192.
[35] 贺小刚,朱丽娜,杨婵,王博霖.经营困境下的企业变革:"穷则思变"假说检验[J].中国工业经济,2017(1):135-154.
[36] 贺远琼,田志龙,陈昀.环境不确定性、企业高层管理者社会资本与企业绩效关系的实证研究[J].管理学报,2008(3):423-429.
[37] 胡珺,宋献中,王红建.非正式制度、家乡认同与企业环境治理[J].管理世界,2017(3):76-94+187-188.
[38] 黄珺,徐莹莹.女性高管对企业社会责任报告可读性的影响研究[J].经济与管理评论,2021,37(1):114-124.
[39] 黄旭,程林林.西方资源基础理论评析[J].财经科学,2005(3):94-99.
[40] 姜付秀,黄继承.CEO 财务经历与资本结构决策[J].会计研究,2013(5):27-34+95.
[41] 蒋春燕,赵曙明.组织冗余与绩效的关系:中国上市公司的时间序列实证研究[J].管理世界,2004(5):108-115.
[42] 蒋艳,金思瑶.业绩期望顺差、知识产权保护与绩优企业创新[J].科技进步与对策,2020,37(4):109-118.
[43] 靳光辉,刘志远,花贵如.政策不确定性、投资者情绪与企业投资——基于战略性新兴产业的实证研究[J].中央财经大学学报,2016(5):60-69.
[44] 雷新途,邓启明.资产专用性、声誉与企业财务契约自我履行:一项实验研究[C].中国制度经济学学会筹委会、福建农林大学经济与管理学院.第十一届中国制度经济学年会论文汇编(下).中国制度经济学学会筹委会、福建农林大学经济与管理学院:北京天则经济研究所,2011:259-269.
[45] 李璨,吕渭星,周长辉.绩效反馈与组织响应:文献综述与展望[J].外国经济与管理,2019,41(10):86-108.
[46] 李凤羽,史永东.经济政策不确定性与企业现金持有策略——基于中国经济政策不确定指数的实证研究[J].管理科学学报,2016,19(6):157-170.
[47] 李凤羽,杨墨竹.经济政策不确定性会抑制企业投资吗?——基于中国经济政策不确定指数的实证研究[J].金融研究,2015(4):115-129.
[48] 李健,曹文文,乔嫣,潘镇.经营期望落差、风险承担水平与创新可持续性——民营企业与非民营企业的比较研究[J].中国软科学,2018(2):140-148.
[49] 李健,潘镇,陈景仁.制造业企业期望绩效反馈效果对组织冗余结构的影响及后果[J].管理评论,2018,30(11):198-208.
[50] 李培功,肖珉.CEO 任期与企业资本投资[J].金融研究,2012(2):127-141.

[51] 李清.上市公司“管理层讨论与分析(MD&A)”可读性影响因素的研究[D].长沙：中南大学,2012.

[52] 李四海,陈旋,宋献中.穷人的慷慨：一个战略性动机的研究[J].管理世界,2016(5)：116－127＋140.

[53] 李溪,郑馨,张建琦.制造企业的业绩困境会促进创新吗——基于期望落差维度拓展的分析[J].中国工业经济,2018(8)：174－192.

[54] 李晓翔,刘春林.投资强度变化：基于绩效偏差和冗余资源的视角[J].管理科学,2013,26(1)：26－37.

[55] 李新春.企业集群化成长的资源能力获取与创造[J].学术研究,2002(7)：10－12.

[56] 李新春.经理人市场失灵与家族企业治理[J].管理世界,2003(4)：87－95＋154－155.

[57] 李新春,肖宵.制度逃离还是创新驱动?——制度约束与民营企业的对外直接投资[J].管理世界,2017(10)：99－112＋129＋188.

[58] 李新春,叶文平,朱沆.牢笼的束缚与抗争：地区关系文化与创业企业的关系战略[J].管理世界,2016(10)：88－102.

[59] 李延喜,陈克兢,姚宏,刘伶.基于地区差异视角的外部治理环境与盈余管理关系研究——兼论公司治理的替代保护作用[J].南开管理评论,2012,15(4)：89－100.

[60] 连燕玲,贺小刚.CEO开放性特征、战略惯性和组织绩效——基于中国上市公司的实证分析[J].管理科学学报,2015,18(1)：1－19.

[61] 连燕玲,贺小刚,高皓.业绩期望差距与企业战略调整——基于中国上市公司的实证研究[J].管理世界,2014(11)：119－132＋188.

[62] 连燕玲,贺小刚,张远飞.家族权威配置机理与功效——来自我国家族上市公司的经验证据[J].管理世界,2011(11)：105－117.

[63] 连燕玲,贺小刚,张远飞,周兵.危机冲击、大股东“管家角色”与企业绩效——基于中国上市公司的实证分析[J].管理世界,2012(9)：142－155.

[64] 连燕玲,刘依琳,高皓,罗昆.治理机制的改善起到了修复作用吗?——基于败德行为与组织经营绩效关系的研究[J].外国经济与管理,2019,41(7)：72－84.

[65] 连燕玲,刘依琳,郑伟伟.经营期望落差、管理自主权与企业财务造假[J].上海财经大学学报,2021,23(2)：46－60＋92.

[66] 连燕玲,叶文平,刘依琳.行业竞争期望与组织战略背离——基于中国制造业上市公司的经验分析[J].管理世界,2019,35(8)：155－172＋191－192.

[67] 连燕玲,郑伟伟,高岑岑,张迪.后代影响了CEO的利他性偏好吗?——基于女性社会化视角的分析[J].外国经济与管理,2020,42(10)：17－32.

[68] 连燕玲,周兵,贺小刚,温丹玮.经营期望、管理自主权与战略变革[J].经济研究,2015,50(8)：31－44.

[69] 刘海建.红色战略还是灰色战略——针对我国制度转型中企业战略迷失的实证研究[J].中国工业经济,2012(7)：147－159.

[70] 刘海建,周小虎,龙静.组织结构惯性、战略变革与企业绩效的关系：基于动态演化视角的实证研究[J].管理评论,2009,21(11)：92 - 100.
[71] 刘建国.绩效衰退与企业创新行为——基于中国上市公司的实证分析[J].南开管理评论,2017,20(4)：140 - 152.
[72] 刘启亮,罗乐,何威风,陈汉文.产权性质、制度环境与内部控制[J].会计研究,2012(3)：52 - 61+95.
[73] 刘淑春,林汉川.我国制造业标准国际化战略对策[J].宏观质量研究,2020,8(6)：80 - 95.
[74] 刘运国,刘雯.我国上市公司的高管任期与 R&D 支出[J].管理世界,2007(1)：128 - 136.
[75] 鲁小凡,窦钱斌,宋伟,葛章志.海归高管与企业创新效率：助力还是阻力？[J].科技管理研究,2021,41(1)：143 - 150.
[76] 鲁悦,刘春林.期望绩效反馈对企业社会责任行为的影响——基于利益相关者视角[J].经济与管理研究,2018,39(5)：78 - 89.
[77] 陆亚东.中国管理学理论研究的窘境与未来[J].外国经济与管理,2015,37(3)：3 - 15.
[78] 吕迪伟,蓝海林,曾萍,陈伟宏.异源绩效压力对企业外部研发倾向的异质性影响——区域制度环境的调节作用[J].研究与发展管理,2019,31(2)：44 - 55.
[79] 吕斐斐,贺小刚,葛菲.期望差距与创始人离任方式选择：基于中国家族上市公司的分析[J].财经研究,2015,41(7)：68 - 80.
[80] 吕斐斐,贺小刚,朱丽娜,李新春.家族期望落差与创业退出：基于中国数据的分析[J].管理科学学报,2019,22(6)：36 - 56.
[81] 马宁,靳光辉.经济政策不确定性对公司战略差异的影响[J].中南财经政法大学学报,2021(1)：14 - 22+158 - 159.
[82] 马昀.资源基础理论的回顾与思考[J].经济管理,2001(12)：23 - 27.
[83] 饶品贵,徐子慧.经济政策不确定性影响了企业高管变更吗？[J].管理世界,2017(1)：145 - 157.
[84] 饶品贵,岳衡,姜国华.通货膨胀预期与企业存货调整行为[J].经济学(季刊),2016,15(2)：499 - 526.
[85] 饶育蕾,贾文静.影响 CEO 过度自信的因素分析——来自我国上市公司的经验证据[J].管理学报,2011,8(8)：1162 - 1167.
[86] 沈维涛,幸晓雨.CEO 早期生活经历与企业投资行为——基于 CEO 早期经历三年困难时期的研究[J].经济管理,2014,36(12)：72 - 82.
[87] 宋铁波,钟熙,陈伟宏.期望差距与企业国际化速度：来自中国制造业的证据[J].中国工业经济,2017(6)：175 - 192.
[88] 宋铁波,钟熙,陈伟宏.谁在“穷则思变”？基于中国民营与国有上市公司的对比分析[J].管理评论,2019,31(2)：214 - 224.
[89] 宋铁波,钟熙,陈伟宏,吴小节.研发投入还是广告投入？——绩劣企业战略性行为的选

择[J].研究与发展管理,2018,30(1):12－21＋91.

[90] 苏冬蔚,林大庞.股权激励、盈余管理与公司治理[J].经济研究,2010,45(11):88－100.

[91] 苏灵,王永海,余明桂.董事的银行背景、企业特征与债务融资[J].管理世界,2011(10):176－177.

[92] 孙蔓莉.论上市公司信息披露中的印象管理行为[J].会计研究,2004(3):40－45.

[93] 涂智苹,宋铁波.制度压力下企业战略反应研究述评与展望[J].外国经济与管理,2016,38(11):101－114.

[94] 汪辉.上市公司债务融资、公司治理与市场价值[J].经济研究,2003(8):28－35＋91.

[95] 王红建,李青原,邢斐.经济政策不确定性、现金持有水平及其市场价值[J].金融研究,2014(9):53－68.

[96] 王华,黄之骏.经营者股权激励、董事会组成与企业价值——基于内生性视角的经验分析[J].管理世界,2006(9):101－116＋172.

[97] 王菁,程博,孙元欣.期望绩效反馈效果对企业研发和慈善捐赠行为的影响[J].管理世界,2014(8):115－133.

[98] 王菁,徐小琴,孙元欣.期望绩效差距对公司研发行为的影响——基于中国上市公司的实证分析[J].经济经纬,2016,33(1):120－125.

[99] 王垒,曲晶,赵忠超,丁黎黎.组织绩效期望差距与异质机构投资者行为选择:双重委托代理视角[J].管理世界,2020,36(7):132－153.

[100] 王向阳,齐莹,郗玉娟.技术兼容性、惯例兼容性与跨国并购知识转移[J].科学学研究,2018,36(11):2030－2037＋2112.

[101] 王晓亮,王荻,蒋勇.高管团队学历异质性、真实盈余管理与审计收费研究[J].中国软科学,2019(9):175－184.

[102] 王小鲁,樊纲.中国收入差距的走势和影响因素分析[J].经济研究,2005(10):24－36.

[103] 王小鲁,樊纲,余静文.中国分省份市场化指数报告(2016)[M].北京:社会科学文献出版社,2017.

[104] 王旭,王兰.绩效差距与企业绿色创新——基于"穷则思变"决策惯例的权变思考[J].上海财经大学学报,2020,22(1):18－33.

[105] 邬爱其,贾生华.企业成长机制理论研究综述[J].科研管理,2007(2):53－58.

[106] 吴航,陈劲.国际搜索与本地搜索的抉择——企业外部知识搜索双元的创新效应研究[J].科学学与科学技术管理,2016,37(9):102－113.

[107] 吴建祖,袁海春.绩效期望落差与企业环境战略的倒U形关系研究[J].管理学报,2020,17(10):1453－1460.

[108] 吴先明,苏志文.将跨国并购作为技术追赶的杠杆:动态能力视角[J].管理世界,2014(4):146－164.

[109] 夏立军,陈信元.市场化进程、国企改革策略与公司治理结构的内生决定[J].经济研究,2007(7):82－95＋136.

[110] 项保华,李庆华.企业战略理论综述[J].经济学动态,2000(7):70-74.
[111] 肖书锋,李璨.绩优企业创新选择的内在机制[J].科学学研究,2020,38(2):334-345.
[112] 肖土盛,靳庆鲁,陈信元.行业竞争与公司成本黏性:基于实物期权视角[J].管理科学学报,2016,19(3):48-63.
[113] 肖作平,廖理.公司治理影响债务期限水平吗?——来自中国上市公司的经验证据[J].管理世界,2008(11):143-156+188.
[114] 谢康,吴瑶,肖静华,廖雪华.组织变革中的战略风险控制——基于企业互联网转型的多案例研究[J].管理世界,2016(2):133-148+188.
[115] 徐小琴,王菁,马洁.绩优企业会增加企业负面行为吗——基于中国制造业上市公司的数据分析[J].南开管理评论,2016,19(2):137-144.
[116] 阎达五,孙蔓莉.深市B股发行公司年度报告可读性特征研究[J].会计研究,2002(5):10-17+64.
[117] 杨俊,田莉,张玉利,王伟毅.创新还是模仿:创业团队经验异质性与冲突特征的角色[J].管理世界,2010(3):84-96.
[118] 杨林,和欣,顾红芳.高管团队经验、动态能力与企业战略突变:管理自主权的调节效应[J].管理世界,2020,36(6):168-188+201+252.
[119] 杨彤骥,杨红玉.行业竞争对技术多样性的影响研究[J].情报杂志,2016,35(3):90-95.
[120] 杨学儒,叶文平,李浩铭,王莹.制度嵌入与民营企业环保担当[J].南方经济,2018(5):48-68.
[121] 阳镇,尹西明,陈劲.新冠肺炎疫情背景下平台企业社会责任治理创新[J].管理学报,2020,17(10):1423-1432.
[122] 姚晶晶,鞠冬,张建君.企业是否会近墨者黑:企业规模、政府重要性与企业政治行为[J].管理世界,2015(7):98-108.
[123] 余鹏翼,敖润楠,陈文婷.CEO年龄、风险承担与并购[J].经济理论与经济管理,2020(2):87-102.
[124] 曾爱民,林雯,魏志华,张纯.CEO过度自信、权力配置与股价崩盘风险[J].经济理论与经济管理,2017(8):75-90.
[125] 曾萍,邬绮虹.女性高管参与对企业技术创新的影响——基于创业板企业的实证研究[J].科学学研究,2012,30(5):773-781.
[126] 张慧,江民星,彭璧玉.经济政策不确定性与企业退出决策:理论与实证研究[J].财经研究,2018,44(4):116-129.
[127] 张三保,张志学.区域制度差异,CEO管理自主权与企业风险承担——中国30省高技术产业的证据[J].管理世界,2012(4):101-114+188.
[128] 张三保,张志学.管理自主权:掠夺之手、无为之手还是扶持之手?[J].中大管理研究,2014,9(4):153-173.

[129] 张学勇,廖理.股权分置改革、自愿性信息披露与公司治理[J].经济研究,2010,45(4):28-39+53.

[130] 张映红.公司创业战略:基于中国转型经济环境的研究[M].北京:清华大学出版社,2005.

[131] 张远飞,贺小刚,连燕玲."富则思安"吗?——基于中国民营上市公司的实证分析[J].管理世界,2013(7):130-144.

[132] 赵曙明.中国人力资源管理三十年的转变历程与展望[J].南京社会科学,2009(1):7-11.

[133] 赵向阳,李海,孙川.中国区域文化地图:"大一统"抑或"多元化"?[J].管理世界,2015(2):101-119+187-188.

[134] 周小宇,符国群,王锐.关系导向战略与创新导向战略是相互替代还是互为补充——来自中国私营企业的证据[J].南开管理评论,2016,19(4):13-26.

[135] 庄亚明,李金生.高技术企业知识联盟中的知识转移研究[J].科研管理,2004(6):50-55.

[136] 邹立凯,梁强,王博.基于权威转换视角的家族企业二代子女继任方式研究[J].管理学报,2019,16(12):1771-1780+1789.

[137] ADELBERG A. H.. Narrative disclosures contained in financial reports: Means of communication or manipulation[J]. Accounting and Business Research, 1979, 9(35): 179-190.

[138] AHARONI Y.. The evolution and management of state-owned enterprises [M]. Cambridge, MA: Ballinger, 1986.

[139] ALDRICH H. E.. Organizations and environments[M]. Englewood Cliffs NJ: Prentice Hall, 1979.

[140] ALDRICH H. E., WIEDENMAYER G.. From traits to rates: An ecological perspective on organizational foundings[M]. JAI Press, 1993.

[141] ALLEN F., QIAN J., QIAN M.. Law, finance, and economic growth in China[J]. Journal of Financial Economics, 2005, 77(1): 57-116.

[142] AMIHUD Y., LEV B.. Risk reduction as a managerial motive for conglomerate mergers [J]. The Bell Journal of Economics, 1981, 12(2): 605-617.

[143] AMIT R., SCHOEMAKER P. J. H.. Strategic assets and organizational rent [J]. Strategic Management Journal, 1993, 14(1): 33-46.

[144] ANAND J., SINGH H.. Asset redeployment, acquisitions and corporate strategy in declining industries[J]. Strategic Management Journal, 1998, 18(3): 99-118.

[145] ANSOFF H. I.. The emerging paradigm of strategic behavior [J]. Strategic Management Journal, 1987, 8(6): 501-515.

[146] ANTONELLI C.. A failure-inducement model of research and development expenditure:

Italian evidence from the early 1980s [J]. Journal of Economic Behavior and Organization, 1989, 12(2): 159-180.

[147] ARGOTE L., GREVE H. R.. A behavioral theory on the firm-40 years and counting: Introduction and impact [J]. Organization Science, 2007, 18(3): 337-349.

[148] AUDIA P. G., BOEKER W.. Success, persistence, and regression to the mean [M]. Manuscript, London Business School, London, U.K, 2000.

[149] AUDIA P. G., GREVE H. R.. Less likely to fail: Low performance, firm size, and factory expansion in the shipbuilding industry [J]. Management Science, 2006, 52(1): 83-94.

[150] AUDIA P. G., LOCKE E. A.. Benefiting from negative feedback[J]. Human Resource Management Review, 2003, 13(4): 631-646.

[151] BAKER S. R., BLOOM N., DAVIS S. J.. Measuring economic policy uncertainty [J]. Quarterly Journal of Economics, 2016, 131(4): 1593-1636.

[152] BALL R., ROBIN A., WU J. S.. Accounting standards, the institutional environment and issuer incentives: Effect on timely loss recognition in China[J]. Asia-Pacific Journal of Accounting and Economics, 2000, 7(2): 71-96.

[153] BANDURA A.. Self-efficacy: Toward a unifying theory of behavioral change [J]. Psychological Review, 1977, 84(2): 191-215.

[154] BARNEY J. B.. Firm resources and sustained competitive advantage[J]. Advances in Strategic Management, 1991, 17(1): 99-120.

[155] BARRICK M. R., PARKS L., MOUNT M. K.. Self-monitoring as a moderator of the relationships between personality traits and performance [J]. Personnel Psychology, 2005, 58(3): 745-767.

[156] BARRON J. M., CHULKOV D. V., WADDELL G. R.. Top management team turnover, CEO succession type, and strategic change[J]. Journal of Business Research, 2011, 64(8): 904-910.

[157] BARTOV E., COHEN D. A.. Mechanisms to meet/beat analyst earnings expectations in the pre and post-Sarbanes-Oxley eras [M]. Social Science Electronic Publishing, 2007.

[158] BARTOV, E., GIVOL D., HAYN C.. The rewards to meeting or beating earnings expectations[J]. Journal of Accounting and Economics, 2002, 33(2): 173-204.

[159] BAUCUS M. S.. Pressure, opportunity and predisposition: A multivariate model of corporate illegality[J]. Journal of Management, 1994, 20(4): 699-721.

[160] BAUCUS M. S., NEAR J. P.. Can illegal corporate behavior be predicted? An event history analysis[J]. Academy of Management Journal, 1991, 34(1): 9-36.

[161] BAUM J. A. C., DAHLIN K. B.. Aspiration performance and railroads' patterns of

learning from train wrecks and crashes[J]. Organization Science, 2007, 18(3): 368-385.

[162] BAUM J. A. C., POWELL W. W.. Cultivating an institutional ecology of organizations: Comment on Hannan, Carrol, Dundon, and Torres[J]. American Sociological Review, 1995, 60(4): 529-538.

[163] BAUM J. A. C., ROWLEY T. J., SHIPILOV A. V., et al. Dancing with strangers: Aspiration performance and the search for underwriting syndicate partners [J]. Administrative Science Quarterly, 2005, 50(4): 536-575.

[164] BEASLEY M. S.. An empirical analysis of the relation between the board of director composition and financial statement fraud[J]. The Accounting Review, 1996, 71(4): 443-465.

[165] BENEISH M. D.. Incentives and penalties related to earnings overstatements that violate gap[J]. Accounting Review, 1999, 74(4): 425-457.

[166] BERGSTRESSER D., PHILIPPON T.. CEO incentives and earnings management [J]. Journal of Financial Economics, 2006, 80(3): 511-529.

[167] BERKMAN H., COLE R. A., FU L. J.. Political connections and minority-shareholder protection evidence from securities-market regulation in China[J]. Journal of Financial and Quantitative Analysis, 2011, 45(6): 1391-1417.

[168] BERNHARDT D., CAMPELLO M.. The dynamics of earnings forecast management [J]. Review of Finance, 2007, 11(2): 287-324.

[169] BERTRAND, MARIANNE, MULLAINATHAN, et al. Are Emily and Greg more employable than Lakisha and Jamal? A field experiment on labor market discrimination [J]. American Economic Review, 2004, 94: 991-1013.

[170] BHATTACHARYA M., BHATTACHARYA S. N.. Economic growth and energy consumption nexus in developing world: The case of China and India[J]. Journal of Applied Economics and Business Research[J], 2014, 4(3): 150-167.

[171] BHOJRAJ S., LIBBY R.. Capital market pressure, disclosure frequency-induced earnings/cash flow conflict, and managerial myopia[J]. The Accounting Review, 2005, 80(1): 1-20.

[172] BIEDENBACH T., SöDERHOLM A.. The challenge of organizing change in hypercompetitive industries: A literature review[J]. Journal of Change Management, 2008, 8(2): 123-145.

[173] BIRD B. J.. Entrepreneurial behavior[M]. Scott Foreman Press, 1989.

[174] BLOOMFIELD R. J.. The "Incomplete revelation hypothesis" and financial reporting [J]. Accounting Horizons, 2002, 16(3): 233-243.

[175] BOEKER W.. Strategic change: The influence of managerial characteristics and

organizational growth[J]. Academy of Management Journal, 1997, 40(1): 152-170.
[176] BOISOT M., CHILD J.. From fiefs to clans and network capitalism: Explaining China's emerging economic order [J]. Administrative Science Quarterly, 1996, 41(4): 600-628.
[177] BOLTON M. K.. Imitation versus innovation: Lessons to be learned from the Japanese [J]. Organizational Dynamics, 1993, 21(3): 30-45.
[178] BOMBARDINI M.. Firm heterogeneity and lobby participation [J]. Journal of International Economics, 2008, 75(2): 329-348.
[179] BONDT W. F. M. D., THALER R.. Does the stock market overreact? [J]. Journal of Finance, 1985, 40(3): 793-805.
[180] BOURGEOIS Ⅲ L. J.. On the measurement of organizational slack[J]. Academy of Management Review, 1981, 6(1): 29-39.
[181] BOURGEOIS Ⅲ L. J., SINGH J. V.. Organizational slack and political behavior among top management teams[J]. Academy of Management Proceedings, 1983, (1): 43-47.
[182] BOWMAN E. H.. Risk seeking by troubled firms[J]. Sloan Management Review, 1982, 23(4): 33-42.
[183] BRADLEY D., PANTZALIS C., YUAN X.. Policy risk, corporate political strategies, and the cost of debt[J]. Journal of Corporate Finance, 2016, 40: 254-275.
[184] BRADSHAW M. T.. How do analysts use their earnings forecasts in generating stock recommendations? [J]. The Accounting Review, 2004, 79(1): 25-50.
[185] BRITTAIN J. W., FREEMAN J. H.. Organizational proliferation and density-dependent selection [M]. Jossey-Bass, San Francisco, CA, 1980.
[186] BROMILEY P.. Testing a causal model of corporate risk taking and performance [J]. Academy of Management Journal, 1991, 34(1): 37-59.
[187] BROMILEY P., HARRIS J. D.. A comparison of alternative measures of organizational aspirations [J]. Strategic Management Journal, 2014, 35(3): 338-357.
[188] BROWN L. D.. A temporal analysis of earnings surprises: Profits versus losses[J]. Journal of Accounting Research, 2001, 39(39): 221-241.
[189] BROWN L. D., CAYLOR M. L.. A temporal analysis of quarterly earnings thresholds: Propensities and valuation consequences [J]. Accounting Review, 2005, 80(2): 423-440.
[190] BROWN L. D., HAGERMAN R. L., GRIFFIN P. A., ZMIJEWSKI M. E.. Security analyst superiority relative to univariate time-series models in forecasting quarterly earnings[J]. Journal of Accounting and Economics, 1987, 9(87): 61-87.
[191] BURGELMAN R. A.. Intraorganizational ecology of strategy making and organizational adaptation: Theory and field research [J]. Organization Science, 1991, 2(3): 239-262.

[192] BURGSTAHLER D. C., DICHEV I. D.. Earnings, adaptation and equity value[J]. The Accounting Review, 1997, 72(2): 187 - 215.

[193] BURGSTAHLER D. C., DICHEV I. D.. Earnings management to avoid earning decreases and losses [J]. Journal of Accounting and Economics, 1997, 24(1): 99 - 126.

[194] BURGSTAHLER D. C., EAMES M. J.. Earnings management to avoid losses and earnings decreases: Are analysts fooled[J]. Contemporary Accounting Research, 2003, 20(2): 253 - 294.

[195] BURGSTAHLER D. C., EAMES M. J.. Management of earnings and analyst's forecasts to achieve zero and small positive earnings surprises[J]. Journal of Business Finance and Accounting, 2006, 33(5 - 6): 633 - 652.

[196] BURNS T., STALKER G. M.. The management of innovations[M]. Oxford: Oxford University Press, 1961.

[197] CALABRò A., VECCHIARINI M., GAST J., et al. Innovation in family firms: A systematic literature review and guidance for future research[J]. International Journal of Management Reviews, 2018, 21(3): 317 - 355.

[198] CANNELLA B., FINKELSTEIN S., HAMBRICK D. C.. Full Text[M]. Strategic Leadership, 2008.

[199] CARPENTER M. A.. The price of change: The role of CEO compensation in strategic variation and deviation from industry strategy norms[J]. Journal of Management, 2000, 26(6): 1179 - 1198.

[200] CARVER C. S., SCHEIER M. F.. The self-attention-induced feedback loop and social facilitation [J]. Journal of Experimental Social Psychology, 1981, 17(6): 545 - 568.

[201] CASSON M.. The entrepreneur: An economic theory[M]. Totowa: Bames and Noble Books, 1982.

[202] CASTROGIOVANNI G. J.. Environmental munificence: A theoretical assessment [J]. Academy of Management Review, 1991, 16(3): 542 - 565.

[203] CHAKRAVARTHY B. S.. Adaptation: A promising metaphor for strategic management[J]. Academy of Management Review, 1982, 7(1): 35 - 44.

[204] CHANDLER A. D.. Strategy and structure: Chapters in the history of the American industrial enterprise[M]. Oxford, England: MIT Press, 1962.

[205] CHEN M. J., MACMILLAN I. C.. Nonresponse and delayed response to competitive moves: The roles of competitor dependence and action irreversibility[J]. Academy of Management Journal, 1992, 35(3): 539 - 570.

[206] CHEN W. R.. Determinants of firms' backward- and forward-looking R&D search behavior [J]. Organization Science, 2008, 19(4): 609 - 622.

[207] CHEN W. R., MILLER K. D.. Situational and institutional determinants of firms' R&D search intensity[J]. Strategic Management Journal, 2007, 28(4): 369 - 381.

[208] CHILD J.. Organizational structure, environment and performance: The role of strategic choice [J]. Sociology, 1972, 6(1): 1 - 22.

[209] CHNG D. H. M., SHIH E., RODGERS M. S., et al. Managers' marketing strategy decision making during performance decline and the moderating influence of incentive pay [J]. Journal of the Academy of Marketing Science, 2015, 43(5): 629 - 647.

[210] CHO S. Y., ARTHURS J. D., BARDEN J. Q., et al. Performance deviations and acquisition premiums: The impact of CEO celebrity on managerial risk-taking [J]. Strategic Management Journal, 2016, 37(13): 2677 - 2694.

[211] CHRISMAN J. J., PATEL P. J.. Variations in R&D investments of family and non-family firms: Behavioral agency and myopic loss aversion perspectives[J]. Academy of Management Journal, 2012, 55(4): 976 - 997.

[212] CLARKE D. C.. Corporate governance in China: An overview [J]. Social Science Electronic Publishing, 2003, 14(4): 494 - 507.

[213] COHEN D. A., DEY A., LYS T. Z.. Real and accrual — Based earnings management in the pre- and post- Sarbanes Oxley periods[J]. The Accounting Review, 2008, 83(3): 757 - 787.

[214] COHEN W. M., LEVINTHAL D. A.. Innovation and learning: The two faces of R & D [J]. Economic Journal, 1989, 99(397): 569 - 596.

[215] COHEN W. M., LEVINTHAL D. A.. Absorptive capacity: A new perspective on learning and innovation [J]. Administrative Science Quarterly, 1990, 35 (1): 128 - 152.

[216] CORNELISSEN J. P., HOLT R., ZUNDEL M.. The role of analogy and metaphor in the framing and legitimization of strategic change[J]. Organization Studies, 2011, 32(12): 1701 - 1716.

[217] COSIMANO T. F., JORGENSEN B., RAMANAN R.. Discretionary disclosures over time[J]. Ssrn Electronic Journal, 2004, 58(10): 1834 - 1853.

[218] COURTIS J. K.. An investigation into annual report readability and corporate risk-return relationships[J]. Accounting and Business Research, 1986, 16(64): 285 - 294.

[219] COURTIS J. K.. Corporate report obfuscation: Artefact or phenomenon[J]. The British Accounting Review, 2004, 36(3): 291 - 312.

[220] COVIN J. G., SLEVIN D. P.. Strategic management of small firms in hostile and benign environments [J]. Strategic Management Journal, 1989, 10(1): 75 - 87.

[221] CROSSLAND C., HAMBRICK D. C.. How national systems differ in their constraints on cooperate executives: A study of CEO effects in three countries [J]. Strategic

Management Journal, 2007, 28(8): 767-789.

[222] CROSSLAND C., HAMBRICK D. C.. Differences in managerial discretion across countries: How nation-level institutions affect the degree to which CEOs matter[J]. Strategic Management Journal, 2011, 32(8): 797-819.

[223] CUI A. S., CALANTONE R. J., GRIFFITH D. A.. Strategic change and termination of interfirm partnerships[J]. Strategic Management Journal, 2011, 32(4): 402-423.

[224] CYERT R. M., MARCH J. G.. A behavioral theory of the firm[M]. Englewood Cliffs, NJ: Prentice-Hall, 1963.

[225] DATTA D. K., RAJAGOPALAN N., ZHANG Y.. New CEO openness to change and strategic persistence: The moderating role of industry characteristics[J]. British Journal of Management, 2003, 14(2): 101-114.

[226] D'AUNNO T., SUTTON R. I.. The responses of drug abuse treatment organizations to financial adversity: A partial test of the threat-rigidity thesis [J]. Journal of Management, 1992, 18(1): 117-131.

[227] D'AVENI R. A.. The aftermath of organizational decline: A longitudinal study of the strategic and managerial characteristics of declining firms [J]. The Academy of Management Journal, 1989, 32(3): 577-605.

[228] DECKER C., MELLEWIGT T.. Business exit and strategic change: Sticking to the knitting or striking a new path? [J]. British Journal of Management, 2012, 23(2): 165-178.

[229] DEEPHOUSE D. L.. Does isomorphism legitimate? [J]. Academy of Management Journal, 1996, 39(4): 1024-1039.

[230] DEGEORGE F., ZECKHAUSER R. J., PATEL J.. Earnings management to exceed thresholds[J]. Journal of Business, 1999, 72(1): 1-33.

[231] DESAI V. M.. The behavioral theory of the (governed) firm: Corporate board influences on organizations' responses to performance shortfalls [J]. Academy of Management Journal, 2016, 59(3): 860-879.

[232] DESS G. G., BEARD D. W.. Dimensions of organizational task environments[J]. Administrative Science Quarterly, 1984, 29(1): 52-73.

[233] DIMAGGIO P. J., Powell W. W.. The iron cage revisited: Institutional isomorphism and collective rationality in organizational fields[J]. American Sociological Review, 1983, 48(2): 147-160.

[234] DRISCOLL J. C., KRAAY A. C.. Consistent covariance matrix estimation with spatially dependent panel data[J]. The Review of Economics and Statistics, 1998, 80(4): 549-560.

[235] EISENHARDT K. M.. Control: Organizational and economic approaches [J].

Management Science, 1985, 31(2): 134 - 149.

[236] ENGELBERG J., GAO P., PARSONS C. A.. Friends with money[J]. Journal of Financial Economics, 2012, 103(1): 169 - 188.

[237] ERTUG G., CASTELLUCCI F.. Getting what you need: How reputation and status affect team performance, hiring, and salaries in the NBA[J]. Academy of Management Journal, 2013, 56(2): 407 - 431.

[238] FACCIO M.. Politically connected firms[J]. American Economic Review, 2006, 96(1): 369 - 386.

[239] FAN J. P., WONG T. J., ZHANG T.. Politically connected CEOs, corporate governance, and post-IPO performance of China's newly partially privatized firms [J]. Journal of financial economics, 2007, 84(2): 330 - 357.

[240] FARRELL K. A., WHIDBEE D. A.. Impact of firm performance expectations on CEO turnover and replacement decisions[J]. Journal of Accounting and Economics, 2003, 36(1 - 3): 165 - 196.

[241] FESTINGER L. A.. A theory of social comparison processes[J]. Human Relations, 1954, 7(2): 117 - 140.

[242] FIEGENBAUM A.. Prospect theory and the risk-return association: An empirical examination in 85 industries[J]. Journal of Economic Behavior and Organization, 1990, 14(2): 187 - 203.

[243] FIEGENBAUM A., HART S., SCHENDEL D.. Strategic reference point theory [J]. Strategic Management Journal, 1996, 17(3): 219 - 235.

[244] FIEGENBAUM A., THOMAS H.. Dynamic and risk measurement perspectives on Bowman's risk-return paradox for strategic management: An empirical study [J]. Strategic Management Journal, 1986, 7(5): 395 - 407.

[245] FIEGENBAUM A., THOMAS H.. Risk attitudes and the risk return paradox: Prospect theory explanations [J]. Academy of Management Journal, 1988, 31 (1): 85 - 106.

[246] FINKELSTEIN S.. Managerial orientations and organizational outcomes: The moderating roles of managerial discretion and power [D]. Columbia: Columbia University, 1988.

[247] FINKELSTEIN S., BOYD B. K.. How much does the CEO matter? The role of managerial discretion in the setting of CEO compensation[J]. Academy of Management Journal, 1998, 41(2): 179 - 199.

[248] FINKELSTEIN S., HAMBRICK D. C.. Top-management team tenure and organizational outcomes: The moderating role of managerial discretion [J]. Administrative Science Quarterly, 1990, 35(3): 484 - 503.

[249] FINKELSTEIN S., HAMBRICK D. C., CANNELLA A. A.. Strategic leadership: Theory and research on executives, top management teams, and boards[M]. New York: Oxford University Press, 2009.

[250] FINNEY H. C., LESIEUR H. R.. A contingency theory of organizational crime[J]. Research in the Sociology of Organizations, 1982, 1: 255 - 299.

[251] FLANNERY M. J., RANGAN K. P.. Partial adjustment toward target capital structures[J]. Journal of Financial Economics, 2006, 79(3): 469 - 506.

[252] FOMBRUN C. J., GINSBERG A.. Shifting gears: Enabling change in corporate aggressiveness[J]. Strategic Management Journal, 1990, 11(11): 297 - 308.

[253] FRANK J. D.. Recent studies of level of aspiration[J]. Psychological Bulletin, 1941, 38(4): 218 - 226.

[254] FRANKEN A., EDWARDS C., LAMBERT R.. Executing strategic change: Understanding the critical management elements that lead to success[J]. California management review, 2009, 51(3): 49 - 73.

[255] FRAZIER P. A., TIX A. P., BARRON K. E.. Testing moderator and mediator effects in counseling psychology research[J]. Journal of counseling psychology, 2004, 51(1): 115 - 134.

[256] FRIED D., GIVOLY D.. Financial analysts' forecasts of earnings: A better surrogate for market expectations[J]. Journal of Accounting and Economics, 1982, 4(2): 85 - 107.

[257] FRIEDMAN E., JOHNSON S., MITTON T.. Propping and tunneling[J]. Journal of Comparative Economics, 2003, 31(4): 732 - 750.

[258] GABA V., JOSEPH J.. Corporate structure and performance feedback: Aspirations and adaptation in M-form firms [J]. Organization Science, 2013, 24(4): 1102 - 1119.

[259] GAVETTI G.. Toward a behavioral theory of strategy[J]. Organization Science, 2012, 23(1): 267 - 285.

[260] GAVETTI G., GREVE H. R., LEVINTHAL D. A., et al. The behavioral theory of the firm: Assessment and prospects [J]. Academy of Management Annals, 2012, 6(1): 1 - 40.

[261] GEIGER M. A., NORTH D. S.. Does hiring a new CFO change things? An investigation of changes in discretionary accruals[J]. Accounting Review, 2006, 81(4): 781 - 809.

[262] GELETKANYCZ M. A., HAMBRICK D. C.. The external ties of top executives: Implications for strategic choice and performance[J]. Administrative Science Quarterly, 1997, 42(4): 654 - 681.

[263] GENTRY R. J., SHEN W.. The impacts of performance relative to analyst forecasts

and analyst coverage on firm R&D intensity[J]. Strategic Management Journal, 2013, 34(1): 121 - 130.

[264] GHEMAWAT B. P.. Commitment: The dynamic of strategy[M]. New York: The Free Press, 1991.

[265] GLEASON C. A., MILLS L. F.. Evidence of differing market responses to beating analysts' targets through tax expense decreases[J]. Review of Accounting Studies, 2008, 13(13): 295 - 318.

[266] GODDARD J., ECCLES T., BIRKINSHAW J.. Uncommon sense: How to turn distinctive beliefs into action[J]. MIT Sloan Management Review, 2012, 53(3): 33 - 39.

[267] GOLL I., JOHNSON N. B., RASHEED A. A.. Knowledge capability, strategic change, and firm performance: The moderating role of the environment[J]. Management Decision, 2007, 45(2): 161 - 179.

[268] GOMES A.. Going public without governance: Managerial reputation effects[J]. Journal of Finance, 2000, 55(2): 615 - 646.

[269] GOMEZ-MEJIA L. R., HAYNES K., NUNEZ-NICKEL M., et al. Socioemotional wealth and business risks in family controlled firms: Evidence from Spanish olive oil mills[J]. Administrative Science Quarterly, 2007, 52(1): 106 - 137.

[270] GRAHAM J. R., HARVEY C. R., RAJGOPAL S.. The economic implications of corporate financial reporting[J]. Journal of Accounting and Economics, 2005, 40(1 - 3): 3 - 73.

[271] GRAY B., ARISS S. S.. Politics and strategic change across organizational life cycles [J]. Academy of Management Review, 1985, 10(4): 707 - 723.

[272] GRAY S. J.. Towards a theory of cultural influence on the development of accounting systems internationally[J]. Abacus, 1988, 24(1): 1 - 15.

[273] GREENWOOD R., HININGS C. R.. Understanding strategic change: The contribution of archetype[J]. Academy of Management Journal, 1993, 36(5): 1052 - 1081.

[274] GREVE H. R.. Performance, aspirations, and risky organizational change[J]. Administrative Science Quarterly, 1998, 43(1): 58 - 86.

[275] GREVE H. R.. Investment and the behavioral theory of the firm: Evidence from shipbuilding[J]. Industrial and Corporate Change, 2003, 12(5): 1051 - 1076.

[276] GREVE H. R.. Organizational learning from performance feedback: A behavioral perspective on innovation and change[M]. Cambridge: Cambridge University Press, 2003.

[277] GREVE H. R.. A behavioral theory of firm growth: Sequential attention to size and performance goals[J]. Academy of Management Journal, 2008, 51(3): 476 - 494.

[278] GREVE H. R.. Designing performance feedback systems to guide learning and manage risk[J]. Organizational Dynamics, 2010, 39(2): 104 - 114.

[279] GREVE H. R.. Research notes and commentaries: Positional rigidity: Low performance and resource acquisition in large and small firms [J]. Strategic Management Journal, 2011, 32(1): 103 - 114.

[280] GRINYER P., MCKIERNAN P.. Generating major change in stagnating companies [J]. Strategic Management Journal, 1990, 11: 131 - 146.

[281] GROSSMAN S. J., STIGLITZ J. E.. On the impossibility of informationally efficient markets[J]. The American Economic Review, 1980, 70(3): 393 - 408.

[282] GRUBER M.. Exploring the origins of organizational paths: Empirical evidence from newly founded firms[J]. Journal of Management, 2010, 36(5): 1143 - 1167.

[283] GULEN H., ION M.. Policy uncertainty and corporate investment[J]. The Review of Financial Studies, 2015, 29(3): 523 - 564.

[284] GUMPERZ J. J., LEVINSON S. C.. Rethinking linguistic relativity [J]. Current Anthropology, 1991, 32(5): 613 - 623.

[285] GUNER A. B., MALMENDIER U., TATE G.. Financial expertise of directors[J]. Journal of Financial Economics, 2008, 88(2): 323 - 354.

[286] GUPTA A., MISANGYI V. F.. Follow the leader (or not), the influence of peer CEOs' characteristics on interorganizational imitation[J]. Strategic Management Journal, 2018, 39(5): 1437 - 1472.

[287] GUTHRIE D.. The declining significance of Guanxi in China's economic transition [J]. The China Quarterly, 1998, 154: 254 - 282.

[288] HADLEY J., ZUCKERMAN S., IEZZONI L. I.. Financial pressure and competition: Changes in hospital efficiency and cost-shifting behavior [J]. Medical Care, 1996, 34(3): 205 - 219.

[289] HALEBLIAN J., FINKELSTEIN S.. Top management team size, CEO dominance, and firm performance: The moderating roles of environmental turbulence and discretion [J]. Academy of Management Journal, 1993, 36(4): 844 - 863.

[290] HALL B. J., LIEBMAN J. B.. Are CEOs really paid like bureaucrats? [J]. Quarterly Journal of Economics, 1998, 113(3): 653 - 691.

[291] HAMBRICK D. C.. The top management team: Key to strategic success[J]. California Management Review, 1987, 30(1): 88 - 108.

[292] HAMBRICK D. C.. Upper echelons theory: An update[J]. Academy of Management Review, 2007, 32(2): 334 - 343.

[293] HAMBRICK D. C., FINKELSTEIN S.. Managerial discretion: A bridge between polar views of organizational outcomes[J]. Research in Organizational Behavior, 1987, 9(4): 369 - 406.

[294] HAMBRICK D. C., MASON P. A.. Upper echelons: The organization as a reflection of its top managers [J]. The Academy of Management Review, 1984, 9(2): 193 - 206.

[295] HAMBRICK D. C., SCHECTER S. M.. Turnaround strategies for mature industrial-product business units[J]. Academy of Management Journal, 1983, 26(2): 231 - 248.

[296] HAMEL G., PRAHALAD C. K.. Strategic intent: To revitalize corporate performance, we need a whole new model of strategy[J]. Harvard business review, 1989, 67(3): 63 - 76.

[297] HANDLEY K., LIMAO N.. Trade and investment under policy uncertainty: Theory and firm evidence[J]. American Economic Journal: Economic Policy, 2015, 7(4): 189 - 222.

[298] HANNAN M. T., FREEMAN J.. The population ecology of organizations[J]. The American Journal of Sociology, 1977, 82(5): 929 - 964.

[299] HANNAN M. T., FREEMAN J.. Structural inertia and organizational change[J]. American Sociological Review, 1984, 49(2): 149 - 164.

[300] HANNS R. F. J.. What's the value of being different when everyone is? The effects of distinctiveness on performance in homogeneous versus heterogeneous categories[J]. Strategic Management Journal, 2019, 40(1): 3 - 27.

[301] HANNU L.. Entrepreneurship and the characteristics of the entrepreneurial personality [J]. International Journal of Entrepreneurial Behavior and Research, 2000, 6(6): 295 - 309.

[302] HARRIS J., BROMILEY P.. Incentives to cheat: The influence of executive compensation and firm performance on financial misrepresentation [J]. Organization Science, 2007, 18(3): 350 - 367.

[303] HAVEMAN H. A.. Ghosts of managers past: Managerial succession and organizational mortality[J]. Academy of Management Journal, 1993, 36(4): 864 - 881.

[304] HAVEMAN H. A., JIA N., SHI J., WANG Y.. The dynamics of political embeddedness in China [J]. Administrative Science Quarterly, 2017, 62(1): 67 - 104.

[305] HAYES R. M., LEVINE C. B.. An approach to adjusting analysts' consensus forecasts for selection bias[J]. Contemporary Accounting Research, 2000, 17(1): 61 - 83.

[306] HAYNES K. T., HILLMAN A.. The effect of board capital and CEO power on strategic change[J]. Strategic Management Journal, 2010, 31(11): 1145 - 1163.

[307] HELFAT C., FINKELSTEIN S., MITCHELL W., et al. Dynamic capabilities: Understanding strategic change in organizations[M]. Malden, MA: Blackwell, 2007.

[308] HELLMAN J. S., JONES G., KAUFMANN D.. Seize the state, seize the day: State capture, corruption and influence in transition[J]. Policy Research Working Paper,

2003, 31(4): 751 - 773.

[309] HILL M. D., KELLY G. W., LOCKHART G. B., VAN NESS R. A.. Determinants and effects of corporate lobbying[J]. Financial Management, 2013, 42(4): 931 - 957.

[310] HIRSHLEIFER D., TEOH S. H., LOW A.. Are overconfident CEOs better innovators? [J]. Journal of Finance, 2012, 67(4): 1457 - 1498.

[311] HOFER C. W., SCHENDEL D.. Strategy formulation: Analytical concepts[M]. West Publishing Company, 1978.

[312] HOPPE F.. Untersuchuangen zur Handlungs and Affekt psychologie IV [J]. Psychologiche Forschung, 1930, 14: 1 - 63.

[313] HOSKISSON R. E., JOHNSON R. A., MOESEL D. D.. Corporate divestiture intensity in restructuring firms: Effects of governance, strategy, and performance [J]. Academy of Management Journal, 1994, 37(5): 1207 - 1251.

[314] HREBINIAK L. G., JOYCE W. F.. Organizational adaptation: Strategic choice and environmental determinism [J]. Administrative Science Quarterly, 1985, 30 (3): 336 - 349.

[315] HU S., BETTIS R. A.. Multiple organization goals with feedback from shared technological task environments[J]. Organization Science, 2018, 29(5): 873 - 889.

[316] HU S., HE Z. L., BLETTNER D. P., et al. Conflict inside and outside: Social comparisons and attention shifts in multidivisional firms [J]. Strategic Management Journal, 2017, 38(7): 1435 - 1454.

[317] HUNDLEY G., JACOBSON C. K., PARK S. H.. Effects of profitability and liquidity on R&D intensity: Japanese and U. S. companies compared [J]. Academy of Management Journal, 1996, 39: 1659 - 1674.

[318] HUTZSCHENREUTER T., KLEINDIENST I., GREGER C.. How new leaders affect strategic change following a succession event: A critical review of the literature[J]. Leadership Quarterly, 2012, 23(5): 729 - 755.

[319] HWANG B. H., KIM H. H.. It pays to write well[J]. Journal of Financial Economics, 2017, 124(2): 373 - 394.

[320] ILINITCH A. Y., D'AVENI R. A., LEWIN A. Y.. New organizational forms and strategies for managing in hypercompetitive environments[J]. Organization Science, 1996, 7(3): 211 - 220.

[321] IYER D. N., MILLER K. D.. Performance feedback, slack, and the timing of acquisitions [J]. Academy of Management Journal, 2008, 51(4): 808 - 822.

[322] JAGGI B. L.. The impact of the cultural environment on financial disclosures [J]. International Journal of Accounting, 1975, 10(2): 75 - 84.

[323] JENSEN M. C., MECKLING W. H.. Theory of the firm: Managerial behavior, agency

costs and ownership structure[J]. Journal of Financial Economics, 1976, 3(4): 305 - 360.

[324] JIA N., SHI J., WANG Y.. Value creation and value capture in governing shareholder relationships: Evidence from a policy experiment in an emerging market[J]. Strategic Management Journal, 2018, 39(9): 2466 - 2488.

[325] JONES M. J.. A longitudinal study of the readability of the chairman's narratives in the corporate reports of a UK company[J]. Accounting and Business Research, 1988, 18(72): 297 - 305.

[326] JOSEPH J., GABA V.. The fog of feedback: Ambiguity and firm responses to multiple aspiration levels [J]. Strategic Management Journal, 2015, 36(13): 1960 - 1978.

[327] JOSEPH J., KLINGEBIEL R., WILSON A. J.. Organizational structure and performance feedback: Centralization, aspirations, and termination decisions [J]. Organization Science, 2016, 27(5): 1065 - 1083.

[328] KAHNEMAN D., TVERSKY A.. Prospect theory: An analysis of decision under risk [J]. Econometrica, 1979, 47(2): 263 - 291.

[329] KAMEDA T., DAVIS J. H.. The function of the reference point in individual and group risk decision making [J]. Organizational Behavior and Human Decision Processes, 1990, 46(1): 55 - 76.

[330] KAMIEN M. I., SCHWARTZ N. L.. The role of common property resources in optimal planning models with exhaustible resources [J]. Explorations in natural resource economics, 1982: 47 - 71.

[331] KANG J., KIM S. J.. Performance implications of incremental transition and discontinuous jump between exploration and exploitation [J]. Strategic Management Journal, 2020, 41(6): 1083 - 1111.

[332] KANG W., LEE K., RATTI R. A.. Economic policy uncertainty and firm-level investment[J]. Journal of Macroeconomics, 2014, 39: 42 - 53.

[333] KAPLAN R., NORTON D.. The balanced scorecard: Translating strategy into action [M]. Boston: Harvard Business School Press, 1996.

[334] KARAEVLI A., ZAJAC E. J.. When is an outsider CEO a good choice? [J]. MIT Sloan Management Review, 2012, 53(4): 15 - 17.

[335] KARPOFF J. M., LOTT J. R.. Reputational penalty firms bear from committing criminal fraud[J]. The Journal of Law and Economics, 1993, 36(2): 757 - 802.

[336] KASZNIK R., MCNICHOLS M. F.. Does meeting earnings expectations matter? Evidence from analyst forecast revisions and share prices[J]. Journal of Accounting Research, 2002, 40(3): 727 - 759.

[337] KATZENBACH J. R.. The myth of the top management team[J]. Havard Business

Review, 1997, 75(6): 83 - 91.

[338] KEATS, HITT. A causal model of linkages among environmental dimensions, macro organizational characteristics, and performance [J]. The Academy of Management Journal, 1988, 31(4): 570 - 598.

[339] KIM C., BETTIS R. A.. Cash is surprisingly valuable as a strategic asset[J]. Strategic Management Journal, 2014, 35(13): 2053 - 2063.

[340] KIM J. Y., FINKELSTEIN S., HALEBLIAN J.. All aspirations are not created equal: The differential effects of historical and social aspirations on acquisition behavior [J]. Academy of Management Journal, 2015, 58(5): 1361 - 1388.

[341] KIM J. Y., MINER A. S.. Organizational learning from extreme performance experience: The impact of success and recovery experience[J]. Organization Science, 2009, 20(6): 958 - 978.

[342] KLUETER T., MONTEIRO F.. How does performance feedback affect boundary spanning in multinational corporations? Insights from technology scouts[J]. Journal of Management Studies, 2017, 54(4): 483 - 510.

[343] KORNAI J., MASKIN E., ROLAND G.. Understanding the soft budget constraint [J]. Journal of Economic Literature, 2003, 41(4): 1095 - 1136.

[344] KOTLAR J., DE MASSIS A., FANG H., et al. Strategic reference points in family firms[J]. Small Business Economics, 2014, 43(3): 597 - 619.

[345] KRAATZ M. S.. Learning by association? Interorganizational networks and adaptation to environmental change [J]. Academy of Management Journal, 1998, 41 (6): 621 - 643.

[346] KRAATZ M. S., ZAJAC E. J.. Exploring the limits of the new institutionalism: The causes and consequences of illegitimate organizational change[J]. American sociological review, 1996, 61(5): 812 - 836.

[347] KUMAR G.. Determinants of readability of financial reports of US-listed Asian companies[J]. Asian Journal of Finance and Accounting, 1994, 6(2).

[348] KYUNG M. P.. Antecedents of convergence and divergence in strategic positioning: The effects of performance and aspiration on the direction of strategic change [J]. Organization Science, 2007, 18(3): 386 - 402.

[349] LA PORTA R., LOPEZ-DE-SILANES F., SHLEIFER A., VISHNY R.. Law and finance[J]. Journal of Political Economy, 1998, 106(6): 1113 - 1155.

[350] LABIANCA G., FAIRBANK J. F., ANDREVSKI G., PARZEN M.. Striving toward the future: Aspiration-performance discrepancies and planned organizational change [J]. Strategic Organization, 2009, 7(4): 433 - 466.

[351] LAGES L. F., LANCASTRE A., LAGES C.. The B2B-Relperf scale and scorecard:

Bringing relationship marketing theory into business-to-business practice[J]. Industrial Marketing Management, 2008, 37(6): 686 - 697.

[352] LANT T. K.. Aspiration level adaptation: An empirical exploration[J]. Management Science, 1992, 38(5): 623 - 644.

[353] LANT T. K., MONTGOMERY D. B.. Learning from strategic success and failure [J]. Journal of Business Research, 1987, 15(6): 503 - 517.

[354] LAVERTY K. J.. Lessons from Microsoft: A model for strategy and leadership? [J]. Strategy and Leadership, 1996, 24(2).

[355] LAVIE D., ROSENKOPF L.. Balancing exploration and exploitation in alliance formation[J]. Academy of Management Journal, 2007, 49(4): 797 - 818.

[356] LAWRENCE P. R., LORSCH J. W.. Organization and environment[M]. Boston: Harvard University Press, 1967.

[357] LEE T.. The changing form of the corporate annual report [J]. The Accounting Historians Journal, 1994, 21(1): 215 - 232.

[358] LEONE A. J., WU J., ZIMMERMAN J. L.. Asymmetric sensitivity of CEO cash compensation to stock returns [J]. Journal of Accounting and Economics, 2006, 42(1 - 2): 167 - 192.

[359] LEUNG S., PARKER L., COURTIS J.. Impression management through minimal marrative disclosure in annual reports [J]. The British Accounting Review, 2015, 47(3): 275 - 289.

[360] LEUZ C., NANDS D., WYSOCKJ P.. Earnings management and investor protection: An international comparison [J]. Journal of Financial Economics, 2003, 69(3): 505 - 527.

[361] LEVINTHAL D. A., MARCH J. G.. A model of adaptive organizational search [J]. Journal of Economic Behavior and Organization, 1981, 2(4): 307 - 333.

[362] LEVINTHAL D. A., MARCH J. G.. The myopia of learning[J]. Strategic Management Journal, 1993, 14(S2): 95 - 112.

[363] LEVITT B., MARCH J. G.. On organizational learning [J]. Annual Review of Sociology, 1988, 14(1): 319 - 338.

[364] LEWIN K., DEMBO T., FESTINGER L., et al. Personality and the behavior disorders [M]. New York: Ronald Press, 1944.

[365] LI F.. Annual report readability, current earnings, and earnings persistence[J]. Journal of Accounting and Economics, 2008, 45(2): 221 - 247.

[366] LI H.. How does new venture strategy matter in the environment-performance relationship? [J]. Journal of High Technology Management Research, 2001, 12(2): 183 - 204.

[367] LI J., TANG Y.. CEO hubris and firm risk-taking in China: The moderating role of managerial discretion[J]. Academy of Management Journal, 2010, 53(1): 45-68.

[368] LIEBERSON S., O'CONNOR J. F.. Leadership and organizational performance[J]. American Sociological Review, 1972, 37(2): 117-130.

[369] LIOUKAS S., BOURANTAS D., PAPADAKIS V.. Managerial autonomy of state-owned enterprises: determining factors [J]. Organization Science, 1993, 41 (4): 645-666.

[370] LIU, Q.. Corporate governance in China: Current practices, economic effects and institutional determinants[J]. Cesifo Economic Studies, 2006, 52(2): 415-453.

[371] LIU X., LU J., FILATOTCHEV I., et al. Returnee entrepreneurs, knowledge spillovers and innovation in high-tech firms in emerging economies[J]. Journal of International Business Studies, 2010, 41(7): 1183-1197.

[372] LONNER J. W.. A decade of cross-cultural psychology[J]. Journal of Cross-Cultural Psychology, 1980, 11(1): 7-34.

[373] LOPES L. L.. Between hope and fear: The psychology of risk [J]. Advances in Experimental Social Psychology, 1987, 20: 255-295.

[374] LOUGHRAN T., MCDONALD B.. When is a liability not a liability? Textual analysis, dictionaries, and 10-Ks[J]. The Journal of Finance, 2011, 66(1): 35-65.

[375] LUCAS G. J. M., KNOBEN J., MEEUS M. T. H.. Contradictory yet coherent? Inconsistency in performance feedback and R&D investment change [J]. Journal of Management, 2018, 44(2): 658-681.

[376] LUO X., WANG H., RAITHEL S.. Information bridge between corporate social performance and financial performance: The mediating role of stock analysts[J]. Strategic Management Journal, 2015, 36(1): 123-136.

[377] LV D. D., ZHU H., CHEN W., et al. How does inconsistent negative performance feedback affect the R&D investments of firms? A study of publicly listed firms [J]. Journal of Business Research, 2019, 102(5): 151-162.

[378] MAKADOK R.. Doing the right thing and knowing the right thing to do: Why the whole is greater than the sum of the parts[J]. Strategic Management Journal, 2003, 24(10): 1043-1055.

[379] MAKAREVICH A.. Performance feedback as a cooperation "switch": A behavioral perspective on the success of venture capital syndicates among competitors [J]. Strategic Management Journal, 2018, 39(12): 3247-3272.

[380] MALEN J.. Motivating and enabling firm innovation effort: Integrating penrosian and behavioral theory perspectives on slack resources[J]. Hitotsubashi Journal of commerce and management, 2015, 49(1): 37-54.

[381] MANNS C. L., MARCH J. G.. Financial adversity, internal competition, and curriculum change in a university[J]. Administrative science quarterly, 1978 23(4): 541-552.

[382] MARCH J. G.. Variable risk preferences and adaptive aspirations[J]. Journal of Economic Behavior and Organization, 1988, 9(1): 5-24.

[383] MARCH J. G.. Exploration and exploitation in organizational learning[J]. Organization Science, 1991, 2(1): 71-87.

[384] MARCH J. G.. A primer on decision making: how decisions happen[J]. Pharmaceutisch Weekblad, 1994, 10(4): 154-157.

[385] MARCH J. G., SHAPIRA Z.. Managerial perspectives on risk and risk taking[J]. Management Science, 1987, 33(1): 1404-1418.

[386] MARCH J. G., SHAPIRA Z.. Variable risk preferences and the focus of attention[J]. Psychological Review, 1992, 99(1): 172-183.

[387] MARCH J. G., SIMON H. A.. Organizations[M]. New York: Wiley, 1958.

[388] MARGINSON D., MCAULAY L.. Exploring the debate on short-termism: A theoretical and empirical analysis[J]. Strategic Management Journal, 2008, 29(3): 273-292.

[389] MARQUIS C., TILCSIK A.. Institutional equivalence: How industry and community peers influence corporate philanthropy[J]. Organization Science, 2016, 27(5): 1325-1341.

[390] MARTIN G. P., GOMEZ-MEJIA L. R., WISEMAN R. M.. Executive stock options as mixed gambles: Revisiting the behavioral agency model[J]. Academy of Management Journal, 2013, 56(2): 451-472.

[391] MATSUMOTO D. A.. Management's incentives to avoid negative earnings surprises[J]. Accounting Review, 2002, 77(3): 483-514.

[392] MATSUNAGA S. R., Park C. W.. The effect of missing a quarterly earnings benchmark on the CEO's annual bonus[J]. Accounting Review, 2001, 76(3): 313-332.

[393] MCKINLEY W.. Organizational decline and adaptation: Theoretical controverses[J]. Organization Science, 1993, 4(1): 1-9.

[394] MCNAMARA G., MOON H., BROMILEY P.. Banking on commitment: Intended and unintended consequences of an organization's attempt to attenuate escalation of commitment[J]. Academy of Management Journal, 2002, 45(2): 443-452.

[395] MERKL-DAVIES D. M., BRENNAN N.. Discretionary disclosure strategies in corporate narratives: Incremental information or impression management?[J]. Journal of Accounting Literature, 2007, 26(3): 116-196.

[396] MEYER J. P., STANLEY D. J., HERSCOVITCH L., et al. Affective, continuance, and normative commitment to the organization: A meta-analysis of antecedents, correlates, and consequences [J]. Journal of Vocational Behavior, 2002, 61 (1): 20 - 52.

[397] MEYER J. W., ROWAN B.. Institutionalized organizations: Formal structure as myth and ceremony[J]. American Journal of Sociology, 1977, 83(2): 340 - 363.

[398] MICHAELY R., WOMACK K.. Conflict of interest and the credibility of underwriter analyst recommendations[J]. Review of Financial Studies, 1999, 12(4): 653 - 686.

[399] MILLER D., BROMILEY P.. Strategic risk and corporate performance: An analysis of alternative risk measures[J]. The Academy of Management Journal, 1990, 33(4): 756 - 779.

[400] MILLER D., CARNSEY E.. Entrepreneurs and technology diffusion: How diffusion research can benefit from a greater understanding of entrepreneurship[J]. Technology in society, 2000, 22(4): 445 - 465.

[401] MILLER D., CHEN M. J.. Sources and consequences of competitive inertia: A study of the U.S. airline industry[J]. Administrative Science Quarterly, 1994, 39(1): 1 - 23.

[402] MILLER D., LE BRETON-MILLER I., LESTER R. H.. Family firm governance, strategic conformity, and performance: Institutional vs. strategic perspectives [J]. Organization Science, 2013, 24(1): 189 - 209.

[403] MILLER K. D., CHEN W. R.. Variable organizational risk preferences: Tests of the March-Shapira model[J]. Academy of Management Journal, 2004, 47(1): 105 - 115.

[404] MILLIKEN F. J., LANT T. K.. The effect of an organization's recent performance history on strategic persistence and change[J]. Advances in Strategic Management, 1991, 7: 129 - 156.

[405] MINE E., JIN L., JIAPING Q., et al. Annual report readability, tone ambiguity, and the cost of borrowing[J]. Journal of Financial and Quantitative Analysis, 2017, 52(2): 811 - 836.

[406] MINTZBERG H.. Patterns in strategy formation[J]. Management Science, 1978, 24(9): 934 - 948.

[407] MISHINA Y., DYKES B., BLOCK E., et al. Why "good" firms do bad things: The effects of high aspirations, high expectations, and prominence on the incidence of corporate illegality [J]. Academy of Management Journal, 2010, 53(4): 701 - 722.

[408] MIZIK N.. The theory and practice of myopic management[J]. Journal of Marketing Research, 2010, 47(4): 594 - 611.

[409] MURRAY A. Y.. Top management group heterogeneity and firm performance[J]. Strategic Management Journal, 1989, 10(S1): 125 - 141.

[410] NAHAPIET J., GHOSHAL S.. Social capital, intellectual capital and the organizational advantage[J]. Academy of Management Review, 1998, 23(2): 242 - 266.

[411] NARAYANAN M. P.. Managerial incentives for short-term results[J]. The Journal of Finance, 1985, 40(5): 1469 - 1484.

[412] NASON R. S., BACQ S., GRAS D.. A behavioral theory of social performance: Social identity and stakeholder expectations [J]. Academy of Management Review, 2018, 43(2): 259 - 283.

[413] NDOFOR H. A., SIRMON D. G., HE X.. Utilizing the firm's resources: How TMT heterogeneity and resulting faultlines affect TMT tasks [J]. Strategic Management Journal, 2015, 36(11): 1656 - 1674.

[414] NELSON R., WINTER S.. An evolutionary theory of the firm [M]. Belknap, Harvard, 1982.

[415] NORTH D. C., THOMAS R. P.. The Rise of the Western World[M]. Cambridge University Press, 1973.

[416] O'BRIEN J. P., DAVID P.. Reciprocity and R&D search: Applying the behavioral theory of the firm to a communitarian context [J]. Strategic Management Journal, 2014, 35(4): 550 - 565.

[417] OCASIO W.. Boards as normative arenas: Corporate governance and the routines of CEO selection[J]. Audit Committee Performing Corporate Governance, 1994, 4(4): 1 - 8.

[418] OLIVER C.. Strategic responses to institutional processes [J]. Academy of Management Review, 1991, 16(1): 145 - 179.

[419] OLIVER C.. The antecedents of deinstitutionalization[J]. Organization Studies, 1992, 13(4): 563 - 588.

[420] OLIVER C., HOLZINGER I.. The effectiveness of strategic political management: A dynamic capabilities framework[J]. Academy of Management Review, 2008, 33(2): 496 - 520.

[421] ORLITZKY M., BENJAMIN J. D.. Corporate social performance and firm risk: A meta-analytic review[J]. Business and Society, 2000, 40(4): 369 - 396.

[422] PALMER T. B., WISEMAN R. M.. Decoupling risk taking from income stream uncertainty: A holistic model of risk[J]. Strategic Management Journal, 1999, 20(11): 1037 - 1062.

[423] PARK K. M.. Antecedents of convergence and divergence in strategic positioning: The effects of performance and aspiration on the direction of strategic change [J]. Organization Science, 2007, 18(3): 386 - 402.

[424] PARKER O. N., COVIN J. G., KRAUSE R.. Ready, set, slow: How aspiration-

relative product quality impacts the rate of new product introduction [J]. Journal of Management, 2017, 43(7): 2333 - 2356.

[425] PENG, I., WONG J.. Institutions and institutional purpose: Continuity and change in East Asian social policy[J]. Politics and Society, 2008, 36(1), 61 - 88.

[426] PENG M. W.. Institutional transitions and strategic choices [J]. Academy of Management Review, 2003, 28(2): 275 - 296.

[427] PENG M. W., HEATH P. S.. The growth of the firm in planned economies in transition: Institutions, organizations, and strategic choice [J]. Academy of Management Review, 1996, 21(2): 492 - 528.

[428] PENG M. W., LUO Y.. Managerial ties and firm performance in a transition economy: The nature of a micro-macro link[J]. The Academy of Management Journal, 2000, 43(3): 486 - 501.

[429] PENG M. W., WANG D. Y. L., JIANG Y.. An institution-based view of international business strategy: A focus on emerging economies [J]. Journal of International Business Studies, 2008, 39(5): 920 - 936.

[430] PENROSE E. T.. Contributions to the resource-based view of strategic management [J]. Journal of Management Studies, 1959, 41(1): 183 - 191.

[431] PFEFFER J., SALANCIK G. R.. Organizational context and the characteristics and tenure of hospital administrators [J]. Academy of Management journal, 1977, 20(1): 74 - 88.

[432] PHILIPPE D., DURAND R.. The impact of norm-conforming behaviors on firm reputation[J]. Strategic Management Journal, 2011, 32(9): 969 - 993.

[433] PINDYCK R. S.. Adjustment costs, uncertainty, and the behavior of the firm[J]. American Economic Review, 1982, 72(3): 415 - 427.

[434] PORAC J. F., THOMAS H., WILSON F., et al. Rivalry and the industry model of Scottish knitwear producers [J]. Administrative science quarterly, 1995, 40 (2): 203 - 227.

[435] PORTER M. E.. Competitive strategy: techniques for analyzing industries and competitors[M]. New York: Free press, 1980.

[436] PORTER M. E.. Towards a dynamic theory of strategy [J]. Strategic Management Journal, 1991, 12(2S): 95 - 117.

[437] PORTER M. E.. Capital disadvantage: America's failing capital investment system [J]. Harvard business review, 1992, 70(5): 65 - 82.

[438] PORTER M. E.. What is strategy? [J]. Harvard Business Review, 1996, 74 (6): 61 - 78.

[439] PRAHALAD C. K., HAMEL G.. The core competence of the corporation [J]. Harvard

Business Review, 1990, 68(3): 79 - 91.

[440] PUFFER S. M., WEINTROP J. B.. Corporate performance and CEO turnover: The role of performance expectations[J]. Administrative Science Quarterly, 1991, 36(1): 1 - 19.

[441] QIAN M., PAN H., YEUNG B. Y.. Expropriation of minority shareholders in politically connected firms[M]. Social Science Electronic Publishing, 2010.

[442] QUIGLEY T. J., HAMBRICK D. C.. When the former CEO stays on as board chair: Effects on successor discretion, strategic change, and performance[J]. Strategic Management Journal, 2012, 33(7): 834 - 859.

[443] RAMAMURTI R.. What have we learned about emerging-market MNEs? Emerging multinationals from emerging markets[M]. Cambridge, UK: Cambridge University Press, 2009.

[444] RAJAGOPALAN N., FINKELSTEIN S.. Effects of strategic orientation and environmental change on senior management reward systems[J]. Strategic Management Journal, 1992, 13(S1): 127 - 141.

[445] RAJAGOPALAN N., SPREITZER G. M.. Toward a theory of strategic change: A multi-lens perspective and integrative framework[J]. The Academy of Management Review, 1997, 22(1): 48 - 79.

[446] RAVASI D., PHILLIPS N.. Strategies of alignment: Organizational identity management and strategic change at Bang & Olufsen[J]. Strategic Organization, 2011, 9(2): 103 - 135.

[447] REF O., SHAPIRA Z.. Entering new markets: The effect of performance feedback near aspiration and well below and above it [J]. Strategic Management Journal, 2017, 38(7): 1416 - 1434.

[448] REGER R. K., HUFF A. S.. Strategic groups: A cognitive perspective[J]. Strategic Management Journal, 1993, 14(2): 103 - 123.

[449] ROBINSON J. K., STAPLETON J., TURRISI R.. Relationship and partner moderator variables increase self-efficacy of performing skin self-examination[J]. Journal of the American Academy of Dermatology, 2008, 58(5): 755 - 762.

[450] ROULEAU L., BALOGUN J.. Middle managers, strategic sensemaking, and discursive competence[J]. Journal of Management Studies, 2011, 48(5): 953 - 983.

[451] RUDY B. C., JOHNSON A. F.. The chief political officer: CEO characteristics and corporate political activity[J]. Academy of Management Annual Meeting Proceedings, 2013, 2013(1): 11692 - 11692.

[452] RUDY B. C., JOHNSON A. F.. Performance, aspirations, and market versus nonmarket investment [J]. Journal of Management, 2016, 42(4): 936 - 959.

[453] SAHAYM A., TREVIÑO L. J., STEENSMA H. K.. The influence of managerial discretion, innovation and uncertainty on export intensity: A real options perspective [J]. International Business Review, 2012, 21(6): 1131 - 1147.

[454] SALANCIK G. R., PFEFFER J.. Constraints on administrator discretion: The limited influence of mayors on city budgets [J]. Urban Affairs Review, 1977, 12 (4): 475 - 498.

[455] SALANCIK G. R., PFEFFER J.. A social information processing approach to job attitudes and task design [J]. Administrative science quarterly, 1978, 23 (2): 224 - 253.

[456] SAMBHARYA R. B.. Foreign experience of top management teams and international diversification strategies of U.S. multinational corporations[J]. Strategic Management Journal, 1996, 17(9): 739 - 746.

[457] SAMI H., ZHOU H.. The economic consequences of increased disclosure: Evidence from cross-listings of Chinese firms[J]. Journal of International Financial Management and Accounting, 2008, 19(1): 1 - 27.

[458] SANDERS W. G., CARPENTER M. A.. Internationalization and firm governance: The roles of CEO compensation, top team composition, and board structure[J]. Academy of Management Journal, 1998, 41(2): 158 - 178.

[459] SCHENDEL D., PATTON R.. A simultaneous equation model of corporate strategy [J]. Management Science, 1978, 24(15): 1611 - 1621.

[460] SCHERER F. M., ROSS D.. Industrial market structure and economic performance [M]. Boston: Houghton Mifflin Company, 1990.

[461] SCHILLEBEECKX S. J. D., GEORGE G., CHATURVEDI S., et al. What do I want? The effects of individual aspiration and relational capability on collaboration preferences [J]. Strategic Management Journal, 2016, 37(7): 1493 - 1506.

[462] SCHIPPER K.. Commentary on analysts' forecasts[J]. Accounting Horizons, 1991, 5(4): 105 - 121.

[463] SCHMIDT K. M.. Managerial incentives and product market competition[J]. The Review of Economic Studies, 1997, 64(2): 191 - 213.

[464] SCHNEIDER S. L.. Framing and conflict: Aspiration level contingency, the status quo, and current theories of risky choice [J]. Journal of Experimental Psychology: Learning, Memory, and Cognition, 1992, 18(5): 1040 - 1057.

[465] SCHROEDER N., GIBSON C.. Readability of management's discussion and analysis [J]. Accounting Horizons, 1990, 4(4): 78 - 87.

[466] SCHULTZ T. W.. Investment in human capital[J]. The American economic review, 1961, 51(1): 1 - 17.

[467] SHANE S., CABLE D.. Network ties, reputation, and the financing of new ventures [J]. Management Science, 2002, 48(3): 364-381.
[468] SHAPIRA Z.. Manager at risk taking[M]. New York: Russell Sage, 1994.
[469] SHIMIZU K.. Prospect theory, behavioral theory, and the threat-rigidity thesis: Combinative effects on organizational decisions to divest formerly acquired units [J]. Academy of Management Journal, 2007, 50(6): 1495-1514.
[470] SHINKLE G. A.. Organizational aspirations, reference points, and goals: Building on the past and aiming for the future [J]. Journal of Management, 2012, 38(1): 415-455.
[471] SHIPILOV A. V., LI S. X., GREVE H. R.. The prince and the pauper: Search and brokerage in the initiation of status-heterophilous ties [J]. Organization Science, 2011, 22(6): 1418-1434.
[472] SIMON H. A.. A behavioral model of rational choice [J]. Quarterly Journal of Economics, 1955(1): 99-118.
[473] SINGH J. V.. Performance, slack, and risk taking in organizational decision making [J]. The Academy of Management Journal, 1986, 29(3): 562-585.
[474] SITKIN S. B.. Learning through failure: The strategy of small losses[J]. Research in Organizational Behavior, 1992, 14: 231-266.
[475] SKINNER D. J., SLOAN R. G.. Discussion of earnings surprises, growth expectations, and stock returns, or, don't let an earnings torpedo sink your portfolio[J]. Review of Accounting Studies, 2002, 7(2-3): 313-318.
[476] SMITH J. E., SMITH N. P.. Readability: A measure of the performance of the communication function of financial reporting [J]. The Accounting Review, 1971, 46(3): 552-561.
[477] SMITH M., TAFFLER R.. Readability and understandability: Different measures of the textual complexity of accounting narrative [J]. Accounting, Auditing and Accountability Journal, 1992, 5(4).
[478] SONENSHEIN S., DHOLAKIA U.. Explaining employee engagement with strategic change implementation: A meaning-making approach[J]. Organization Science, 2012, 23(1): 1-23.
[479] STANTON P., STANTON J., PIRES G.. Impressions of an annual report: An experimental study[J]. Corporate Communications: An International Journal, 2004, 9(1): 57-69.
[480] STARBUCK W. H.. Organizations and their environments. Hand-Book of industrial and organizational psychology: 1069-1123[M]. Chicago: Rand McNally, 1976.
[481] STAW B. M., SANDELANDS L. E., DUTTON J. E.. Threat-rigidity effects in organizational behavior: A multilevel analysis [J]. Administrative Science Quarterly,

1981, 26(4): 501 - 524.

[482] STAW B. M., SZWAJKOWSKI E.. The scarcity-munificence component of organizational environments and the commission of illegal acts [J]. Administrative Science Quarterly, 1975, 20(3): 345 - 354.

[483] STEIN J. C.. Efficient capital-markets, inefficient firms- A model of myopic corporate-behavior [J]. Quarterly Journal of Economics, 1989, 104(4): 655 - 669.

[484] SUBRAMANIAN R., INSLEY R. G., BLACKWELL R. D.. Performance and readability: A comparison of annual reports of profitable and unprofitable corporations [J]. Journal of Business Communication, 1993, 30(1): 49 - 61.

[485] SUN Q., TONG W. H.. China share issue privatization: the extent of its success [J]. Journal of Financial Economics, 2003, 70(2): 183 - 222.

[486] SUTCLIFFE K. M.. What executives notice: Accurate perceptions in top management teams[J]. Academy of Management Journal, 1994, 37(5): 1360 - 1378.

[487] SZELéNYI I.. Urban inequalities under state socialism [M]. New York: Oxford University Press, 1983.

[488] SZWAJKOWSKI E.. Organizational illegality: Theoretical integration and illustrative application[J]. Academy of Management Review, 1985, 10(3): 558 - 567.

[489] TAN J., PENG M. W.. Organizational slack and firm performance during economic transitions: Two studies from an emerging economy [J]. Strategic Management Journal, 2003, 24(13): 1249 - 1263.

[490] TANG J., CROSSAN M., ROWE W. G.. Dominant CEO, deviant strategy, and extreme performance: The moderating role of a powerful board [J]. Journal of Management Studies, 2011, 48(7): 1479 - 1503.

[491] TANG Y., QIAN C. L., CHEN G. L., et al. How CEO hubris affects corporate social (ir)responsibility[J]. Strategic Management Journal, 2015, 36(9): 1338 - 1357.

[492] TARAKCI M., ATEȘ N. Y., FLOYD S. W., et al. Performance feedback and middle managers' divergent strategic behavior: The roles of social comparisons and organizational identification [J]. Strategic Management Journal, 2018, 39(4): 1139 - 1162.

[493] TEECE D. J., PISANO G., SHUEN A.. Dynamic capabilities and strategic management [J]. Strategic Management Journal, 1997, 18(7): 509 - 533.

[494] THALER R. H., JOHNSON E. J.. Gambling with the house money and trying to break even: The effects of prior outcomes on risky choice [J]. Management Science, 1990, 36(6): 643 - 660.

[495] THORMTON P. H., OCASIO W.. Institutional Logics[M]// The SAGE Handbook of Organizational Institutionalism. 2008.

[496] TUSHMAN M. L., ANDERSON P.. Technological discontinuities and organizational

environments[J]. Administrative Science Quarterly, 1986, 31(3): 439 - 465.

[497] TUSHMAN M. L., ROMANELLI E.. Organizational evolution: A metamorphosis model of convergence and reorientation[J]. Research in Organizational Behavior, 1985, 7: 171 - 222.

[498] TYLER B. B., CANER T.. New product introductions below aspirations, slack and R&D alliances: A behavioral perspective [J]. Strategic Management Journal, 2016, 37(5): 896 - 910.

[499] VANACKER T., COLLEWAERT V., PAELEMAN I.. The relationship between slack resources and the performance of entrepreneurial firms: The role of venture capital and angel investors[J]. Journal of Management Studies, 2013, 50(6): 1070 - 1096.

[500] VIDAL E., MITCHELL W.. Adding by subtracting: The relationship between performance feedback and resource reconfiguration through divestitures [J]. Organization Science, 2015, 26(4): 1101 - 1118.

[501] VISSA B., GREVE H. R., CHEN W. R.. Business group affiliation and firm search behavior in India: Responsiveness and focus of attention [J]. Organization Science, 2010, 21(3): 696 - 712.

[502] WALDER A. G.. Career mobility and communist political order [J]. American Sociological Review, 1995, 60: 309 - 328.

[503] WANG X., WANG Z., HUANG Y., et al. Identifying R&D partners through subject-action-object semantic analysis in a problem and solution pattern [J]. Technology Analysis and Strategic Management, 2017: 1 - 14.

[504] WASHBURN M., BROMILEY P.. Comparing aspiration models: The role of selective attention [J]. Journal of Management Studies, 2012, 49(5): 896 - 917.

[505] WEHRUNG D. A.. Risk taking over gains and losses: A study of oil executives[J]. Annals of Operations Research, 1989, 19(1): 115 - 139.

[506] WEINER B.. A theory of motivation for some classroom experiences[J]. Journal of educational psychology, 1979, 71(1): 3 - 25.

[507] WENNBERG K., HOLMQUIST C.. Problemistic search and international entrepreneurship [J]. European Management Journal, 2008, 26(6): 441 - 454.

[508] WERNERFELT B.. A resource-based view of the firm [J]. Strategic Management Journal, 1984, 5(2): 171 - 180.

[509] WIERSEMA M. F., BANTEL K. A.. Top management team demography and corporate strategic change [J]. Academy of Management journal, 1992, 35 (1): 91 - 121.

[510] WIERSEMA M. F., ZHANG Y.. CEO dismissal: The role of investment analysts [J]. Strategic Management Journal, 2011, 32(11): 1161 - 1182.

[511] WILLIAMSON O. E.. Markets and hierarchies: Analysis and antitrust implications [M]. New York: Free Press, 1975.

[512] WISEMAN R. M., BROMILEY P.. Toward a model of risk in declining organizations: An empirical examination of risk, performance and decline [J]. Organization Science, 1996, 7(5): 524 - 543.

[513] WISEMAN R. M., CATANACH JR A. H.. A longitudinal disaggregation of operational risk under changing regulations: Evidence from the savings and loan industry [J]. Academy of Management Journal, 1997, 40(4): 799 - 830.

[514] WOOD J. V.. Theory and research concerning social comparisons of personal attributes [J]. Psychological Bulletin, 1989, 106(2): 231 - 248.

[515] YE K., GUAN J. X., BO Z.. Strategic deviation and stock return synchronicity[J]. Journal of Accounting, Auditing and Finance, 2018, 36(1).

[516] YU W., MINNITI M., NASON R.. Underperformance duration and innovative search: Evidence from the high-tech manufacturing industry [J]. Strategic Management Journal, 2019, 40(5): 836 - 861.

[517] ZAHEER S., ALBERT S., ZAHEER A.. Time scales and organizational theory [J]. Academy of Management Review, 1999, 24(4): 725 - 741.

[518] ZAJAC E. J., KRAATZ M. S.. A diametric forces model of strategic change: Assessing the antecedents and consequences of restructuring in the higher education industry [J]. Strategic Management J, 1993, 14(S1): 83 - 102.

[519] ZAJAC E. J., WESTPHAL J. D.. Who shall Succeed? How CEO/Board preferences and power affect the choice of new CEOs[J]. Academy of Management Journal, 1996, 39(1): 64 - 90.

[520] ZHANG Y., GIMENO J.. Earnings pressure and competitive behavior: Evidence from the U. S. electrical industry[J]. Academy of Management Journal, 2010, 53(4): 743 - 768.

[521] ZHANG Y., RAJAGOPALAN N.. Once an outsider, always an outsider? CEO origin, strategic change, and firm performance[J]. Strategic Management Journal, 2010, 31(3): 334 - 346.

[522] ZHAO E. Y., FISHER G., LOUNSBURY M., et al. Optimal distinctiveness: Broadening the interface between institutional theory and strategic management [J]. Strategic Management Journal, 2017, 38(1): 93 - 113.

[523] ZHAO, J., CARNEY M., ZHANG S., ZHU, L.. How does an intra-family succession effect strategic change and performance in China's family firms? [J]. Asia Pacific Journal of Management, 2020, 37(3): 363 - 389.

后　记

本书是近五年自己在企业行为理论研究上的总结，也是对自己学术之路的总结。近五年始终保持对学术的执着追求，不忘初心！近五年是自己学术爬坡的过程，路途艰辛，也欣慰有所收获和成长。感谢在不同的人生和学术阶段良师、益友和亲人给与的支持与鼓励，在此向他们致以最诚挚的谢意！

感谢在此期间国内外合作者带我在学术的路上不断挑战和攀峰，他们的学术精神是我爬坡的动力。特别感谢新加坡管理大学李光前商学院王鹤丽教授、张曼副教授，新加坡国立大学商学院 Kenneth Guang-Lih Huang 副教授，美国得克萨斯大学达拉斯分校纳文金达尔管理学院钱翠丽教授，中山大学管理学院李炜文教授，宁波诺丁汉大学商学院刘伟萍老师等。同时，感谢创业和家族企业研究领域内的前辈给予青年学者的机会和平台，特别感谢中山大学管理学院李新春教授、朱沆教授，浙江大学管理学院陈凌教授、窦军生教授，中山大学岭南学院储小平教授等。

感谢为本书做出重要贡献的合作者和学生，因为他们的合作支持，我才可以把组织期望的主题一直延续下来。特别感谢清华大学五道口全球家族企业研究中心主任高皓老师、暨南大学管理学院叶文平老师、得克萨斯大学达拉斯分校纳文金达尔管理学院在读博士刘依琳同学、华东师范大学经济与管理学部在读博士郑伟伟同学、阿里巴巴（中国）网络技术有限公司袁颖等。

感谢我的父母不辞辛劳地为我照顾年幼的女儿，分担家里的重任，让女儿可以健康成长，也让我无后顾之忧地做着科研，追逐着自己的学术梦想。感谢我的女儿悠悠和先生周兵带给我的温暖和陪伴。为母则刚，谨以此书献给我可爱的女儿，未来共同成长！

立足中国国情，做负责任的研究！路漫漫其修远兮，吾将上下而求索！

连燕玲

2022 年 7 月

华东师范大学理科大楼